出纳这个工作，在许多人眼里就是保管现金、发放工资，内容简单，技术浅显。其实不然，出纳工作不仅需要坚实的理论基础，而且需要长期实践以积累经验，逐步完善；此外，时时更新的准则和财税政策也促使出纳人员要不断学习。可以说，经济发展越迅速，出纳人员面对的挑战越重大，就越需要不断学习来武装自身。

本书基于新的出纳工作理论成果和大量的优秀出纳实践经验，从出纳人员应该懂什么、出纳人员应该做什么、出纳具体业务工作的逻辑视角，循序渐进地讲解了凭证、账簿、现金、银行存款、工商、税务、社会保险、工资、报表编制等与出纳相关的业务知识，帮助读者即学即用，迅速融入出纳工作。

声明：本书中出现的公司名、人名均属虚构，只用于案例解析。

本书的特点

财会人员的第一份工作大多从出纳人员做起，出纳人员越来越多，竞争越来越激烈。但很多新入职的出纳人员，往往感到无从下手。本书以一个优秀出纳人员的经验，基于初学者的角度，从对出纳工作的认知、凭证的填写、账簿的登记、报表的编制到办理工商、税务、社会保险、工资等相关业务，将出纳工作中涉及的账务处理、财税法规等出纳人员必须掌握的重点、难点进行了梳理介绍，辅以图解方式进行讲解，帮助读者快速掌握出纳工作相关的知识和技能。全书特色如下。

- 新准则、新财税政策：根据 2019 年新会计准则及财税政策编写。
- 通俗易懂：从实际出纳工作经验出发，案例简短实用，新手一看就懂。
- 知识全面：涉及出纳工作相关理论、现金和银行存款管理、凭证编制等全流程知识。
- 图文案例：以实际工作案例，结合图文，直观展示出纳工作内容。
- 考题解析：每章章尾提供相关的习题，并给出答题分析。

本书的主要内容

第 1 章介绍出纳应该做什么，讲解出纳职业的定义、出纳与会计的关系、出纳从业人员及出纳工作的概况等。

第 2 章介绍出纳应该懂什么，包括日常书写规范，计算器的使用方法，人民币、保险柜、发票、印章等的管理，以及出纳报告的编制。

第 3 章讲解凭证业务处理，对会计凭证的用途、种类、填制、审核、装订和保管进行详尽讲解。

第 4 章讲解账簿业务处理，对会计账簿的用途、种类、日常处理流程一一进行介绍。

第 5 章讲解票据业务处理，主要对票据的基本概念和分类、日常处理流程进行讲解。

第 6 章讲解现金业务处理，包括现金管理的制度规范、日常现金收支、借款与报销、备用金的核算、现金的送存与保管，以及现金的清查等内容。

第 7 章讲解银行存款业务处理，包括银行存款账户和银行存款的管理、银行存款结算等业务。

第 8 章讲解工商、税务业务处理，帮助出纳新手了解企业注册、年检等活动中需要对接的工商业务内容和流程，学习企业开业、信息变更等活动中需要对接的税务业务内容和流程。

第 9 章讲解社会保险、工资业务处理，帮助会计新手在学习业务规范的同时，快速掌握电算化实务操作技能。

第 10 章讲解财务报表的编制，包括资产负债表、利润表、现金流量表三大基础报表的基本形式以及填表练习，通过证、账、表的处理流程，帮助出纳人员全面了解会计工作。

适合阅读本书的读者

出纳新手、在职出纳人员、企业经营管理者、财务专业师生、初级会计从业者、互联网金融从业人员。

从零开始学出纳

全流程实操演练

刘璐　黄佳泉　编著

人民邮电出版社

北京

图书在版编目（CIP）数据

从零开始学出纳 : 全流程实操演练 / 刘璐, 黄佳泉编著. -- 北京 : 人民邮电出版社, 2019.10（2022.7重印）
ISBN 978-7-115-49435-1

Ⅰ. ①从… Ⅱ. ①刘… ②黄… Ⅲ. ①出纳—基本知识 Ⅳ. ①F233

中国版本图书馆CIP数据核字(2018)第218094号

内容提要

本书以新会计准则、《中华人民共和国会计法》和《会计基础工作规范》的重点为纲，结合“营改增”后新的财税政策，辅以大量的案例和实务图片对出纳人员必须具备的知识进行详细梳理，解答出纳新手经常遇到的问题和疑惑，能够有效帮助出纳人员了解相关知识，掌握工作技能。

全书共10章，涵盖作为一名合格专职出纳人员所要掌握的各个方面的知识和技能，基于出纳人员应该懂什么、应该做什么、具体业务工作怎么落地的逻辑思路逐层深入，详细介绍凭证、账簿、现金、银行存款、工商、税务、社会保险、工资、报表编制等知识。

本书的案例经典易懂，可操作性强，辅以每章的课后习题，能够使读者及时巩固各章所学知识，帮助读者轻松掌握出纳技能。本书适合出纳新手、在职出纳人员、财务管理专业师生学习、使用。

◆ 编　著　刘　璐　黄佳泉
责任编辑　郭　媛
责任印制　周昇亮

◆ 人民邮电出版社出版发行　北京市丰台区成寿寺路 11 号
邮编　100164　电子邮件　315@ptpress.com.cn
网址　https://www.ptpress.com.cn
涿州市京南印刷厂印刷

◆ 开本：700×1000　1/16
印张：15.5　2019 年 10 月第 1 版
字数：253 千字　2022 年 7 月河北第 5 次印刷

定价：49.80 元

读者服务热线：(010)81055296　印装质量热线：(010)81055316
反盗版热线：(010)81055315
广告经营许可证：京东市监广登字 20170147 号

目录

第1章 出纳应该做什么 / 1

第2章 出纳应该懂什么 / 24

第3章 凭证业务处理 / 56

第4章 账簿业务处理 / 81

第5章 票据业务处理 / 94

第6章 现金业务处理 / 105

第7章 银行存款业务处理 / 129

第8章 工商、税务业务处理 / 155

第 1 章

出纳应该做什么

01

古人曾将人的五官之一的“口”比作出纳官，并认为，口的“吞吐”状况对人的肌体健康起着重要作用。对于当代企业而言，出纳的重要性绝不亚于口对于人的重要作用。具体而言，出纳处于企业会计系统中的重要位置，单位的一切货币资金往来都与出纳工作紧密相连，单位所有的经济业务最终都要反映在资金收付业务上；对外它是单位的“形象”窗口，对内它是单位发展和领导决策的重要资金信息来源。在实际工作中，只有对出纳工作有清楚的认识和定位，明确其职责权限并积极付诸实践，才能为企业会计部门的工作起到积极的推动作用，进而为企业效益最大化添砖加瓦。

1.1 出纳职业的定义

出纳是随着货币及货币兑换业的出现而产生的。所谓“出”即支出，付出；而“纳”即收入。从田兰芳《明河南参政袁公（袁可立子袁枢）墓志铭》“十七来归，即传家政。按亲族，御臧获，美肴酒，综出纳，无事不井井”可以看出，古人已经认识到，在庞大的家庭运转中出纳起到了关键作用。在当代的市场经济条件下，出纳的含义已经超越了字面上简单的“收付工作”，其所发挥的作用不仅更加重要，而且也日益多样化。

对于一个达到一定规模并且制度完善的企业，出纳人员主要负责企业现金的收付、往来款项的核对、员工差旅费的报销、工资以及福利费用的发放、登记现金日记账以及银行存款日记账等所有涉及企业货币资金的业务。但是对于一个规模较小的企业，管理层为了做到成本最小化、效益最大化，往往会给出纳人员分配更多其他的工作。比如，除以上工作内容外，出纳人员还负责购买发票、到工商和税务以及社会保险等国家机构办理有关事宜等。所以，一个优秀的出纳人员对财务部门的重要性绝对不容小觑。

1.2 出纳与会计的关系

在很多人看来，出纳工作没有什么技术含量，谁都能干好；还有人认为，出纳在会计系统中，地位低于会计。这些都是错误的认识。首先，出纳与会计的地位是平等的，是相互配合、相互制约的关系，两者共同组成了财务管理的有机整体；其次，要胜任出纳岗位工作是有很多要求的。正确地认识出纳与会计的关系，对于提高整个会计部门工作的效率及质量有着重要的作用。

1.2.1 出纳与会计有联系

出纳和会计是密不可分的，通过对财务工作岗位的大致划分，以及对工作流程的分析，我们能够对两者关系有较全面的认识。

1．财务三大岗位

出纳、明细账会计、总账会计是财务三大岗位。

总账会计负责企业经济业务的总括核算，为企业经济管理和经营决策提供全面的核算资料。（其实就是会计主管一类，什么都管）

明细账会计分管企业的明细账，为企业经济管理和经营决策提供明细核算资料。（大家统称的会计）

出纳分管企业票据、货币资金，以及有价证券等的收付、保管、核算工作。（通俗理解就是管钱）

2．账务上的关系

出纳、明细账会计、总账会计之间，有着很强的关联性。它们核算的依据是相同的，都是会计凭证。会计凭证必须在出纳、明细账会计、总账会计之间按照一定的顺序传递，相互利用对方的核算资料共同完成会计任务。具体而言，企业员工按照报销制度，每月到出纳人员处提交报销的原始凭证，即各种发票，出纳人员审核发票无误，完成报销业务。每月月底，出纳人员将各种发票归类整理好（也有一些企业的出纳人员还需要按照记账凭证粘贴的方法，将整理好的各种发票以及银行收费凭单、行政事业单位收费凭单等按规定粘贴好），交给会计人员，用以月底做账。所以说，出纳人员是会计人员的助手，为会计人员做好前期准备工作，而会计凭证就是联系出纳人员和会计人员的重要纽带。会计凭证传递的过程如图 1-1 所示。

同时，它们之间又互相牵连与控制。出纳的现金和银行存款日记账与总账会计的现金和银行存款总账，总账与其所属的明细账，明细账中的有价证券账与出纳账中相应的有价证券账，有金额上的等量关系。这样，出纳、明细账会计、总账会计三者之间就构成了相互牵连与控制的关系，三者之间必须相互核对保持一致。

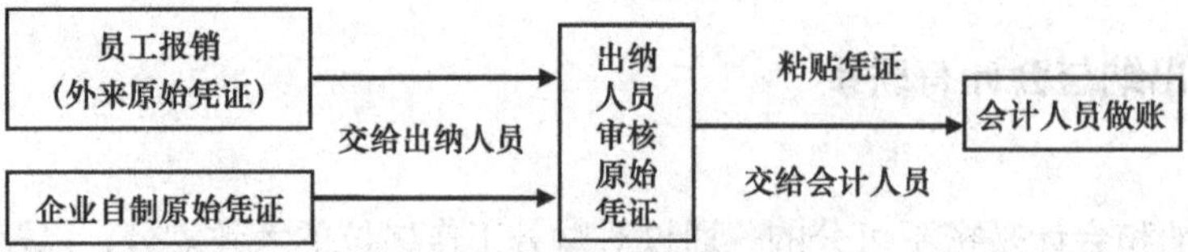

图 1-1 会计凭证的传递

1.2.2 出纳与会计相区别

出纳和会计的区别主要体现在两者被赋予的职责不同。

1. 出纳的主要职责

出纳工作，主要是现金、银行存款和各种有价证券的收支与结存核算，以及现金、有价证券的保管和银行存款账户的管理工作。出纳人员既要进行出纳账务处理，又要进行现金、有价证券等实物的管理和银行存款收付业务。除了出纳人员，其他财会人员管账不管钱，管账不管物。同时，出纳人员不得兼管稽核和会计档案保管，不得负责收入、费用、债权债务等账目的登记工作。

2. 会计的主要职责

会计主要负责企业除现金日记账以及银行存款日记账以外的其他各种账目的登记、账务的处理等工作。会计既不管钱也不管物。

总而言之，根据“钱账分管”原则，出纳管钱管物，会计管账。两者既相互依存，促进整个会计部门工作的完成；同时又各自独立，达到互相监督的目的。

1.2.3 出纳工作的会计理论基础

工欲善其事，必先利其器。出纳人员在其日常工作中，主要负责企业现金的收付与现金日记账的登记等业务，这些业务都具有一定的专业性。所以，强化会计理论基础知识的学习，就可以使出纳人员的工作达到事半功倍的效果。

1. 会计概述

企业在生产活动中，为了获得经济利益，即劳动成果，必然要耗损一些人力、物力以及财力，即劳动成本。对劳动成果以及劳动成本进行记录、计算，并加以分析，企业才能有效地组织生产活动。会计就是为了满足企业这样的需求而产生的一种活动。所以，会计的主要计量单位是货币，对象是特定企业的经济管理活动。

会计根据其特性主要分为财务会计和管理会计，出纳主要参与的是财务会计部分工作，其主要为企业相关人员提供有关企业的财务状况、经营成果以及现金流量情况等信息。

2. 会计的基本职能

根据《中华人民共和国会计法》（以下简称《会计法》），会计工作的基本职能包括核算以及监督。

会计核算，是会计根据企业提供的各种原始凭证，按照一定的顺序，进行记账、算账以及报账的工作。会计核算具体来讲就是企业财物的收发和使用，债权、债务的发生以及核算，货币资金的收付，企业成本、费用以及收入的计算，财务成果的计算等。

会计监督，是会计人员或者其他相关监督机构，通过对企业各种会计资料（包括原始凭证、会计账簿、会计报表等）的审查，来监督企业经济活动的真实性、合理性、合法性。会计监督以会计核算为前提并贯穿会计工作始终。

3. 会计核算要素及其内容

对会计对象进行的基本分类即为会计要素，而对会计要素的具体内容进行的分类即为会计科目。我国《企业会计准则》将会计要素界定为 6 个，即资产、负债、所有者权益、收入、费用和利润。

资产、负债和所有者权益 3 项会计要素主要反映企业的财务状况，收入、费用、利润 3 项会计要素则主要反映企业的经营成果。

资产 = 负债 + 所有者权益

上述等式可以表示为“资产 = 权益（包括负债和所有者权益）”，这一等式反映了企业在特定时点的财务状况，它是复式记账的理论基础，是编制资产负债表的依据。资产和权益（包括所有者权益和债权人权益）实际上是企业所拥有的经济资源在同一时点所表现的不同形式。

【例 1-1】中正国际股份有限公司从银行取现金 50 000 元。

解答：此项业务引起等式左边资产要素“库存现金”增加 50 000 元，“银行存款”减少 50 000 元。资产内部项目此增彼减，增减金额相同，变动后的资产总额不变，等式关系不变。

【例 1-2】中正国际股份有限公司向银行借入短期借款 100 万元。

解答：此项业务引起等式左边资产要素“银行存款”增加 100 万元，等式右边负债要素“短期借款”也增加 100 万元。等式两边的资产和负债同时增加相同金额，等式关系不变。

【例 1-3】中正国际股份有限公司从银行取得一笔 10 万元的短期借款，用这笔借款偿还前欠甲公司贷款 10 万元。

解答：此项业务引起等式右边负债要素“短期借款”增加 10 万元，“应付账款”减少 10 万元。负债内部项目此增彼减，增减金额相同，变动后的负债总额不变，等式关系不变。

【例 1-4】中正国际股份有限公司股东投入资本金 100 万元，款项已存入银行。

解答：此项业务引起等式左边资产要素“银行存款”增加 100 万元，等式右边所有者权益要素“实收资本”也增加 100 万元。等式两边的资产和所有者权益同时增加相同金额，等式关系不变。

【例 1-5】中正国际股份有限公司债权人将 10 万元的债权转化为对企业的投资。

解答：此项业务引起等式右边的负债要素“应付账款”减少 10 万元，所有者权益要素“实收资本”增加 10 万元。等式右边负债减少的金额和所有者权益增加的金额相同，等式关系不变。

【例 1-6】中正国际股份有限公司以资本公积 30 万元转增实收资本。

解答：此项业务引起等式右边所有者权益要素“实收资本”增加 30 万元，“资本公积”减少 30 万元。所有者权益内部项目此增彼减，增减金额相同，变动后的所有者权益总额不变，等式关系不变。

在实际工作中，企业每天发生的经济业务很多，但无论其会计要素如何变动，会计恒等式都会处于平衡的状态。

利润 = 收入 − 费用

上述等式反映了企业一定期间的经营成果，是编制利润表的基础。广义而言，收入、费用与利润的计算口径不一致，所以收入减费用并经过调整后才等于利润。

【例 1-7】中正国际股份有限公司 2018 年度主营业务收入为 700 万元，2018 年度共支付员工工资 137 万元，全年度产生的各种其他费用总计 120 万元，各种税金及附加共计 41 万元。

解答：计算其利润额：700−137−120−41=402（万元）。

资产、负债以及所有者权益构成资产负债表的基本框架，收入、费用以及利润构成利润表的基本框架，因此这 6 项会计要素又称为财务报表要素。出纳人员作为会计部门的工作人员，平时也经常接触到财务报表，所以必须能看懂上述两个等式并了解其含义，这样才有利于平时的财务工作。

4．会计科目

会计要素是对会计对象的基本分类，但在企业内部以及外部人员需要了解企业相关情况时，会计要素仍不能清楚地提供准确的会计信息。为了能明确企业经济活动的详细情况，必须对会计要素进行进一步分类，即为会计科目。

- 会计科目对会计要素的具体内容进行分类核算。
- 会计科目按其所提供信息的详细程度及其统驭关系的不同，分为总分类科目和明细分类科目。
- 会计科目按其所反映的经济内容不同，分为资产类、负债类、共同类、所有者权益类、成本类、损益类等科目。

会计科目反映会计要素的构成及其变化情况，是为投资者、债权人、企业管理者等提供会计信息的重要手段，在其设置过程中应遵循科学、合理、实用的原则。常用会计科目如表 1-1 所示。

表 1-1　常用会计科目

顺序号	名　称	顺序号	名　称
一、资产类		5	应收票据
1	库存现金	6	应收账款
2	银行存款	7	预付账款
3	其他货币资金	8	应收股利
4	交易性金融资产	9	应收利息

续表

顺序号	名 称	顺序号	名 称
10	其他应收款		二、负债类
11	坏账准备	41	短期借款
12	代理业务资产	42	交易性金融负债
13	材料采购	43	应付票据
14	在途物资	44	应付账款
15	原材料	45	预收账款
16	材料成本差异	46	应付职工薪酬
17	库存商品	47	应交税费
18	发出商品	48	应付利息
19	商品进销差价	49	应付股利
20	委托加工物资	50	其他应付款
21	周转材料	51	代理业务负债
22	存货跌价准备	52	预计负债
23	长期股权投资	53	递延收益
24	长期股权投资减值准备	54	长期借款
25	投资性房地产	55	应付债券
26	长期应收款	56	长期应付款
27	未实现融资收益	57	未确认融资费用
28	固定资产	58	专项应付款
29	累计折旧	59	递延所得税负债
30	固定资产减值准备		三、共同类
31	在建工程	60	衍生工具
32	工程物资	61	套期工具
33	固定资产清理	62	被套期项目
34	无形资产		四、所有者权益类
35	累计摊销	63	实收资本
36	无形资产减值准备	64	资本公积
37	商誉	65	盈余公积
38	长期待摊费用	66	本年利润
39	递延所得税资产	67	利润分配
40	待处理财产损溢	68	库存股

续表

顺序号	名　称	顺序号	名　称
五、成本类		78	主营业务成本
69	生产成本	79	其他业务成本
70	制造费用	80	税金及附加
71	劳务成本	81	销售费用
72	研发支出	82	管理费用
六、损益类		83	财务费用
73	主营业务收入	84	资产减值损失
74	其他业务收入	85	营业外支出
75	公允价值变动损益	86	所得税费用
76	投资收益	87	以前年度损益调整
77	营业外收入		

5. 会计账户

会计科目虽然可以清楚地反映企业经济活动的详细情况，但在会计核算中，由于会计科目不具备格式和结构，无法进行具体的会计核算。所以，需要将会计科目进一步分类，即以会计账户的形式来反映企业各会计要素的增减变动情况。

会计账户简称“账户”，按其提供信息的详尽程度不同，可以分为总分类账户和明细分类账户；按照其反映的经济内容不同，可以分为资产类账户、负债类账户、所有者权益类账户、成本类账户以及损益（损失和收益）类账户。

- 账户的基本结构。

账户分为左右两部分，一方记增加，另一方记减少。

账户期初和期末余额的关系如下。

期末余额 = 期初余额 + 本期增加发生额 − 本期减少发生额

“期初余额”即本期期初该账户的金额，“本期增加发生额”即本期该账户记增加的一方所有发生额累计数，“ 本期减少发生额”即本期该账户记减少的一方所有发生额累计数。

【例 1-8】中正国际股份有限公司 2018 年 12 月“库存现金”账户的月初余

额是 500 元，12 月现金收入共 5 000 元，12 月现金支出共 4 500 元。

解答：中正国际股份有限公司 2018 年 12 月“库存现金”账户结构如表 1-2 所示。

表 1-2 “库存现金”账户的结构

借方	贷方
期初余额 500 5 000（本期增加发生额）	4 500（本期减少发生额）
期末余额 1 000	

● 借贷记账法下的账户结构。

会计核算中，由于各会计核算资料所属的账户性质不尽相同，在记账过程中，不同的账户增加或者减少时，记账的方向则不同。借贷记账法下，账户的左方为借方，右方为贷方。一笔经济业务发生时，如何在账户的“借方”或“贷方”进行登记，首先要看这笔经济业务涉及哪个账户；其次，确定在此账户下是记“借方”还是“贷方”。不同的账户，其记账时账户结构如表 1-3 所示。

表 1-3 借贷记账法下的账户结构

账 户	借 方	贷 方
资产类	增加	减少
权益类	减少	增加
成本类	增加	结转
损失类	增加	结转
收益类	结转	增加

具体到出纳这个岗位，主要接触的是资产类账户中的“库存现金”账户以及“银行存款”账户。在记账环节，库存现金以及银行存款的增加记在对应账户的借方，反之则记在贷方。

【例 1-9】中正国际股份有限公司采购人员购买办公用品支出现金 500 元。

解答：现金减少，会计分录如下。

借：管理费用　　　　500

　　贷：库存现金　　　　500

【例 1-10】中正国际股份有限公司预借给员工张三差旅费 2 000 元。

解答：现金减少，会计分录如下。

借：其他应收款——张三 2 000

　　贷：库存现金 2 000

【例 1-11】中正国际股份有限公司向银行送存现金 6 000 元。

解答：现金减少，会计分录如下。

借：银行存款 6 000

　　贷：库存现金 6 000

【例 1-12】中正国际股份有限公司卖废旧计算机收到现金 600 元。

解答：现金增加，会计分录如下。

借：库存现金 600

　　贷：其他业务收入 600

【例 1-13】中正国际股份有限公司提取现金 49 000 元。

解答：现金增加，会计分录如下。

借：库存现金 49 000

　　贷：银行存款 49 000

【例 1-14】中正国际股份有限公司收到货款 100 000 元，已存入银行。

解答：银行存款增加，会计分录如下。

借：银行存款 100 000

　　贷：主营业务收入 100 000

【例 1-15】中正国际股份有限公司从银行取得一笔 260 000 元的短期借款。

解答：银行存款增加，会计分录如下。

借：银行存款 260 000

　　贷：短期借款 260 000

【例 1-16】中正国际股份有限公司购买原材料 120 000 元，材料已入库，款项已打入对方银行账户。

解答：银行存款减少，会计分录如下。

借：原材料 120 000

　　贷：银行存款 120 000

账户的具体内容包括：账户名称、记录经济业务的日期、所依据记账凭证编号、经济业务摘要、增减金额、记账方向、余额等。

【例 1-17】2018 年 12 月 21 日，中正国际股份有限公司提取现金 40 000 元，登记库存现金账户。

解答：现金余额为 46700 元，如图 1-2 所示。

所依据记账凭证编号

经济业务摘要

记账方向

现金日记账

账簿名称

2018年		凭证	摘要	借方									√	贷方									√	余额								
月	日	编号		百	十	万	千	百	十	元	角	分		百	十	万	千	百	十	元	角	分		百	十	万	千	百	十	元	角	分
			期初余额				6	7	0	0	0	0																				
12	21	23	提取现金			4	0	0	0	0	0	0														4	6	7	0	0	0	0

记录经济业务的日期

增加的金额

图 1-2 账户的具体内容

1.3 出纳人员的基本概况

根据规定，各单位应当根据会计业务的需要，设置会计机构，或者在有关机构中设置会计人员并指定会计主管人员；不具备设置条件的，应当委托经批准设立从事会计代理记账业务的中介机构代理记账。会计部门作为企业运营的一个重要组成部分，其内部结构应按照人员工作内容合理分工设岗，如会计主管、出纳、成本费用核算人员等。每一个岗位的人员明确自己的岗位职责和权限，是将工作效益最大化的前提条件。

1.3.1 出纳人员的回避制度

回避制度是指为了保证执业或者执法的公正性，对可能影响其公正性的执法或者执业人员实行职务回避和业务回避的一种制度。

1. 回避范围

《会计基础工作规范》规定，国家机关、国有企业、事业单位任用会计人员应当实行回避制度。

2. 回避内容（直接领导关系）

（1）单位负责人的直系亲属不得担任本单位的会计机构负责人、会计主管人员。

（2）会计机构负责人、会计主管人员的直系亲属不得在本单位会计机构中担任出纳工作。

> **提示：**直系亲属包括夫妻关系、直系血亲关系（如父母、子女、祖父母、外祖父母和孙子女、外孙子女等）、三代以内旁系血亲（如兄弟姐妹、叔侄等）以及近姻亲关系（如岳父岳母和女婿、公婆和儿媳等）。

1.3.2 出纳人员的基本素质

出纳在会计部门中，有着举足轻重的地位。一名合格的出纳人员，能够积极地推动整个会计部门的工作进程，进而提高整个企业的工作效率。

- 出纳人员不但要具备处理一般会计事项的财会专业基本知识，还要具备较高的处理出纳事项的出纳专业知识和较强的数字运算能力。因此，出纳人员平时应不断提高自我业务技能，进而提高工作效率与质量。
- 出纳人员要有严谨细致的工作作风以及很强的责任心。出纳人员经常和钱打交道，稍微不注意，可能就会引起一些不必要的麻烦。为保证企业的经济利益，出纳人员应定期进行现金盘点，与银行对账，有问题尽早查找原因，并及时调整，做到账实相符。
- 《会计法》经过修订后，许多过去熟悉的知识已经变得陈旧，过去习惯的工作方法已经不适用了。所以出纳人员要随时关注、学习、了解、掌握新的财经法规和制度。
- 面对新形势的发展，出纳人员要不断加强新业务的学习，用新的知识充实自己，提高自身的综合素质，提高驾驭办公自动化工具的能力，特别是在编制现金流量表和货币资金收支表方面，要能够熟练运用 Excel 电子表格，设置勾稽关系。这样可以从繁杂的手工计算中解脱出来，提高工作效率。

- 出纳是一项特殊的职业，每天接触的是实实在在的钞票，没有良好的职业道德，很难顺利通过“金钱关”。与其他会计人员相比较，出纳人员更应严格遵守法律、法规，做到廉洁自律；同时要增强自身的安全意识，把保护分管的公共财产物资的安全作为自己的首要任务来完成，避免企业财产的流失。
- 出纳人员除了应掌握会计知识之外，还要尽可能多地掌握一些税务、经济法等知识，这样可以有效地帮助企业规避日常经营中容易忽略的一些法律和税务风险。例如，强化对应收账款账龄的关注，对常年无经济往来且账龄超过一年的应收账款应定期用书面催收函进行催收，以便有效减少坏账损失。在委托收款、委托付款时，凭借相应的书面委托或通知，而非对方业务人员或财务人员口头通知，能够大大降低支付风险。总之，出纳人员通过强化自身学习，提升自身素质，能够有效地为企业风险的防范做出贡献。

1.3.3 出纳人员的职能

通过对出纳人员的基本素质的学习，我们能够了解到出纳人员的基本工作职能是明确的。

- 出纳人员的最基本职能是收付职能。企业经营活动少不了货物与价款的收付、往来款项的收付，也少不了各种有价证券以及金融业务往来的处理。这些往来业务涉及的现金、票据和金融证券的收付和处理，以及银行存款收付业务的处理，都必须经过出纳人员之手。
- 反映职能是出纳工作的主要职能之一。出纳人员要利用统一的货币计量单位，通过现金与银行存款日记账、有价证券的各种明细账，对本单位的货币资金和有价证券进行详细记录与核算，以便为经济管理和投资决策提供完整、系统的经济信息。
- 出纳人员要对企业的各种经济业务，特别是货币资金收付业务的合法性、合理性和有效性进行全过程监督。

- 出纳人员的工作还有一个重要的职能是管理职能。对货币资金与有价证券进行保管，对银行存款和各种票据进行管理，对企业资金使用效益进行分析研究，为企业投资决策提供金融信息，甚至直接参与企业的方案评估、投资效益预测分析等都是出纳人员的工作职能所在。

1.3.4 出纳人员的职责

根据《会计法》《关于实行专业技术职务聘任制度的规定》《总会计师条例》《会计基础工作规范》的规定，出纳人员具有以下职责。

- 按照国家有关现金管理和银行结算制度的规定，办理现金收付和银行结算业务。出纳人员应严格遵守现金收支范围，非现金结算范围不得用现金收付；遵守库存现金限额，超限额的现金按规定及时送存银行；现金管理要做到日清月结，每日下班前应对库存现金账面余额和实有数进行核对，发现问题应及时报告；对银行存款日记账与银行对账单余额也要及时核对，如有不符，立即进行处理。
- 根据会计制度的规定，在办理现金和银行存款收付业务时，要严格审核有关原始凭证，再据以编制收付款凭证，然后根据编制的收付款凭证逐笔顺序登记现金日记账和银行存款日记账，并结出余额。对于不真实、不合法的原始凭证，出纳人员不应据其入账。
- 按照国家外汇管理和购汇制度的规定及有关批件，办理外汇出纳业务。
- 掌握银行存款余额，不准签发空头支票，不准出租、出借银行账户为其他企业办理结算。
- 保管库存现金和各种有价证券（如国库券、债券、股票等）的安全与完整。
- 保管有关印章、空白收据和空白支票。

【例 1-18】中正国际股份有限公司出纳人员在审核收到的原始发票时，发现发票上大小写金额不一致，由于发票金额不大，出纳人员自己按照正确金额改动后编制了付款凭证。

上述案例中，出纳人员的做法是否正确？请具体说明原因。

解答：出纳人员的做法是错误的。根据规定，会计人员在办理现金和银行存款收付业务时，要严格审核有关原始凭证，再据以编制收付款凭证。所以，出纳人员在发现原始凭证错误的情况下，应该拒绝处理。案例中出纳人员对大小写金额不一致的原始凭证自行改动并据以编制付款凭证，这样的做法是错误的。

【例 1-19】按照中正国际股份有限公司的工作安排，出纳人员不仅负责现金及银行存款日记账的日常登记，还负责车间机器设备的明细登记。

上述案例中，中正国际股份有限公司的工作安排是否正确？请具体说明原因。

解答：出纳人员工作范围划定是正确的。出纳可以负责需要登记固定资产各种资料的卡片，固定资产从进入企业开始到退出企业的整个生命周期所发生的全部情况，都要在卡片上予以记载，以便对固定资产进行科学有序的明细分类核算。

1.3.5 出纳人员的权限

根据《会计法》《关于实行专业技术职务聘任制度的规定》《总会计师条例》《会计基础工作规范》的规定，出纳人员具有以下权限。

- 维护财经纪律，执行财会制度，抵制不合法的收支和弄虚作假行为。
- 对不真实、不合法的原始凭证，不予受理；对记载不准确、不完整的原始凭证，予以退回，要求更正、补充。会计机构、会计人员发现账簿记录与实物、款项不符的时候，应当按照有关规定进行处理；无权自行处理的，应当立即向本企业领导人报告，请求查明原因，做出处理。
- 会计机构、会计人员对违法的收支，应当制止和纠正；制止和纠正无效的，应当向企业领导人提出书面意见，要求处理。企业领导人应当自接到书面意见之日起 10 日内做出书面决定，并对决定承担责任。
- 会计机构、会计人员对违法的收支，不予制止和纠正，又不向企业领导人提出书面意见的，也应当承担责任。
- 对严重违法、损害国家和社会公众利益的收支，会计机构、会计人员应当向主管企业或者财政、审计、税务机关报告，接到报告的机关应当负责处理。

- 根据企业日常现金流量数据，制订相应的财务计划，控制好现金的进出额度，并做到每一笔钱用到何处都心中有数。
- 对于企业的货币资金必须加强管理，制定相应的现金使用制度，使其使用规范化。
- 做好现金保管工作，避免因自己的疏忽造成企业不必要的经济损失。

【例 1-20】中正国际股份有限公司出纳人员在审核采购人员报销的发票时，发现这是一张假发票，考虑到采购人员是领导的亲戚，出纳人员未做任何处理，为采购人员按正常程序报销。

上述案例中，出纳人员的做法是否正确？请具体说明原因。

解答：出纳人员的做法是错误的。根据“会计机构、会计人员对不真实、不合法的原始凭证，不予受理”的规定，本案例中出纳人员的做法是错误的，他有权拒绝采购人员用假发票报销。

【例 1-21】中正国际股份有限公司出纳人员在下班前对现金进行清查，发现账面余额与现金实际余额有出入，但是金额不大，未予处理。

上述案例中，出纳人员的做法是否正确？请具体说明原因。

解答：出纳人员的做法是错误的。根据“会计机构、会计人员发现账簿记录与实物、款项不符的时候，应当按照国家统一的会计制度的规定有权自行处理的应当及时处理；无权自行处理的，应当立即向单位负责人报告，请求查明原因，做出处理”的规定，出纳人员对于账实不符的情况应及时处理，查清原因，做到每日账目每日结清，不给企业留下后患。

1.4 出纳工作的基本概况

出纳工作的基本概况涵盖了出纳工作的基本特点、基本原则、基本内容。掌握出纳工作的基本特点能够帮助出纳人员有针对性地提升工作技能，把握出纳工作的基本原则能够保障出纳人员长效规避工作失误，熟悉出纳工作的基本内容能够助力出纳人员理顺工作流程。可见，认真学习掌握出纳工作的基本概况是出纳人员提升职业素养的一条重要途径。

1.4.1 出纳工作的基本特点

处于社会经济环境中的出纳工作，除了具备社会性、时间性等一般特点外，也具有其自身的独特特点。

- 方法专业。出纳人员根据其工作内容，每天要登记日记账、收付各种货币资金、办理报销等，在这个过程中，出纳人员不能按照自己的做事方法随心所欲，而必须要遵循一定的原则、按照一定的规章制度、使用一些专业知识以及方法。所以说，出纳工作具有一定的专业性。
- 做事细心。出纳人员最核心的工作就是负责企业货币资金的收付以及登记日记账。在点钞时，很容易多点或者少点钞票；记账时，金额的小数点可能记错或者账目余额算错；审核发票时，很可能将假发票误认为真发票。这些情况都会给出纳工作带来不必要的麻烦，同时给企业带来不必要的经济损失。所以，出纳人员在日常工作中必须细心。
- 登记及时。企业每发生一笔货币资金的收入或者支付业务，出纳人员都应及时登记，避免因为时间长而忘记，从而引起账实不符；出纳人员在办理工资发放、报销、核对往来款项等业务时，同样需要及时，以保障企业以及员工的利益。在保证低出错率甚至零出错率的情况下，同时保证高的工作效率。
- 紧跟政策。出纳工作因为其专业性，许多工作方法及流程都是按照国家政策、国家法规以及规章来做，国家政策以及规章在改变中不断完善，出纳工作也需要紧跟着国家的步伐走。比如，银行结算程序改变、个人所得税起征点改变、个人所得税税率改变等，都会引起出纳工作的改变。出纳人员如果不熟悉或没有掌握新的政策以及规章，很可能在工作的某个环节违反国家的某项政策或法规。
- 素质较高。出纳人员因其工作内容的特殊性，每天接触大量的货币资金，面对的诱惑很大。个人素质如果达不到一定水平，很容易被面前的金钱引诱，走向犯罪的深渊，从而给自己、给企业都带来无可挽回的损失。

1.4.2 出纳工作的基本原则

出纳工作的基本原则主要指内部牵制原则或者说钱账分管原则。《会计法》第三十七条规定："会计机构内部应当建立稽核制度。出纳人员不得兼任稽核、会计档案保管和收入、支出、费用、债权债务账目的登记工作。"内部牵制原则是指凡是涉及款项和财物收付、结算及登记的任何一项工作，必须由两人或两人以上分工办理，以起到相互制约作用。例如，现金和银行存款的支付，应由会计主管人员或其授权的代理人审核、批准，出纳人员付款，记账人员记账；发放工资，应由工资核算人员编制工资单，出纳人员向银行提取现金和分发工资，记账人员记账。实行内部牵制，主要是为了加强会计人员相互制约、相互监督、相互核对，提高会计核算质量，防止工作误差和营私舞弊等行为。

出纳工作的主要任务是货币资金的收付，并根据收付款凭证登记现金日记账以及银行存款日记账。如果出纳人员在做好本职工作的同时，还兼任会计的工作，如其他各种账务的处理、会计档案的保管等，对于某些职业素养还未达到一定水平的出纳人员来说，就有了可乘之机：他们很可能利用职务之便，将个人的发票入企业的账、将企业的钱纳入自己的口袋，以公谋私，损害企业的经济利益。同样，会计人员如果兼任出纳工作，也可能会出现以公谋私的情况。

所以，出于维护企业经济利益的目的，出纳和会计之间必须实行内部牵制制度，互相牵制、互相监督，企业的经济活动才能够有效运转，企业的经济利益才不会流失。

【例 1-22】中正国际股份有限公司由于会计人员离职，由出纳人员暂时担任公司记账人员，负责登记公司营业收入以及往来款项工作。

上述案例中，公司的做法是否正确？请具体说明原因。

解答：公司的做法是错误的。根据内部牵制原则，出纳人员不得兼管稽核、会计档案保管和收入、费用、债权债务账目的登记工作。

1.4.3 出纳工作的基本内容

不同的企业，出纳工作的内容各具特色，但出纳人员的主要工作内容大致相同。

1. 货币资金的核算

出纳每天的主要工作就是和货币资金打交道，货币资金的进出都由出纳人员办理、记录，具体内容大致如下。

- 根据主管领导已审核过的相关收付款凭证（如借款单、报销单等），认真复核其无误后，办理收付款业务，并保留好相关单据，以备日后核查。
- 认真登记日记账，做到日清月结。对每笔已经办理过的现金收付业务，据实登记现金日记账。每天下班前结出库存现金当天余额，核对账实是否相符。每月月底核对银行存款日记账以及银行对账单，核对二者是否相符，对于不符之处，必须查找原因，然后编制银行存款余额调节表，使企业银行存款日记账和银行对账单相符。
- 及时去银行办理支票入账手续，避免支票过期作废。保存好汇款单、进账单、支票存根联等相关单据，月底作为原始凭证据实做账。
- 保管好企业库存现金。每天下班前检查现金数目与现金日记账是否相符，并保管好保险柜钥匙。
- 对于超出企业库存现金额度的现金，必须及时送存银行。由于客观原因实在无法及时送存的现金，应与银行做好沟通，确定好送存时间并送存。

2. 往来款项核算

企业在经营过程中，实际上很多款项并不能做到当时结算，由于有前后时间差异，出纳人员对往来款项的核算显得尤为重要。其主要内容如下。

- 对于企业员工预借的差旅费，要督促其及时办理报销手续。对于出差的费用，实行多退少补的原则。
- 定期与外部业务往来单位核对往来款项。对于企业应付账款，应与对方做好沟通，按时清偿；对于企业应收账款，应督促对方及时偿还，避免出现坏账，给企业带来经济损失。

3. 工资核算

企业无论大小，均由出纳人员发放工资。为了避免错误的发生，出纳人员在发放工资时，必须对所发放的工资数据进行审核。

- 根据人力资源部出具的相关单据（如基本工资表、考勤表、“五险一金”单据等），核算企业员工工资，并据此编制员工工资表，作为原始凭证月底汇总入账。
- 根据员工工资表，按时为员工发放工资，不得私自挪用、扣发。

4. 出纳人员的其他工作内容

除了以上所有出纳人员都必须完成的任务外，部分出纳人员还会兼管以下事务。

- 每个月月底整理企业当月的所有发票，将审核无误的发票归类整理并粘贴，交由会计进行下一步工作。
- 每月完成会计抄报税过程中的相关外勤工作。
- 支票用完，去企业开户行购买。购买支票时，按照开户银行要求提供相关资料。
- 负责购买发票。发票使用完时，及时到税务局购买新发票，以保证企业的生产销售服务活动能够正常进行。
- 保管好企业有关财务的相关资料，如财务章、人名章、作废的支票、空白支票、现金日记账本及银行存款日记账等。

1.5 课后习题

一、单项选择题

1. 出纳工作的基本原则是（　　）。

A. 内部牵制原则　　B. 权责发生制原则

C. 配比原则　　D. 实质重于形式原则

2. 下列选项中，体现不相容岗位相互分离的是（　　）。

A. 由出纳人员兼任会计档案保管工作

B. 由出纳人员保管签发支票所需全部印章

C. 由出纳人员兼任收入总账和明细账的登记工作

D. 由出纳人员兼任固定资产明细账及总账的登记工作

3. 下列人员中，可以担任企业出纳人员的是（　　）。

A. 会计机构负责人的妻子　　B. 会计机构负责人的儿子

C. 会计机构负责人的妹妹　　D. 会计中介机构人员

二、多项选择题

1. 出纳人员的配备一般可采用（　　）。

A. 一人一岗　　B. 一人多岗　　C. 一岗多人　　D. 多人多岗

2. 出纳人员不得兼管（　　）工作。

A. 稽核　　B. 会计档案保管

C. 收入账目登记　　D. 现金日记账登记

3. 实行回避制度单位的会计机构负责人、会计主管人员的（　　）不能在本单位担任出纳工作。

A. 配偶　　B. 儿女　　C. 兄弟　　D. 伯父

4. 回避制度中指的直系亲属是指（　　）。

A. 夫妻关系　　B. 直系亲属关系

C. 三代以内旁系血亲　　D. 近姻亲关系

5. 以下各项属于出纳人员业务范围的有（　　）。

A. 保管库存现金和有价证券　　B. 保管空白支票和空白收据

C. 保管有关印章　　D. 保管会计档案

6. 下列收付款业务做法正确的有（　　）。

A. 收款时，先收款后记账　　B. 收款时，先记账后收款

C. 付款时，先付款后记账　　D. 付款时，先记账后付款

7. 出纳人员应具备的条件有（　　）。

A. 良好的职业道德　　B. 必需的专业知识和技能

C. 按规定参加会计业务培训　　D. 具有会计初级职称

8. 出纳人员应遵循的工作原则有（　　）。

A. 经济责任性原则　　B. 客观性原则

C. 一致性原则　　D. 政策性原则

【答案与解析】

一、单项选择题

1. A。权责发生制是会计核算的两大基础之一；配比原则、实质重于形式原则属于会计的基本原则。

2. D。出纳人员不得兼任收入明细账总账的登记、档案的保管；出纳人员可以保管业务相关的印鉴，但并非全部。

3. D。会计机构负责人的直系亲属不得担任会计机构的出纳。

二、多项选择题

1. ABC。

2. ABC。出纳负责日常现金的保管与收发，可以登记现金日记账，还要日清月结，跟现金总账核对，但是除此之外的其他账目不能登记。

3. ABCD。

4. ABCD。需要回避的直系亲属关系包括夫妻关系、直系血亲关系（如父母、子女、祖父母、外祖父母和孙子女、外孙子女等）、三代以内旁系血亲（如兄弟姐妹、叔侄等）以及近姻亲关系（如岳父岳母和女婿，公婆和儿媳等）。

5. ABC。出纳人员不得兼任会计档案的保管工作。

6. AC。出纳人员日常工作中先办理业务，再根据业务相关的凭证做账。

7. ABC。出纳人员不需要必须具备初级会计职称。

8. ABCD。出纳工作必须合规合法、符合经济责任性，按照真实的情况办理业务，保证业务办理规范的一致性，遵守党和国家的财经法规。

第2章

出纳应该懂什么

02

台上一分钟，台下十年功。填票据、算结果、点钞票等，这些都需要出纳人员具备深厚的基本功。出纳工作与账务处理工作有着很大的区别，出纳的数字运算往往是在结算过程中进行，要按计算结果当场开出票据或收付现金，速度要快，结果要准。账务处理工作中，数字算错了可以按规定方法更改，但钱算错了责任就重大了。所以，要想成为一名合格的出纳人员，不但要具备处理一般会计事务的财会专业基本知识，还要具备较高的处理出纳事务的出纳专业知识水平和较强的数字运算能力。只有懂得并且掌握这些专业技能，才能有效地提高财务工作的效率和质量。

2.1 文字和数字书写规则

支票、汇票等相关票据的填写、开具是出纳日常工作的重要组成部分，票据填写必须做到书写合规。证、账、表的文字和数字书写是出纳人员必须修炼的基本功。一张书写工整、填写齐全、摘要精练的票据也能从侧面表现出一个出纳人员的工作能力。

2.1.1 文字书写规则

出纳人员在日常工作中，经常要书写文字，如单位名称、经济业务摘要等，书写时必须要按照一定的规则，否则会给工作带来一定麻烦。

- 要用蓝黑墨水笔或碳素墨水笔书写，不得用铅笔、圆珠笔（用复写纸复写除外）书写。红色墨水笔只在特殊情况下使用。填写支票必须使用碳素墨水笔书写。
- 文字一般要紧靠左竖线书写，文字与左竖线之间不得留有空白部分。
- 文字不能顶格写，一般要占空格的 1/2 或 2/3。
- 文字要清晰，要用正楷或行书书写。

2.1.2 数字书写规则

出纳人员在工作中常使用数字，正确书写数字是对出纳人员的基本要求，数字书写的要求如下。

1．阿拉伯数字书写要求

阿拉伯数字应当写清楚，不能连笔写；有外框限制的数字，如支票中的小写数字，必须按要求写在框内；小写金额前面必须填写币种符号，币种符号与小写金额之间不得留有空白。如人民币贰佰元整，小写则写成：￥200.00。其中，“￥”与“200.00”之间不得留有空白。金额数字一律写到角、分，无角、分的，写“00”或者符号“—”；有角无分的，分位写“0”，不得以“—”代替。

2．大写数字书写要求

大写数字标准写法为：零、壹、贰、叁、肆、伍、陆、柒、捌、玖、拾、佰、仟、万、亿。

和小写数字一样，大写数字也必须写工整，尽量用正楷字体书写。大写金额前未印“人民币”字样的，应加填“人民币”3个字，“人民币”字样与金额之间不得留有空白。大写金额数字到元或角为止的，在“元”或“角”之后应当写“整”或“正”；大写金额有分的，“分”字之后不再写“整”或“正”。阿拉伯数字中间有“0”时，汉字大写要写“零”字；阿拉伯数字中间连续有几个“0”时，汉字大写金额只写一个零字。如小写金额为￥10 080.00，大写金额应写成“壹万零捌拾元整”。

【例 2-1】中正国际股份有限公司出纳人员取现时，支票正联中的小写金额为“￥50 000.00”，大写金额为“伍万元”。

上述案例中，出纳人员的做法是否正确？请具体说明原因。

解答：出纳人员的做法是错误的。数字书写规则中规定“大写金额数字到元或角为止的，在‘元’或‘角’之后应当写‘整’或‘正’”，正确写法应为：伍万元整。

2.2　计算器的使用方法

在日常工作中，计算工具是出纳人员必不可少的“伙伴”。熟练地应用这些工具，能够极大地提高工作效率。下面就介绍计算器的一些基本运用方法。

计算器包括标准型和科学型两种，根据出纳平时的工作内容，使用标准型计算器就可以满足工作需要。下面介绍出纳在使用计算器时主要用到的几个按键的使用方法。

- ON：开启计算器。
- OFF：关闭计算器。
- AC：清除所有计算器中的数值并使计算器屏幕显示值为“0”。
- GT：按下“GT”键，以前操作中每次按“=”之后显示的数值将会被自动累加；再按“GT”键，计算器中前面的记忆则会被消除。
- MRC：第一次按下此键将调用计算器内容，第二次按下此键将清除计算器内容，但是计算器屏幕显示值为原计算器中的内容。
- M-：从计算器内容中减去当前显示值。
- M+：把显示值累加到计算器中，按下“M+”键将当前显示的数与计算器中的数相加，结果存入计算器。
- MU：利率和税率计算。

【例 2-2】（2+6）×5−5=35。

解答：使用计算器的操作顺序为：按“ON”“2”“+”“6”“=”“×”“5”“=”“−”“5”“=”键，计算器屏幕最后显示值为“35”，操作完成。

也可以省掉前面步骤中的“=”，只保留最后一个“=”的操作，即按“ON”“2”“+”“6”“×”“5”“−”“5”“=”键，计算器屏幕最后显示“35”，操作完成。

【例 2-3】（5×7）+（6÷2）+（12−5）=45。

解答：使用计算器的操作顺序为：按“ON”“5”“×”“7”“=”“6”“÷”“2”“=”“12”“−”“5”“=”“GT”键，计算器屏幕最后显示值为“45”，操作完成。

也可以进行如下操作：按“ON”“5”“×”“7”“=”“M+”“6”“÷”“2”“=”“M+”“12”“−”“5”“=”“M+”“MRC”键，计算器屏幕最后显示值为“45”，操作完成。

【例 2-4】中正国际股份有限公司去年总收入为 520 万元，今年总收入为 720 万元，计算年增长率。

解答：使用计算器的操作顺序为：按“ON”“720”“−”“520”“MU”键，结果约为“38.46”，说明年增长率为 38.46%。

【例 2-5】中正国际股份有限公司今年总收入为 720 万元，年增长率为 38.46%，预计明年总收入为多少。

解答：使用计算器的操作顺序为：按“ON”“720”“×”“38.46”“MU”键，结果约为“996.91”，说明按照该增长率预计明年公司总收入会达到 996.91 万元。

【例 2-6】中正国际股份有限公司一车间生产的产品，其产品成本为 30 000 元，产品的利润率为 30%，该批产品预计总收入为多少？

解答：使用计算器的操作顺序为：按“ON”“30 000”“÷”“30”“MU”键，结果约为“42 857.14”，说明该批产品在此成本以及利润率的基础上，其预计总收入约为 42 857.14 元。

2.3 人民币管理

对于日常工作中每天都与现金打交道的出纳人员来说，练就一双“火眼金睛”是至关重要的。熟练地辨别人民币真假，妥善地处理残币、假币，快速准确地清点资金，不仅仅是一名合格出纳人员职业素养的体现，更能够帮助出纳人员在复杂的经济业务中、在进出现金比较多的情况下，避免不必要的经济损失。

2.3.1 点钞技术

会计是一门对技术要求很高的专业，其从业人员必须具有过硬的技术基础。手工点钞技术作为出纳人员必备技能之一，是现代会计从业最基础，也是最重要的技能。

1. 点钞的基本程序

掌握正确的点钞程序，可以让出纳工作变得有条理性，不仅能大大提高出纳工作效率，还能降低点钞过程中错误出现的概率。点钞程序基本如下。

点钞前，桌面要保持整洁，避免乱中出错。硬币和纸币分开，各币种按不同的面值分类排列。

对于整捆的钞票，拆开时，原封条暂时保留，以备钞票与原来点算不一致时使用；点完一捆钞票确认无误后，再扔掉原来的封条。

点钞时，须按照一定顺序进行，不能漫无目的、毫无章法。可先点纸币，再点硬币；先点大票面，再点小票面。

点钞量大时，每点完一捆钞票，须在旁边做好登记工作，避免出现重点、漏点的情况。

点钞完毕，按照票面大小，分别将钞票整齐捆扎好，码放整齐，或送存银行，或放于保险箱内妥善保管。

2．点钞的基本方法

点钞的方法主要有手工点钞和机器点钞两种。一般企业使用的主要还是手工点钞方法。

手工清点纸币：左手持钞票，左手小指和无名指持纸币下段，以固定纸币；中指和食指在纸币另一面按住中段，大拇指从上向下轻捻钞票；同时用右手大拇指快速数捻下来的钞票，默记下来。每捆钞票数两次以上，确认无误后方可捆扎。

手工清点硬币：清点硬币前，应首先将不同面值的硬币分类摊开。清点硬币时，将硬币按照一定的整数摞好、分开。如 10 枚壹角为一摞，5 枚贰角为一摞，10 枚伍角为一摞，这样方便之后计算硬币总数。每摞硬币用透明胶带固定好，方便送存银行或者保存。

3．点钞的 4 个方面

- 指法正确，动作协调。要求出纳人员必须严格掌握正确的点钞方法并灵活地运用十指及其关节，勤奋练习，做到真正的协调准确。
- 环环相扣，准确率高。要求出纳人员提高准确率，做到正确点数和计数。
- 好中求快，讲求速度。在保证准确率的前提下，还要求做到快速。速度是对点钞工作者的一大衡量标准，代表着点钞工作者的岗位及公司形象。
- 反假防假，严防差错。要求出纳人员做到细心谨慎，严格要求自己，决不允许放过任何一张假钞、残币，严防差错，保证质量。

4．手工点钞对出纳人员的重要性

- 出纳人员必备的一项基本技能就是资金清点能力，这就需要出纳人员熟练地掌握人工点钞技术。虽然点钞机的出现给很多部门带来了便利，但是停电、机械故障等突发情况时有发生，都会影响有关部门工作的正常进展，此时就只能依靠出纳人员来进行手工点钞，以保证有关部门清点工作的正常进行。

- 点钞机只会机械地点出钞票的张数却不能很好地分辨出钞票的券别，且无法识别残币以及不能流通的钞票，因此，在识别残币以及不能流通的钞票方面，还是需要出纳人员通过强化学习来提升相关技能。

2.3.2 真假人民币的识别

假钞在市场上早已屡见不鲜，出纳人员作为企业中最常直接接触现金的人，必须熟练掌握一些辨别假钞的本领。针对目前市场上流通的第五套人民币中的100元，下面介绍几种常见的辨别真假的方法。

- 在钞票正面左侧空白处，对准光源看纸币，可见与右侧人物头像相同、立体感很强的头像水印；钞票纸中间的安全线，迎光观察，可见“¥100”微小文字；正面右上方有一椭圆形图案，面对光源将纸币作平面旋转45度或90度角，即可看到“100”字样；正面上方椭圆形图案中，多处印有胶印缩微文字，在放大镜下可看到“RMB”和“RMB100”字样；正面左下方“100”字样，与票面垂直角度观察为绿色，倾斜一定角度则变为蓝色；票面正面左下方和背面右下方均有圆形局部图案，迎光观察，正面和背面图案重合并组合成一个完整的古钱币图案；正面“中国人民银行”字样正下方，用验钞机可看见荧光色的“100”字样。
- 真钞的正面头像、“中国人民银行”字样、盲文及背面主景人民大会堂等均采用雕刻凹版印刷，用手指触摸有明显的凹凸感。
- 抖动或者用手指轻弹、对拉真钞时，声音很清脆，且不易撕裂或者折断。
- 真钞长期对折，纸币折痕处依然平整，无正常纸张对折时出现的裂痕，且折痕处不会出现毛边的情况。

2.3.3 残币的处理方法

根据2004年2月1日实行至今的《中国人民银行残缺污损人民币兑换办法》的第二条规定：本办法所称残缺、污损人民币是指票面撕裂、缺损，或因自然磨损、侵蚀，外观、质地受损，颜色变化，图案不清晰，防伪特征受损，不宜再继续流通使用的人民币。第四条规定：残缺、污损人民币兑换分全额、半额两种情况。

- 能辨别面额，票面剩余四分之三（含四分之三）以上，其图案、文字能按原样连接的残缺、污损人民币，金融机构应向持有人按原面额全额兑换。
- 能辨别面额，票面剩余二分之一（含二分之一）至四分之三以下，其图案、文字能按原样连接的残缺、污损人民币，金融机构应向持有人按原面额的一半兑换。纸币呈正十字形缺少四分之一的，按原面额的一半兑换。

2.4 保险柜的管理

保险柜的管理是企业财产管控的重要环节。为保护国家及企业财产的安全和完整，各企业一般配备专用保险柜，专门用于库存现金、各种有价证券、银行票据、印章及其他出纳票据的保管。企业应加强对保险柜的使用管理，制定保险柜使用办法，要求有关人员严格执行。

2.4.1 保险柜的管理权限

保险柜一般由财务部授权，由出纳人员负责管理使用。按照规定，企业可留存一定金额的库存现金于企业保险柜中，方便出纳人员办理货币资金的收付业务。对于额度内可使用的现金，出于安全考虑，出纳人员绝对不能将其直接放在办公室的抽屉中过夜，而应该存放在保险柜中，在需要时再开启保险柜取出。

保险柜的钥匙一般由财务主管人员以及出纳人员各持一把，出纳人员的钥匙主要在日常办理业务开启保险柜时使用；财务主管人员持有的钥匙，主要是以备不时之需。紧急情况下，财务主管人员经过相关领导的批准，才能开启保险柜。

财务主管人员以及出纳人员不能将保险柜钥匙交由他人保管，避免因保险柜内的现金丢失引起经济责任纠纷。

2.4.2 保险柜钥匙的配备

保险柜要配备两把钥匙，一把由出纳人员保管，供出纳人员日常工作开启使用。另一把交由财务主管人员（非会计或出纳人员）或企业财务主管领导负责保管，以备特殊情况下经批准后开启保险柜。

2.4.3 保险柜的开启

保险柜只能由出纳人员开启使用，非出纳人员不得开启保险柜。如果财务主管人员或企业分管财务的领导需要对出纳人员的工作进行检查，如检查库存现金限额、核对实际库存现金数额，或有其他特殊情况需要开启保险柜的，经企业领导批准后在有两人以上在场情况下由财务主管人员或企业分管财务的领导开启。一般情况下，不得任意开启由出纳人员掌管使用的保险柜。

2.4.4 财物的保管

出纳人员对于自己保管的所有财物，如核定范围内可留存的现金、还未使用的空白支票、空白票据、财务章、人名章等应小心保管。每天下班前，应对以上物品进行清点，数目核对正确后，将其存放在保险柜内，不得放在抽屉里过夜，以免丢失，给企业带来不必要的损失。保险柜内只允许放企业的相关财物，不允许存放个人物品。

【例 2-7】中正国际股份有限公司出纳人员下班时，因不想携带太多现金，就把自己的工资 3 000 元钱暂时放在公司的保险柜内，方便第二天上班时取用。

上述案例中，出纳人员的做法是否正确？请具体说明原因。

解答：出纳人员的做法是错误的。根据相关规定，保险柜内只可以存放企业的财物，如企业核定范围内的现金、空白支票、票据等，不允许存放个人财物。

所以，出纳人员将自己的工资放在保险柜内的做法是错误的。

2.4.5 保险柜的维护

保险柜使用时必须按照其使用说明书来操作，以免由于操作失误而引起保险柜打不开或者发生其他情况。保险柜应放在通风较好的地方，防止因潮湿引起柜内财物发生霉变。出纳人员平时应定期擦拭保险柜，保持其内外部的清洁卫生；每天下班前清点保险柜内的财物后，要保证其摆放整齐有序，方便平时取用。

2.5 出纳报告的编制

出纳报告单是出纳与企业会计系统相互传递会计信息的重要媒介，出纳通过定期编制出纳报告单，能够将自己所记的现金日记账、银行存款日记账以及银行对账单等相关资料与总账相互核对，可以有效地检验前一阶段工作的质量，同时，又能为下一阶段的工作奠定坚实的基础。

2.5.1 出纳报告单的编制

不同的企业对财务报告所休现的时期要求不同，所以出纳应该与本企业会计协商好，根据会计出账的时间来确定出纳出报告单的报送时间，和会计步调保持一致。

出纳报告单中，主要涉及几个项目——上期结存数、本期收入、合计、本期支出、本期结存。

- 上期结存数。上期结存数是指此次报告期的前一期期末结存数，即本期报告期前一天的账面结存金额，同时也是上一期出纳报告单的“本期结存”数，起承上启下的作用，保持报告单之间的连续性。
- 本期收入。由于库存现金以及银行存款均为资产，资产增加记在相应账户的借方，所以本期收入是指本期日记账上的借方合计数。

- 合计。合计是指上期结存数与本期收入的合计数。
- 本期支出。由于库存现金以及银行存款均为资产，资产减少记在相应账户的贷方，所以本期支出是指本期日记账上的贷方合计数。
- 本期结存。本期结存是指本期期末账面余额，它等于“合计”数减去“本期支出”数。本期结存必须与账面实际结存数一致。

出纳报告单如表 2-1 所示。

表 2-1　出纳报告单

企业：　　　　　　　　　　　　年　月　日至　年　月　日　　　　　　　　编号：

项目	库存现金										银行存款										备注
	千	百	十	万	千	百	十	元	角	分	千	百	十	万	千	百	十	元	角	分	
上期结存数																					
本期收入																					
合计																					
本期支出																					
本期结存																					

财务主管：　　　　记账：　　　　出纳：　　　　复核：　　　　制单：

2.5.2　银行存款余额调节表的编制

每个月，出纳要将企业银行存款日记账同本企业开户银行开具的银行对账单进行逐笔核对，两者可能一致，也可能不一致，造成不一致的原因主要有两种。

- 银行或者企业记账时，一方或双方记账金额错误或者漏记某项经济业务，出现双方账上的存款余额不一致。此时，双方应积极排查错误之处，属于记账过程中出现的错误应及时按规定方法更正账目，属于漏记的经济业务应及时补记。
- 银行或者企业记账未发生错误，但由于结算凭证未及时到达银行或者企业中的某一方，使一方由于无凭证而出现未登记的经济业务，而另一方根据结算凭证已及时记账。此时就会出现记账的不平行，双方账上的存款余额不一致，即由于未达账项引起的不一致。由于未达账项造成的银行对账单与银行存款日记账余额不一致，可以通过编制银行存款余额调节表节表来调节。其公式如下。

企业银行存款日记账余额 + 银行已收企业未收的款项 - 银行已付企业未付的款项 = 银行对账单余额 + 企业已收银行未收的款项 - 企业已付银行未付的款项

【例 2-8】中正国际股份有限公司 2018 年 12 月 31 日核对银行存款日记账。12 月 31 日，银行存款日记账余额为 285 600 元，同日银行开出的银行对账单余额为 236 700 元，经银行存款日记账与银行对账单逐笔核对，发现两者的不符由下列原因造成。

（1）公司于 11 月 5 日开出支票购买办用品 4 000 元，公司根据支票存根和有关发票等原始凭证已记账，但收款人尚未到银行办理入账。

（2）11 月 20 日，公司收到销售原材料收入 75 300 元的支票一张，公司根据支票已记账，但尚未到银行入账。

（3）12 月 4 日，公司的开户银行代公司收进一笔托收的货款 27 400 元，银行已记账，但尚未通知公司。

（4）12 月 6 日，开户银行代公司支付当月的水电费 5 000 元，银行已记账，但付款通知单尚未送达公司，因而公司未记账。

解答：根据调节前的余额和查出的未达账项等内容，编制 2018 年 12 月 31 日的银行存款余额调节表，如表 2-2 所示。

表 2-2 银行存款余额调节表

2018 年 12 月 31 日 单位：元

项目	金额	项目	金额
银行对账单余额	236 700	企业银行存款日记账余额	285 600
加：企业已收，银行未收款	75 300	加：银行已收、企业未收款	27 400
减：企业已付，银行未付款	4 000	减：银行已付、企业未付款	5 000
调节后的余额	308 000	调节后的余额	308 000

2.6 发票的管理

发票是企业在发生劳务、服务、销售等生产或非生产性经营活动中，涉及收付款业务时，开具的纸质证明，同时也是税务机关对企业是否正常生产经营的一种监督方式。

2.6.1 发票样式说明

由于企业所交税种不同、所处行业不同等因素，为了方便管理，税务局按照行业特点制定行业所对应的发票，其分类主要有普通发票、增值税专用发票以及专用发票。

普通发票的主要使用者包括餐饮业、服务业、广告业等行业的企业，其发票格式如图 2-1 所示。

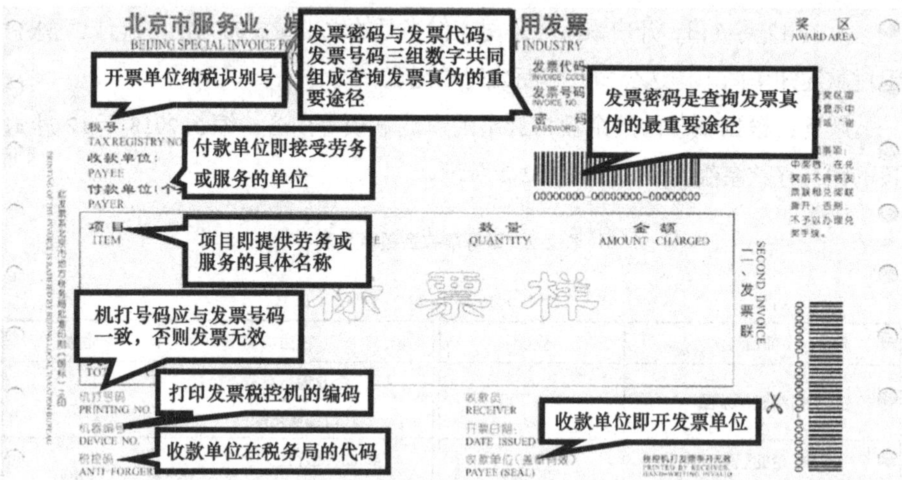

图 2-1 普通发票样式说明

增值税专用发票的主要使用者包括商品批发企业、工业企业产品销售的企业、提供修配劳务的企业等，其发票格式如图 2-2 所示。

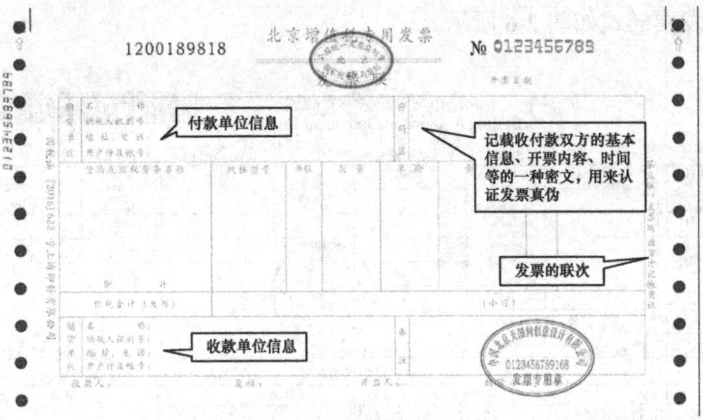

图 2-2　增值税专用发票样式说明

专用发票的主要使用者包括铁路部门、公路系统、银行、医院以及行政事业性单位专用收据等。铁路部门发票样式如图 2-3 所示，公路系统发票样式如图 2-4 所示。

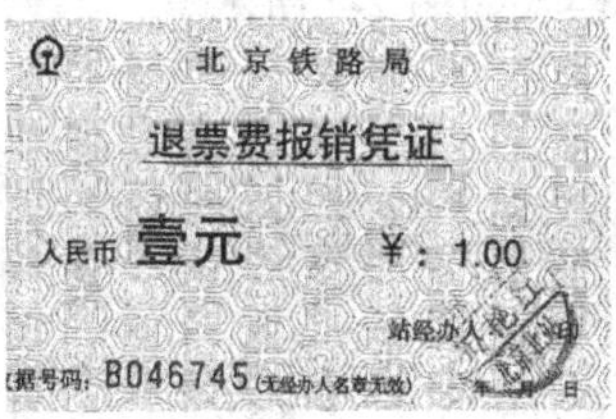

图 2-3　铁路部门发票样式

图 2-4　公路系统发票样式

银行发票样式如图 2-5 所示。

图 2-5　银行发票样式

医院发票样式如图 2-6 所示。

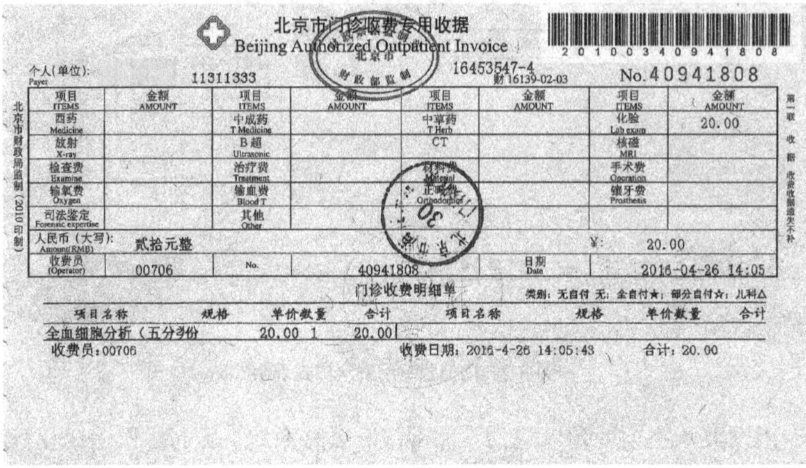

北京市门诊收费专用收据
Beijing Authorized Outpatient Invoice

20100340941808

个人(单位): Payer 11311333　　16453547-4　财 16139-02-03　　No.40941808

项目 ITEMS	金额 AMOUNT	项目 ITEMS	金额 AMOUNT	项目 ITEMS	金额 AMOUNT	项目 ITEMS	金额 AMOUNT
西药 Medicine		中成药 T Medicine		中草药 T Herb		化验 Lab exam	20.00
放射 X-ray		B 超 Ultrasonic		CT		核磁 MRI	
检查费 Examine		治疗费 Treatment		材料费 Material		手术费 Operation	
输氧费 Oxygen		输血费 Blood T		正畸费 Orthodontics		镶牙费 Prosthesis	
司法鉴定 Forensic expertise		其他 Other					
人民币（大写） Amount(RMB)	贰拾元整				¥:	20.00	
收费员 (Operator)	00706	No.	40941808		日期 Date	2016-04-26 14:05	

北京市财政局监制（2010 印制）

第一联 收据 收费收据遗失不补

门诊收费明细单　　类别：无自付 无；全自付★；部分自付☆；儿科△

项目名称	规格	单价数量	合计	项目名称	规格	单价数量	合计
全血细胞分析（五分类)		20.00 1	20.00				

收费员:00706　　收费日期：2016-4-26 14:05:43　　合计：20.00

图 2-6　医院发票样式

行政事业性单位的发票，即专用收据，其样式如图 2-7 所示。

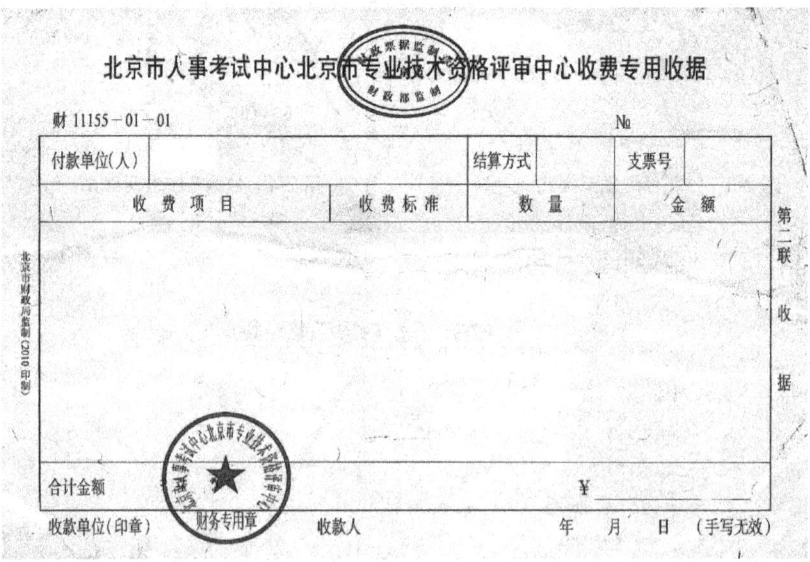

北京市人事考试中心北京市专业技术资格评审中心收费专用收据

财 11155－01－01　　№

付款单位(人)		结算方式		支票号	
收费项目	收费标准	数量	金额		
合计金额			¥		

收款单位(印章)　　财务专用章　　收款人　　年　月　日　(手写无效)

北京市财政局监制（2010 印制）

第二联 收据

图 2-7　行政事业性单位专用收据样式

2.6.2 发票真伪的鉴别和检查

审核各种发票是出纳人员日常工作中重要的部分，对于保障企业经济利益不受损害有着重要意义。出纳人员不仅需要审核发票所记载业务的发生是否合理、发票开具是否规范，还需要对发票的真实性进行判别，即辨别发票的真伪。

1. 普通机打发票辨别真伪的主要方法

- 真发票左上角一般会有一个椭圆形的热敏反应区，将手指放在反应区背面，3 秒钟左右后，发票联正面的税徽图案颜色会变浅或呈无色。
- 登录税务机关网站，通过发票查询功能，输入发票联正面的"发票代码""发票号码" "发票密码"，即可查询发票真伪。
- 拨打税务机关服务热线 12366，根据语音提示可直接查询发票真伪。
- 直接携带发票到税务机关办事窗口查询发票真伪。

2. 增值税专用发票辨别真伪的主要方法

- 增值税专用发票的红色荧光防伪标记或微缩字母防伪标记，发票联、抵扣联"×× 增值税专用发票"字样下端的双实线由微缩字母组成。其中上线为"×× 增值税专用发票"等汉字的汉语拼音声母缩写，下线为"国家税务总局监制"等汉字的汉语拼音声母缩写。发票监制章的内圆线由多组"国家税务总局监制"等汉字的汉语拼音声母缩写组成，即"GJSHWZJJZH"。通过高倍放大镜可以清晰地看到。
- 增值税专用发票号码采用异型号码字体印刷。

3. 通用手工发票的防伪特征

- 在发票背面用指甲轻划，划痕显紫红色线条。
- 与普通机打发票相同，手工发票左上角也有印有税徽图案的热敏反应区，其鉴别方法与普通机打发票鉴别方法相同。
- 将发票联的"发票号码"以及"发票代码"置于 10 倍以上放大镜下观察，号码均由颗粒状图案组成。

符合上述内容的就是真票。

注：根据国家税务机关的规定，2011 年 6 月 1 日起，开具发票时均应加盖

新版发票专用章，加盖财务专用章的发票为无效发票。

2.6.3 发票的购买

发票使用完，一般由出纳人员带齐相关资料前往主管税务机关购买新的发票，其流程大致如下。

1. 首次购买发票流程

首先备齐以下资料（实际以各地方要求为准）。

- 公章、财务专用章印模原件一份。
- 《领购普通发票（国标机打发票）申请确认表》（原件，一式四份，申请领购国标税控发票的纳税人提交）。
- 《领购普通发票(定额和非国标机打发票)申请确认表》(原件，一式四份，申请领购非国标税控发票的纳税人提交）。

提交的相关资料均需要原件及复印件，以备主管税务机关相关人员进行审核。

2. 认购税控装置

企业在提交的资料被审核批准后，根据主管税务机关对其核准并签字盖章后的《领购普通发票（国标机打发票）申请确认表》和《领购普通发票（定额和非国标机打发票）申请确认表》中的内容认购税控装置。企业将两份确认表交给税务机关指定的服务商，服务商会凭此为纳税人提供税控装置产品、办理税控初始化、上门安装以及提供日后的维护保养服务。

领购发票时需要携带以下材料。

- 营业执照（副本）。
- 公章或发票专用章。
- 首次购票时需要携带主管税务机关审批填写完整的《领购普通发票（国标机打发票）申请确认表》或《领购普通发票（定额和非国标机打发票）申请确认表》。
- 领购国标税控发票的企业需要携带税控用户卡（首次领购机打发票时也需要携带空卡）。

3．再次购买发票应携带的资料

发票使用完，为保证发票使用的连续性，应及时到主管税务机关购买新发票，购买新发票时应携带以下资料。

- 营业执照（副本）。
- 公章或财务专用章。
- 领购国标税控发票的纳税人需要携带税控用户卡。
- 上次购票的票据工本费收据，又称“绿联”（第三联）。

注：去税务机关办理前，应先在本单位用税控卡读取税控装置中的数据。

2.6.4 发票的开具流程

由于普通发票与增值税专用发票的使用主体、印制要求、发票样式、内容有区别，因此开票流程也有所不同，下面分别介绍两种发票的具体开票流程。

1．普通发票开具流程

在开具发票前，应先将购买的新发票的电子票号分发至税控器内，以浪潮税控开票软件为例，分发发票流程如图 2-8 所示。

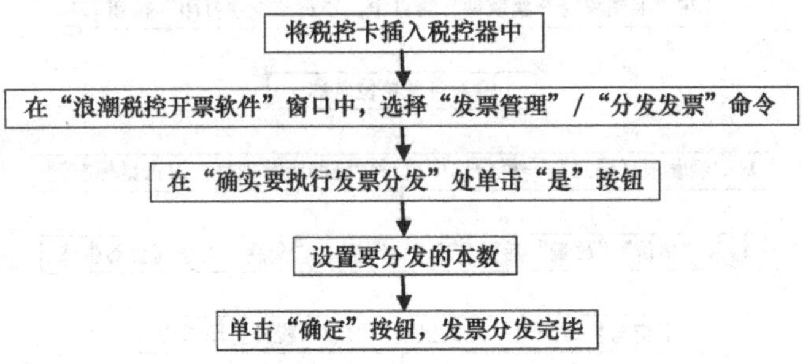

图 2-8 分发发票流程

分发发票之后，要进行发票录入，只有录入发票，税控器才能够正常打印发票，录入发票流程如图 2-9 所示。

由于现在使用的税控机均为国标税控机，正式开具发票前，在填写发票信息中的“项目”一栏时，应通过设置“经营项目信息”来实现，其设置流程如图 2-10 所示。

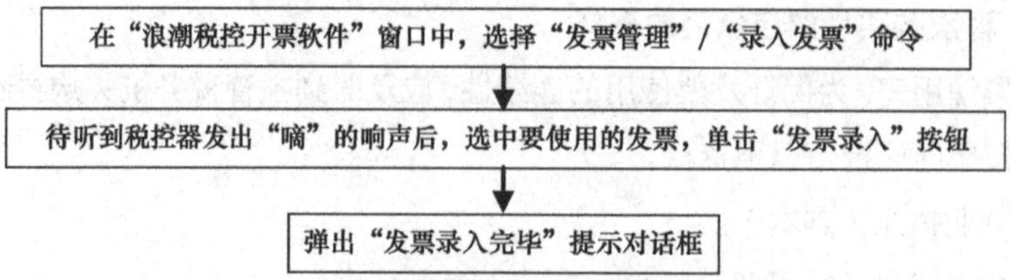

图 2-9　录入发票流程

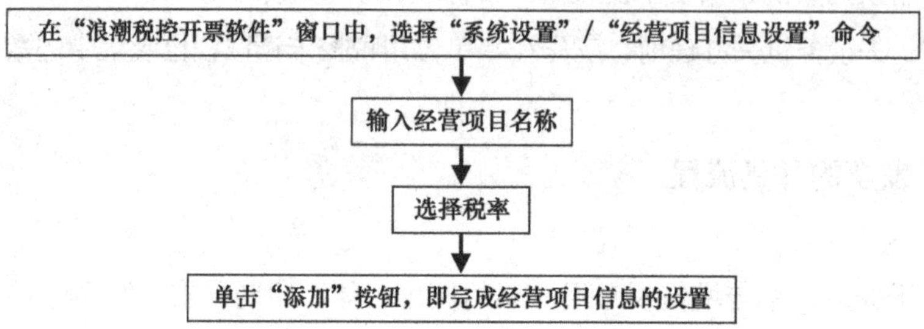

图 2-10　设置经营项目信息流程

发票分发、录入完毕之后，正式进入开票环节。发票应按照票号顺序依次开具，不能跳号、空号，发票开具流程如图 2-11 所示。

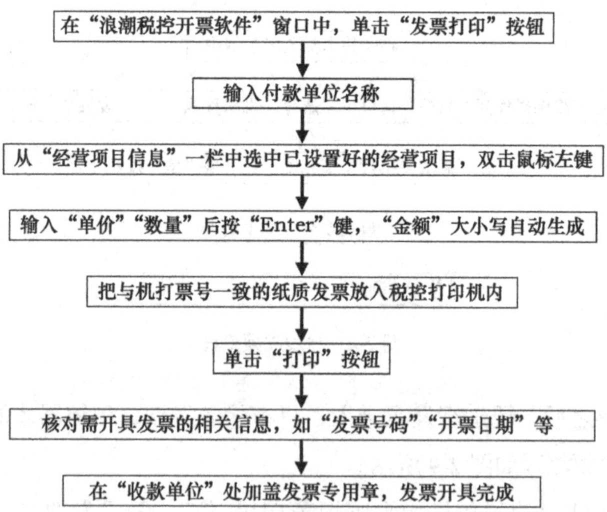

图 2-11　发票开具流程

2. 增值税专用发票开具流程

与普通发票的开具流程相同，在开具增值税专用发票前，应先将购买的新发票的电子票号分发和录入税控器，电子票号分发与录入流程如图 2-12 所示。

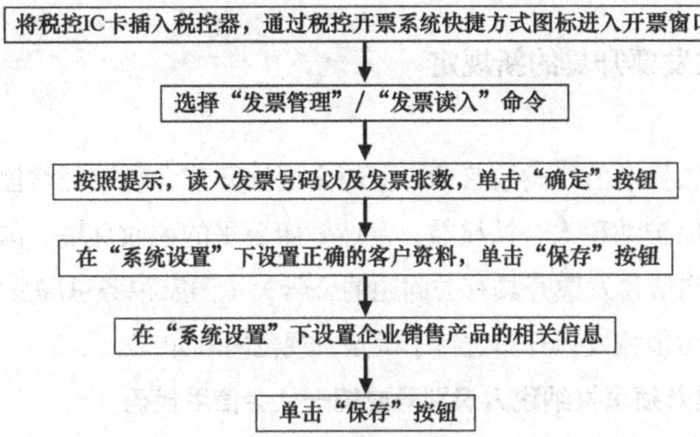

图 2-12　增值税专用发票票号分发与录入流程

在发票分发与录入完毕之后，正式进入开票环节。发票应按照票号顺序依次开具，不能跳号、空号，增值税专用发票开具流程如图 2-13 所示。

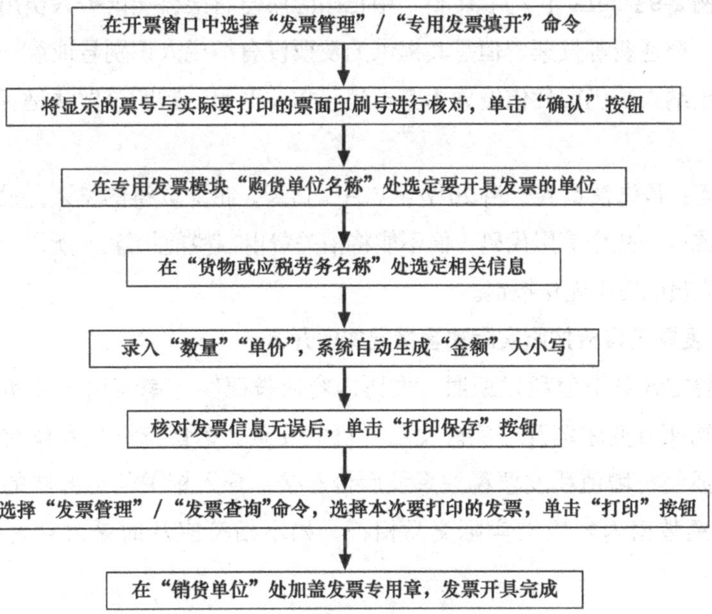

图 2-13　增值税专用发票开具流程

注意： 在开具发票时，必须做到按号码顺序填开，填写项目齐全，内容真实，打印的字迹清楚，加盖的发票专用章清晰可辨。

2.6.5 增值税发票开具的新规定

为进一步加强增值税发票管理，保障全面推开营业税改征增值税试点工作的顺利实施，保护纳税人合法权益，营造健康公平的税收环境，国家税务总局发布了《关于增值税发票开具有关问题的公告》（国家税务总局公告 2017 年第 16 号），又对增值税发票开具进行了调整，规范内容如下。

1. 开发票必须填报纳税人识别号或统一社会信用代码

自 2017 年 7 月 1 日起，购买方为企业的，索取增值税普通发票时，应向销售方提供纳税人识别号或统一社会信用代码；销售方为其开具增值税普通发票时，应在“购买方纳税人识别号”栏填写购买方的纳税人识别号或统一社会信用代码。不符合规定的发票，不得作为税收凭证。

【例 2-9】 2018 年 7 月 31 日，中正国际股份有限公司财务人员出差要报销食宿费、交通费等发票，但是其提供的发票没有纳税人识别号或统一社会信用代码，出纳人员仍旧凭借发票为其报销了相关费用。判断该做法是否正确并做出解释。

解答：该做法错误。自 2017 年 7 月 1 日起，企业取得的发票，没有纳税人识别号或统一社会信用代码，便不能将相关费用在税前扣除。所以，案例中相关财务人员的费用无法报销。

2. 发票内容应按照实际销售情况如实开具

销售方开具增值税发票时，发票内容应按照实际销售情况如实开具，不得根据购买方要求填开与实际交易不符的发票。销售方开具发票时，通过销售平台系统与增值税发票税控系统后台对接，导入相关信息开票的，系统导入的开票数据内容应与实际交易相符，如不相符应及时修改完善销售平台系统。

【例 2-10】 2018 年 7 月 31 日，中正国际股份有限公司向 A 公司销售一批汽车，A 公司却要求中正国际股份有限公司在发票上将汽车填写为厂房设备。考虑到对方是长期合作的客户，出纳人员按照对方的要求开具了发票。判断该案例中出纳人员的做法是否正确并做出解释。

解答：该做法错误。国家税务总局发布的 2017 年第 16 号公告规定，销售方向购买方开具增值税发票，应按实际情况开具，不得开具与事实不符的发票。

2.6.6 退票、废票的处理

发票开具之后，有时会遇到退货的情况，或者发现已打印好的发票内容错误（项目、数量、金额等出现错误）以及电子票号与发票上印刷的号码不一致。此时，应对已开具的发票进行退票处理。操作方法如图 2-14 所示。

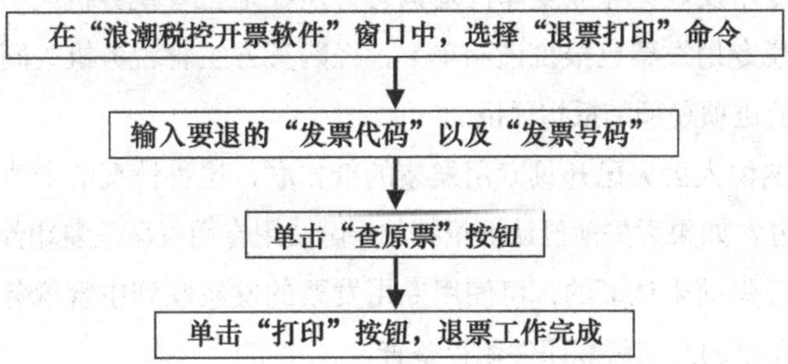

图 2-14　退票处理流程

对于不能使用的空白发票，如票面有污渍、破损等情况，应进行废票处理，并细心保管好该废票以备税务机关核查。废票处理流程如图 2-15 所示。

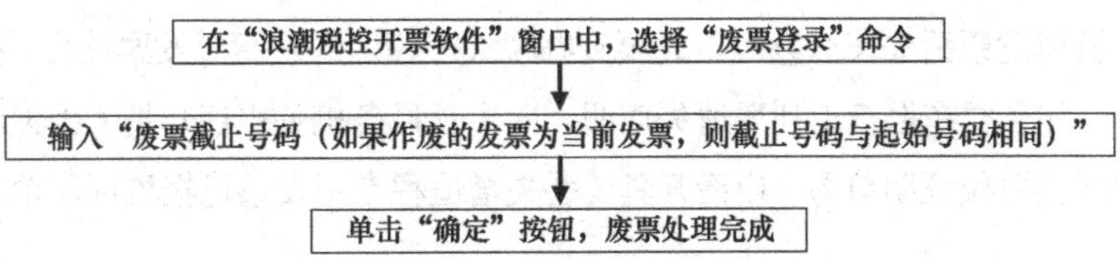

图 2-15　废票处理流程

2.6.7 发票遗失的处理

1. 处理方法

关于增值税发票丢失怎么办的问题，根据以下 3 种不同的情况采取相应的处理方法。

- 一般纳税人丢失已开具专用发票的发票联和抵扣联，这种情况的增值税发票丢失怎么办？如果丢失前已认证相符的，购买方凭销售方提供的相应专用发票记账联复印件及销售方所在地主管税务机关出具的《丢失增值税专用发票已报税证明单》，经购买方主管税务机关审核同意后，可作为增值税进项税额的抵扣凭证。如果丢失前未认证的，购买方凭销售方提供的相应专用发票记账联复印件到主管税务机关认证，认证相符的，凭该专用发票记账联复印件及销售方所在地主管税务机关出具的《丢失增值税专用发票已报税证明单》，经购买方主管税务机关同意后，可作为增值进项税额的抵扣凭证。
- 一般纳税人丢失已开具专用发票的抵扣联，这种情况的增值税发票丢失怎么办？如果丢失前已认证相符的，可使用专用发票联复印件留存备查。如果丢失前未认证的，可使用专用发票的发票联到主管税务机关认证，专用发票的发票联复印件留存备查。
- 一般纳税人丢失已开具专用发票的发票联，这种情况的增值税发票丢失怎么办？可以将专用发票抵扣联作为记账凭证，专用发票抵扣联复印件留存备查。

2. 处理流程

增值税发票丢失怎么办？首先要到办税大厅领取并填写《发票挂失 / 损毁报告表》，并且要在报纸上刊登遗失声明，向主管税务机关申请开具《丢失增值税专用发票已报税证明单》。申请开具《丢失增值税专用发票已报税证明单》流程如下。

- 申请。纳税人携带《发票挂失 / 损毁报告表》到办税服务大厅申报征收岗申请开具《丢失增值税专用发票已报税证明单》。
- 受理审核。办税服务大厅申报征收岗受理审核纳税人提交的资料。符合条件的，当场受理办理。纳税人提交纸质资料不全或者填写内容不符合的，一次性告知纳税人补齐或重新填报。

- 开具。纳税人提供资料符合条件的，办税服务大厅申报征收岗即时开具《丢失增值税专用发票已报税证明单》。

2.6.8 违反发票管理规定的法律责任

根据《中华人民共和国税收征收管理法》（以下简称《税收征收管理法》）以及《中华人民共和国发票管理办法》（以下简称《发票管理办法》），企业出现以下情况，应该对其购买以及使用的发票负责。

1. 违反发票管理法规的具体行为

- 未按规定使用发票。如转借、转让、介绍他人转让发票、发票监制章和发票防伪专用品；知道或者应当知道是私自印制、伪造、变造、非法取得或者废止的发票而受让、开具、存放、携带、邮寄、运输；拆本使用发票；扩大发票使用范围；以其他凭证代替发票使用。

【例 2-11】中正国际股份有限公司从远扬科技有限公司购买了一批原材料，收到对方的发票时，发现发票销货单位名称并不是远扬科技有限公司，而是另外一个公司名称。判断此种情况是否符合相关规定并解释原因。

解答：此情况不符合相关规定。根据相关管理规定，违反发票管理法规的具体行为包括转借、转让、介绍他人转让发票、发票监制章和发票防伪专用品等。所以，面对这样的情况，中正国际股份有限公司应该退回这张发票，由销货单位重新开具正确的发票。

- 未按规定购领发票。如向国家税务机关或国家税务机关委托单位以外的单位和个人取得发票；私售、倒买倒卖发票；贩卖、窝藏假发票；借用他人发票；私自向未经国家税务机关批准的单位和个人提供发票等。

【例 2-12】中正国际股份有限公司为了做账需要，经常向赵某购买所谓的“真票”。判断这种做法是否符合相关规定并解释原因。

解答：中正国际股份有限公司和赵某的做法都是违法的。根据相关管理规定，违反发票管理法规的具体行为包括向国家税务机关或国家税务机关委托单位以外的单位和个人取得发票，私售、倒买倒卖发票，贩卖、窝藏假发票。所以，中正国际股份有限公司应该根据原始凭证如实入账，不应为了加大企业成本而私自购买发票。

- 未按规定填开发票。如单联填开或上下联金额、内容不一致；涂改、伪造、变造发票；转借、转让、代开发票；填开作废发票；发票项目填开不完整等。

【例 2-13】中正国际股份有限公司出纳人员在开具手写发票时，为了满足客户需要，按照客户需求只填写发票联，记账联和存根联按照实际发生额单填。判断这种做法是否符合相关规定并解释原因。

解答：出纳人员的做法是错误的。根据相关管理规定，违反发票管理法规的具体行为包括单联填开或上下联金额、内容不一致。出纳人员应按照实际发生的经济业务来开具发票，全部联次一次复写、打印，内容完全一致。

【例 2-14】由于发票数量不够，中正国际股份有限公司出纳人员在开具发票时使用已登记作废的发票。判断这种做法是否符合相关规定并解释原因。

解答：出纳人员的做法是错误的。根据相关管理规定，违反发票管理法规的具体行为包括填开作废发票。发票使用完，必须及时去主管税务机关购买新发票以保证正常开票。

【例 2-15】中正国际股份有限公司出纳人员收到一张手写的发票，但是发票上付款单位处填写不完整，出纳人员急于将发票入账，于是自行在发票上补写。判断这种做法是否符合相关规定并解释原因。

解答：出纳人员的做法是错误的。根据相关管理规定，违反发票管理法规的具体行为包括发票项目填开不完整。对于填写不完整的发票，出纳人员有权拒绝接收，并要求开票单位重新开具发票，但出纳人员不能自行在发票上填补或者修改。

- 未按规定取得发票。如取得不符合规定的发票，只取得记账联或只取得抵扣联，擅自填开发票入账等。

【例 2-16】沿用【例 2-12】资料，中正国际股份有限公司为满足做账需要而购买假发票的做法是错误的。根据相关管理规定，违反发票管理法规的具体行为包括取得不符合规定的发票。

【例 2-17】中正国际股份有限公司为保证“创收”任务，上级领导指示出纳人员在没有人购买货物的情况下，开具一张捏造的金额为 50 000 元的发票。判断这种做法是否符合相关规定并解释原因。

解答：中正国际股份有限公司的做法是错误的。根据相关管理规定，违反发票管理法规的具体行为包括擅自填开发票入账。中正国际股份有限公司应按照实际销货数量、金额等开具发票，不应虚开发票，做假账。

- 未按规定保管发票。如损（撕）毁发票，丢失或擅自销毁发票存根联，未按规定缴销发票，未经国家税务机关查验擅自销毁专用发票的基本联次等。

【例 2-18】中正国际股份有限公司出纳人员由于不慎，将已开具的一张发票的存根联丢失。判断这种做法是否符合相关规定并解释原因。

解答：出纳人员的做法是不符合规定的。根据相关管理规定，违反发票管理法规的具体行为包括丢失或擅自销毁发票存根联，同时根据《发票管理办法》的相关规定，已开具的发票存根联以及发票登记簿，应当保存 5 年。保存期满，报经税务机关查验后销毁。

- 其他未按规定保管发票的行为。如拒绝检查，刁难、阻挠税务人员进行检查等。

2．违反相关规定的处罚措施

- 根据《税收征收管理法》以及《发票管理办法》，对于有上述所列行为之一的单位和个人，由国家税务机关责令限期改正，没收非法所得，可以并处 1 万元以下的罚款。
- 跨规定的使用区域携带、邮寄、运输空白发票，以及携带、邮寄或者运输空白发票出入境的，由税务机关责令改正，可以处 1 万元以下的罚款；情节严重的，处 1 万元以上 3 万元以下的罚款；有违法所得的予以没收。
- 私自印制、伪造变造、倒买倒卖发票，私自制作发票监制章、发票防伪专用品的，由国家税务机关依法查封、扣押或者销毁，没收非法所得和作案工具，可以并处 1 万元以上 5 万元以下的罚款，构成犯罪的，由司法机关依法追究刑事责任。
- 违反发票管理法规，导致其他单位或个人未缴、少缴或者骗取税款的，由税务机关没收违法所得，可以并处未缴、少缴或者骗取的税款 1 倍以下的罚款。

单位或者个人有下列行为之一的，应当承担刑事责任。

- 虚开增值税专用发票的（虚开是指为他人虚开、为自己虚开、让他人自己虚开、介绍他人虚开增值税专用发票行为之一的）。
- 伪造或出售伪造的增值税专用发票的。
- 非法出售增值税专用发票的。
- 非法购买增值税专用发票或者购买伪造的增值税专用发票的。
- 虚开用于骗取出口退税、抵扣税款的其他发票的。
- 伪造、擅自制造或者出售伪造、擅自制造的可以用于骗取出口退税、抵扣税款的其他发票的，以及以营利为目的，伪造、擅自制造或者出售伪造、擅自制造的上述规定以外的其他发票的。
- 非法出售可以用于骗取出口退税、抵扣税款的其他发票的，以及以营利为目的，非法出售上述规定以外的其他发票的。
- 盗窃增值税专用发票或者其他发票的。

2.7 印章的管理

作为企业行使职权的重要凭证和工具，印章对于规范企业高效运营的意义重大。印章如果丢失，会严重影响企业的正常经营，损害企业的利益，甚至会扰乱社会经济秩序。为了避免一些不必要的纠纷以及损失，印章在使用以及保管过程中一定要严格按照规定执行。

2.7.1 印章的使用

企业的各类印章由各级和各岗位专人依据职权领取和保管。出纳人员主要负责财务专用章、人名章的保管。在保管过程中，出纳人员须严格按照规定使用印章。

- 企业内有员工需用财务专用章或人名章时，必须向出纳人员出具相关领导的使用印章证明，明确说明使用印章的目的，方可使用印章。

- 不得在空白凭证或者空白纸上加盖印章，以免对企业产生不利影响。确有需要时，必须由领导批准方可盖印，盖印的相关情况应登记在册，如登记盖印人、盖印目的、盖印时间、盖印批准人及相关附件等信息。

【例 2-19】中正国际股份有限公司有某员工为方便外出办事，未办理任何手续便携带若干张加盖了财务专用章的空白纸，以备不时之需。判断其做法是否正确并解释原因。

解答：该员工的做法是错误的。根据印章使用的相关规定，为避免对企业产生不利影响，不得在空白纸上加盖印章。确实需要时，应有相关领导的批示并按规定办理相关手续。该员工未办理任何手续便私自带加盖印章的空白纸外出办事是不对的。

2.7.2 印章的管理

出纳人员对于自己保管的印章，如财务专用章、人名章等，应按照相关规定进行管理，防止因印章丢失给企业带来经济或者其他损失。

- 出纳在使用和保管财务专用章和人名章的同时，不得将印章私自借与他人使用。如实在需要借用时，必须经过相关领导批准。
- 印章原则上不得被携带外出。但在实际工作中，出纳人员因购买支票、汇款等日常工作确实需要将财务专用章、人名章携带外出的，必须先由财务部门领导批准。
- 平时必须妥善保管印章，印章一旦遗失，应在第一时间报告上级领导。出纳人员应同时填写《更换印鉴申请书》，遗失个人名章的由开户单位备函证明，经银行同意后按规定办法更换印鉴，并在新印鉴卡上注明情况。

【例 2-20】中正国际股份有限公司出纳人员因去银行购买新支票，由财务部门领导批示，携带财务专用章以及人名章前往银行购买支票。判断出纳人员的做法是否正确，并解释理由。

解答：出纳人员的做法是正确的。根据印章管理的相关规定，印章原则上不得被携带外出，但在实际工作中，出纳人员因购买支票、汇款等日常工作确实需要将财务专用章、人名章携带外出的，必须先由财务部门领导批准，所以出纳人员的做法是正确的。

2.8 课后习题

一、单项选择题

1. 在填写会计凭证时，1 518.53 元的大写金额为（　　）。

A. 壹仟伍佰拾捌元伍角叁分整　　B. 壹仟伍佰壹拾捌元伍角叁分整

C. 壹仟伍佰拾捌元伍角叁分　　D. 壹仟伍佰壹拾捌元伍角叁分

2. 在日常生活中误收假币，以下处理方法正确的是（　　）。

A. 折价兑换给他人

B. 趁人不注意，夹在真币中付给他人

C. 上缴当地银行

D. 当捐款捐入捐款箱

3. 第五套人民币 100 元纸币、50 元纸币的固定水印为（　　）。

A. 头像图案　　B. 荷花图案

C. 月季花图案　　D. 水仙花图案

4. 出纳人员在日常工作中，经常要书写文字，下列符合出纳文字书写规则的是（　　）。

A. 填写支票可以使用铅笔书写

B. 文字与左竖线之间可以留有空白部分

C. 文字书写一般占空格的 1/2 或 2/3

D. 在紧急情况下用狂草连笔书写

二、多项选择题

1. 关于 2 100.67 元的大写金额正确的有（　　）。

A. 贰仟壹佰元陆角柒分　　B. 贰仟壹佰元陆角柒分整

C. 贰仟壹佰元零陆角柒分　　D. 贰仟壹佰零零元陆角柒分

2. 残缺人民币属于下列情况之一者不予兑换（　　）。

A. 票面残缺二分之一以上者

B. 票面污损、熏焦、水湿、油浸、变色，不能辨别真假者

C. 故意挖补、涂改、剪贴、拼凑、揭去一面者

D. 因遭火灾、虫蛀、鼠咬、霉烂等特殊原因而损失严重，剩余面积较少的

3. 第五套人民币的 100 元、50 元纸币票面正面左下角分别印有“100”“50”字样的光变油墨面额数字，于票面倾斜一定角度分别为（　　）。

A. 绿色　　B. 金色　　C. 红色　　D. 蓝色

4. 点钞的基本原则有（　　）。

A. 点准　　B. 算对　　C. 挑净　　D. 码齐

5. 阿拉伯数字的书写需要注意的要求有（　　）。

A. 币种符号与小写金额之间不得留有空白

B. 数字应当写清楚，不能连笔写

C. 有外框限制的数字，必须按要求写在框内

D. 小写金额前面必须填写币种符号

6. 合格出纳的点钞要点主要包括（　　）。

A. 指法正确，动作协调　　B. 环环相扣，准确率高

C. 好中求快，讲求速度　　D. 效率优先，放宽质量

7. 保险柜的钥匙一般由（　　）各持一把。

A. 财务部主管人员　　B. 采购部长

C. 出纳人员　　D. 销售部长

三、业务题

甲公司 2018 年 12 月发生与银行存款有关的业务如下。

（1）

① 12 月 28 日，甲公司收到 A 公司开出的 480 万元转账支票，交存银行。该笔款项系 A 公司违约支付的赔款，甲公司将其计入当期损益。

② 12 月 29 日，甲公司开出转账支票支付 B 公司咨询费 360 万元，并于当日交给 B 公司。

（2）12 月 31 日，甲公司银行存款日记账余额为 432 万元，银行对账单余额为 664 万元。经逐笔核对，发现以下未达账项。

①甲公司已将12月28日收到的A公司赔款登记入账，但银行尚未记账。

②B公司尚未将12月29日收到的支票送存银行。

③甲公司委托银行代收C公司购货款384万元，银行已于12月30日收妥并登记入账，但甲公司尚未收到收款通知。

④12月甲公司发生借款利息32万元，银行已减少其存款，但甲公司尚未收到银行的扣款通知。

根据上述资料编制甲公司银行存款余额调节表。

【答案与解析】

一、单项选择题

1. D。大写金额数字到元或角为止的，在“元”或“角”之后应当写“整”或“正”；大写金额有分的，“分”字之后不再写“整”或“正”。

2. C。

3. A。

4. C。填写支票必须使用碳素墨水笔书写；文字一般要紧靠左竖线书写；文字不能顶格写，一般要占空格的1/2或2/3；文字要清晰，要用正楷或行书书写。

二、多项选择题

1. AC。

2. ABC。票面残缺二分之一以上者；票面污损、熏焦、水湿、变色，不能辨别真假者；故意挖补、涂改、剪贴、拼凑、揭去一面者，均不予兑换。

3. AD。

4. ABCD。

5. ABCD。数字应当写清楚，不能连笔写；有外框限制的数字，如支票中的小写数字，必须按要求写在框内；小写金额前面必须填写币种符号，币种符号与小写金额之间不得留有空白。

6. ABC。指法正确，动作协调；环环相扣，准确率高；好中求快，讲求速度；反假防假，严防差错。

7. AC。保险柜的钥匙一般由财务主管人员以及出纳人员各持一把，出纳人员的钥匙主要在日常办理业务开启保险柜时使用；财务主管人员持有的钥匙，主要是以备不时之需。紧急情况下，财务主管人员经过相关领导的批准，才能开启保险柜。

三、业务题

表 2-3　银行存款余额调节表

2018 年 12 月 31 日　　单位：万元

项目	金额	项目	金额
银行对账单余额	664	企业银行存款日记账余额	432
加：企业已收，银行未收款	480	加：银行已收，企业未收款	384
减：企业已付，银行未付款	360	减：银行已付，企业未付款	32
调节后的存款余额	784	调节后的存款余额	784

第3章

凭证业务处理

03

众所周知，会计核算从会计凭证开始，同时，填制会计凭证也是对经济活动和财务收支进行正确反映和严格监督的一个重要环节。首先，会计主体在办理任何一项经济业务时，都必须由执行和完成该项经济业务的有关人员从单位外部取得或自行填制真实、合法的会计凭证；其次，会计凭证必须经过有关人员的严格审核并确认无误；最后，必须加强会计凭证的装订与保管，这是后续会计工作维持连续完整的重要保障。总而言之，会计凭证的填制和审核、装订和保管，对于保证会计核算资料的完整、真实、合法，对于发挥会计在经济管理中的作用具有十分重要的意义。

3.1 会计凭证的用途和基本分类

作为记录经济业务活动的起点，会计凭证在财务核算中扮演着很重要的角色，企业在生产经营活动中，会用到很多种会计凭证。认清会计凭证的用途以及基本分类，对于企业强化会计凭证的基础管理至关重要。

3.1.1 会计凭证的概念

会计凭证是企业生产经营活动中相关环节的记录，是企业正常经营的证据。同时，会计凭证也是登记账簿的重要依据。会计凭证上主要记载了企业经济业务发生的时间、内容、金额、填制人员以及审核人员等。会计凭证必须经过相关人员的严格审核，审核人员对会计凭证的真实性、合理性、合法性以及正确性负责。

以差旅费报销单为例，它是会计凭证的一种，主要记录企业出差的人员、所属部门、出差起止时间、出差地点、所乘交通工具以及出差期间所花费用等。以上内容形成了企业的一项经济活动，而差旅费报销单就是记录企业这项经济活动的凭证，是明确经济责任的书面证据，同时也是登记账簿、进行会计监督的重要依据。差旅费报销单的样式如表 3-1 所示。

表 3-1　差旅费报销单

部门________　　　　　　　　　　年　月　日

<table>
<tr><td colspan="3">出差人</td><td colspan="8"></td><td colspan="2">出差事由</td><td colspan="3"></td></tr>
<tr><td colspan="4">出发</td><td colspan="4">到达</td><td rowspan="2">交通工具</td><td colspan="2">交通费</td><td colspan="2">出差补贴</td><td colspan="3">其他费用</td></tr>
<tr><td>月</td><td>日</td><td>时</td><td>地点</td><td>月</td><td>日</td><td>时</td><td>地点</td><td>单据张数</td><td>金额</td><td>天数</td><td>金额</td><td>项　目</td><td>单据张数</td><td>金额</td></tr>
<tr><td></td><td></td><td></td><td></td><td></td><td></td><td></td><td></td><td></td><td></td><td></td><td></td><td></td><td>住 宿 费</td><td></td><td></td></tr>
<tr><td></td><td></td><td></td><td></td><td></td><td></td><td></td><td></td><td></td><td></td><td></td><td></td><td></td><td>市内车费</td><td></td><td></td></tr>
<tr><td></td><td></td><td></td><td></td><td></td><td></td><td></td><td></td><td></td><td></td><td></td><td></td><td></td><td>邮 电 费</td><td></td><td></td></tr>
<tr><td></td><td></td><td></td><td></td><td></td><td></td><td></td><td></td><td></td><td></td><td></td><td></td><td></td><td>办公用品费</td><td></td><td></td></tr>
<tr><td></td><td></td><td></td><td></td><td></td><td></td><td></td><td></td><td></td><td></td><td></td><td></td><td></td><td>不买卧铺补贴</td><td></td><td></td></tr>
<tr><td></td><td></td><td></td><td></td><td></td><td></td><td></td><td></td><td></td><td></td><td></td><td></td><td></td><td>其　他</td><td></td><td></td></tr>
<tr><td colspan="10">合　计</td><td></td><td></td><td></td><td></td><td></td><td></td></tr>
<tr><td colspan="3" rowspan="2">报销总额</td><td colspan="2" rowspan="2">人民币（大写）</td><td colspan="4" rowspan="2">¥</td><td colspan="2" rowspan="2">预借差旅费</td><td colspan="2" rowspan="2">¥</td><td>补领金额</td><td colspan="2">¥</td></tr>
<tr><td>退还金额</td><td colspan="2">¥</td></tr>
</table>

主管：　　　　审核：　　　　出纳：　　　　领款人：

3.1.2　会计凭证的作用

企事业单位或者其他社会机构在生产经营过程中，涉及的经济业务都应按照规定和程序填制和取得各种原始凭证，会计根据原始凭证填制记账凭证，再按照记账凭证的相关内容以及时间顺序登记账簿。会计凭证在企业的整个经济活动中进行传递，记录着企业生产经营过程中的每一步。

会计凭证作为记录企业经营活动载体，其真实地反映了企业的经营状况以及经营成果。企业管理者可以根据会计凭证反映的会计信息，适时对企业的经营活动做出调整及部署，做到以最小的成本取得最大的经济效益。

3.1.3　会计凭证的分类

会计凭证按照填制程序和用途的不同，可以分为原始凭证和记账凭证。

- 原始凭证是用以记录和证明经济业务的发生和完成情况的原始记录，也是明确经济责任和据以记账的原始依据。

- 记账凭证是根据审核无误的原始凭证或汇总原始凭证，按照经济业务的内容加以归类并确定会计分录而填制的，据以登记账簿的凭证。由于原始凭证的形式和格式多种多样，直接据以入账容易发生差错，因而在记账前应根据原始凭证编制相应的记账凭证。

原始凭证按照取得来源的不同，可分为自制原始凭证和外来原始凭证。

- 自制原始凭证，简称自制凭证，是指企业为了自身经济业务中的需求，自行制定的原始凭证。在业务发生时，及时准确地填制自制原始凭证，记录经济业务过程的同时，也可作为日后核查的原始资料。常见的自制原始凭证有：商品零售业的进货单、入库单，工业企业的生产车间申请原材料时的领料单，企业职工出差向企业申请差旅费的差旅费申请单，企业员工或者其他单位向本企业借款的借款单，财物部门编制的费用分配表等。

商品零售业主要从事商品的买卖，即从甲企业进货，以零售的方式出售商品。为了明确自己进货的信息，即货品名称、数量、单价等，必须要填写相关单据，这样在每月结账时都有据可查。进货单的样式如表 3-2 所示。

表 3-2 进货单

单据编号： 填单日期：
经办人： 供应商：
总数量： 总金额：

货号	商品名称	收货仓库	规格	单位	数量	进货价	金额
合 计							

企业进货之后，要将商品存入自己的仓库，以备补货之用。为确定库存商品的数量、单价、总金额等相关信息，让商品的存在有记录可查并使商品销售时有所依据，企业要填写入库单。入库单是企业采购的记录证明，对企业采购部门以及企业物资供应商都能起到很好的监督作用。入库单的格式如表 3-3 所示。

表 3-3　入库单

年　月　日　　　　　　　　　　　　　第　　号

名称	单位	数量	单价	金　额									备注
				百	十	万	千	百	十	元	角	分	
合　计													

主管：　　　会计：　　　质检员：　　　保管员：　　　经办人：

领料单是企业领料人员根据领料的实际情况填制的一种自制凭证。领料单可以清楚地体现领料人员所领取材料的名称、规格、数量、总金额等。领料单的格式如表 3-4 所示。

表 3-4　领料单

领料部门：　　　　　　　　　　　　领料编号：

领料用途：　　　　　　　　　　　　发料仓库：

年　月　日

材料编号	材料名称及规格	计量单位	数量		单价	金额
			请领	实领		
备注					合计	

发料人：　　　审批人：　　　领料人：　　　记账：

企业员工出差前，需要根据出差地点、出差时间以及可能办理的经济业务等相关情况提前支取差旅费用，以备出差时使用。出差员工在支取差旅费时，需要填制差旅费申请单，其样式如表 3-5 所示。

表 3-5　差旅费申请单

日 期：	部 门：	职 称：	
姓 名：			
出 差 事 由：			
误 餐 次 数：	误餐费 / 次：		金 额：
交 通 工 具：由　　经　　至			交通费：
由　　经　　至			交通费：
差旅费金额：		经 手 人：	
核 准：		证 明 人：	

主管领导：　　会计：　　出纳：　　申请人：

企业员工由于各种原因，可能向企业借款，这时需要填写借款单。同样，因为发展的需要，其他单位也有可能向本企业借款，以满足其资金需求，此时也要填写借款单，证明借款的时间、数额以及预计还款日期等相关信息。借款单的样式如表 3-6 所示。

表 3-6　借款单

年　月　日

借款单位或个人		
借款理由		
借款数额	人民币（大写）　　¥________	
本单位负责人意见		
领导批示：	财务主管批示：	付款记录： 年　月　日以第　号 支票或者现金支出凭单付给
借款人（签字或盖章）：		预计还款日期：　年　月　日

部门主管：　　会计：　　出纳：　　领款人：

各部门按照各自日常工作的实际情况，在费用分配表中对各种费用使用情况进行统计，有利于各部门据此对所支配费用进行下一步合理分配与利用。费用分配表的样式如表 3-7 所示。

表 3-7　费用分配表

部门：财务部　　　　　　年　月　日　　　　　　金额单位：元

年		凭证号	摘要	办公用品费用	耗材费用	工资	维修费	水费	电费	其他	合计
月	日										

- 外来原始凭证，简称外来凭证，是指在经济业务发生或完成时从其他企业或个人直接取得的原始凭证。外来原始凭证都是一次凭证。外来原始凭证一般由税务部门等统一印制，或经税务部门批准由经济企业印制。外来原始凭证加盖出据凭证企业公章方有效，对于一式多联的原始凭证必须用复写纸套写。企业采购时取得的发票（见图 3-1）、出差人员报账时提供的火车票（见图 3-2）、餐费发票（见图 3-3）、停车费发票（见图 3-4）等，均是外来原始凭证。

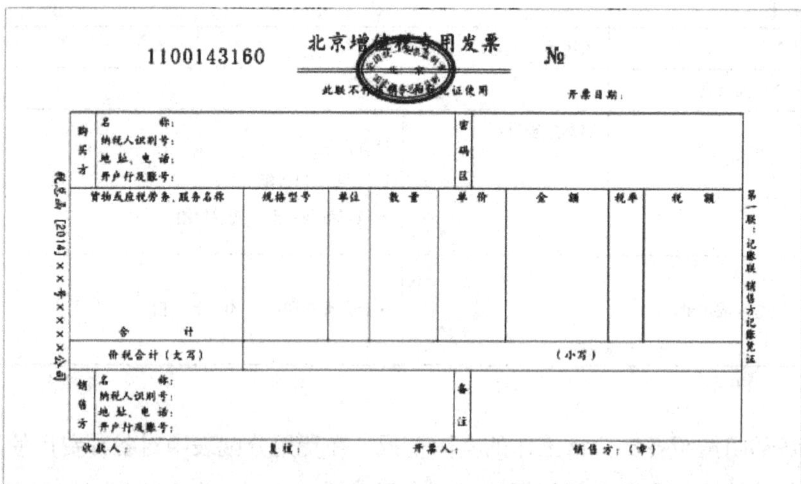
1100143160　北京增值税专用发票　№

此联不作报销、扣税凭证使用　　开票日期：

购买方	名　称： 纳税人识别号： 地址、电话： 开户行及账号：					密码区			
货物或应税劳务、服务名称	规格型号	单位	数量	单价	金额	税率	税额		
合　计									
价税合计（大写）				（小写）					
销售方	名　称： 纳税人识别号： 地址、电话： 开户行及账号：					备注			

收款人：　　复核：　　开票人：　　销售方：（章）

税总函[2014]××号××××公司

第一联：记账联　销售方记账凭证

图 3-1　采购发票

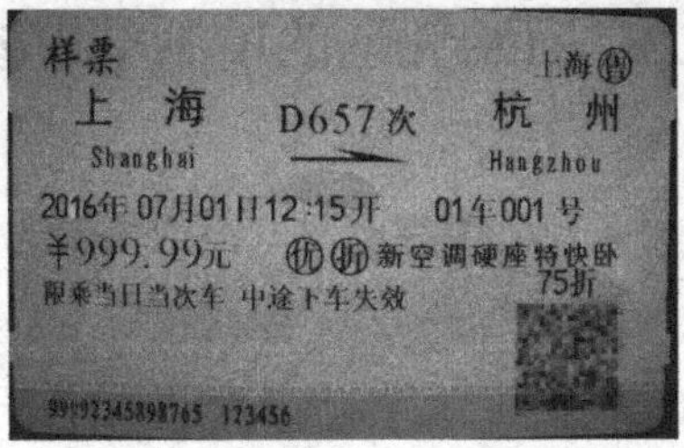

样票
上海售
上 海 D657次 杭 州
Shanghai Hangzhou
2016年07月01日12:15开 01车001号
￥999.99元 优 折 新空调硬座特快卧
75折
限乘当日当次车 中途下车失效
99992345898765 123456

图 3-2 火车票

浙江省地方税务局通用定额发票
存根联
发票代码 233001163343
发票号码 04146901
壹佰元整
（存根联不作报销）

浙江省地方税务局通用定额发票
发票联
发票代码 233001163343
发票号码 04146901
付款人：
密码
壹佰元整
填开日期： （收款单位盖章）

兑奖联
发票代码 233001163343
发票号码 04146901
奖区
1.刮开奖区覆盖层后显示中奖金额或"谢谢您"。
2.在兑奖前不得将发票联和兑奖联撕开，否则不予兑奖。

图 3-3 餐费发票

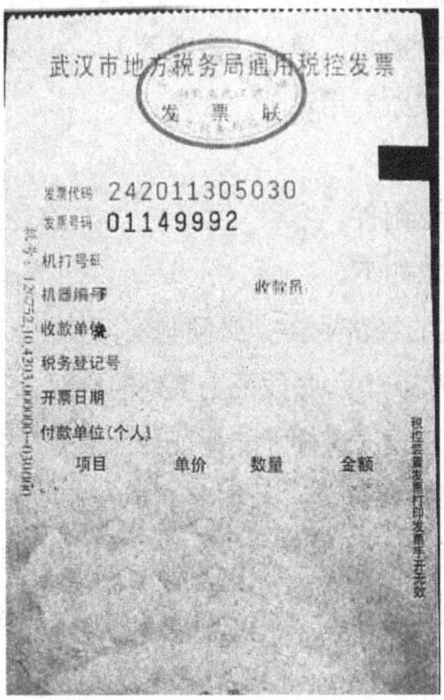

武汉市地方税务局通用税控发票
发票联
发票代码 242011305030
发票号码 01149992
机打号码
机器编号 收款员
收款单位
税务登记号
开票日期
付款单位（个人）
项目 单价 数量 金额

图 3-4 停车费发票

3.2 原始凭证的填制与审核

原始凭证是在经济业务发生或完成时取得或填制的，用以记录或证明经济业务的发生或完成情况的原始文字凭据；也是明确经济责任，进行财务核算的原始资料和重要依据。合法、合规地填制与审核原始凭证是会计核算的经常性、基础性工作，是维护财务制度和财经纪律的重要保证，是提高会计信息质量的前提条件，意义重大。

3.2.1 原始凭证的填制

由于企业性质不同，经济业务的种类和内容不同，原始凭证的格式和内容也千差万别。但无论何种原始凭证，都必须明确具备以下基本内容。

- 原始凭证的名称。
- 原始凭证的日期。
- 接受原始凭证单位的名称。
- 经济业务内容（含数量、单价、金额等）。
- 填制单位签章（发票专用章）。
- 有关人员签章。
- 必要时还应有凭证附件。

原始凭证的填制要求如下。

- 原始凭证上记载的经济业务，必须与实际情况相符，决不允许有任何歪曲或弄虚作假的情况。每张凭证上填列的日期、业务内容、数量、单价、金额等应当真实可靠，这样才能保证会计信息的客观真实性。
- 从企业取得的原始凭证，必须加盖填制企业的发票专用章；从个人取得的原始凭证必须有填制人签名或盖章。自制原始凭证，必须有部门负责人和经办人员的签名或盖章；对外开出的原始凭证，必须加盖本企业的发票专用章。
- 原始凭证必须逐项填写完整的经济业务内容，一式几联的原始凭证必须用复写纸套写，单联的原始凭证必须用黑墨水的钢笔或者签字笔填写，字迹要清晰、工整。

- 凭证填写发生错误，应按规定更正，不得随意涂改挖补；对于不能更正的原始凭证，应在原始凭证上加盖“作废” 戳记，连同存根一起保存，不得随意撕毁，以备核查之用。
- 原始凭证上的数字填写与支票数字填写规定一样，小写数字不得连笔写，数字前必须有币种符号，符号与数字之间不得留有空白；大写金额最后为“元”“角”的应加写“整”或“正”字结尾；金额要写到角、分，无角、分的用“0”或符号“—”表示，有角无分的，分位应写“0”，此时不能用符号“—”。
- 填写大写金额时，事先印好的“人民币”字样与大写数字之间不得留空；金额数字中间有“0”时，汉字大写金额要写“零”字；书写时，数字的大写金额和小写金额必须保持一致。
- 加盖企业发票专用章或者其他相关印章时，必须保证清楚，易于辨认。
- 各种凭证都必须连续编号，不能跳号，以备查考。

【例 3-1】中正国际股份有限公司出纳人员在开具发票时，将付款单位“远扬科技有限公司”写成了“远扬科技技术有限公司”，出纳人员在交付发票时并未发现此错误。

上述案例中，出纳人员的做法是否正确，并说明原因。

解答：出纳人员的做法是错误的。根据规定，原始凭证上记载的经济业务必须与实际情况相符，决不允许有任何歪曲或弄虚作假的情况。每张凭证上填列的日期、业务内容、数量、单价、金额等应当真实可靠。对于不能更正的原始凭证，应在原始凭证上加盖‘作废’戳记，连同存根一起保存，不得随意撕毁，以备核查之用。出纳人员开具的发票是错误的，不符合经济业务发生的实际情况。针对这种情况，出纳人员应将原发票加盖“作废”戳记，连同存根一起保存，不得随意撕毁，并重新开具正确发票交予对方。

【例 3-2】中正国际股份有限公司为远扬科技有限公司提供一项技术服务，验收合格后为远扬科技有限公司开具普通发票，金额为 50 000 元。

解答：此发票的填制流程如图 3-5 所示。

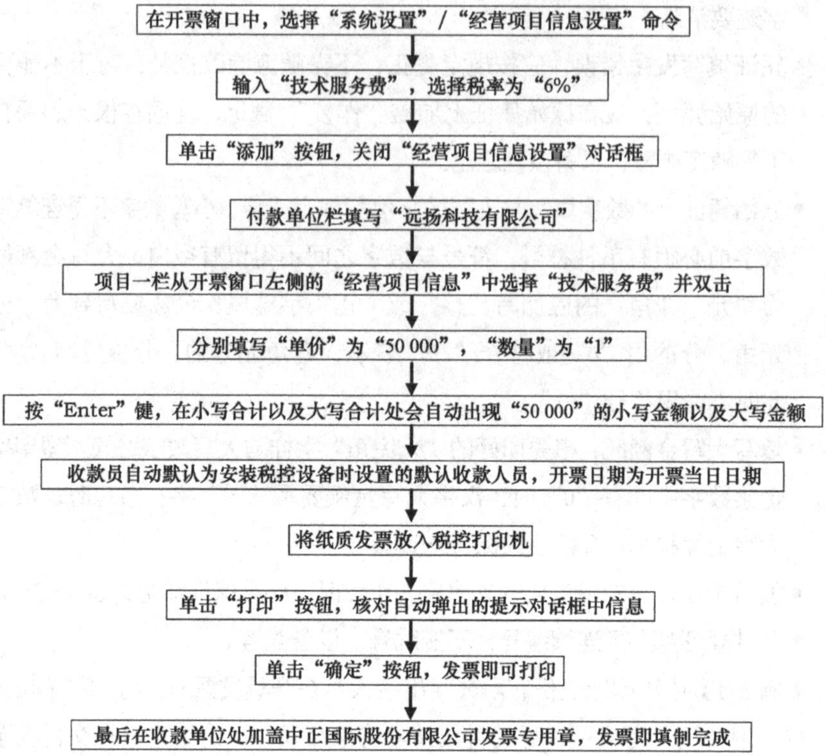

图 3-5　发票的填制流程

上述发票的填制流程中，原始凭证的几个基本内容体现如下：接受原始凭证的日期即开票日期；接受原始凭证单位名称即付款单位；经济业务内容即项目、单价、数量以及金额；填制单位签章即加盖的企业发票专用章；有关人员签章及收款人员名字。

3.2.2　原始凭证的审核

为了真实反映经济业务的发生以及完成情况，保证原始凭证上记载的经济业务与实际情况相符，原始凭证必须要经过审核，确定其是真实、合理、合法、完整的，才可以入账。

原始凭证审核的内容主要有以下几点。

- 原始凭证是否真实。凭证上所记录的经济业务是否是真实发生的；经济业务的各个要素是否真实，即付款单位是否真实，项目、数量、单价以及金额是否真实；日期是否真实以及所加盖的相关印章是否真实。

- 原始凭证是否合法。原始凭证上涉及的经济业务内容是否为法律所允许。对于不合法的原始凭证，出纳人员有权拒绝受理。
- 原始凭证是否合理。在原始凭证真实可靠同时合法的基础上，审核此项经济业务是否合理，有无铺张浪费，有无不切实际，是否符合费用支出标准。
- 原始凭证是否完整。对于凭证上涉及的所有经济要素，即付款单位、项目、单价、数量、金额、收款人、日期以及印章，审核这些项目是否填制完整、正确。根据《会计法》的规定，对记载不准确、不完整的原始凭证予以退回，并要求按照国家统一的会计制度的规定更正、补充。
- 原始凭证是否有效。原始凭证是否有效是指原始凭证所具有的时效性要求。每一笔经济业务发生或完成后，取得的原始凭证应及时送达财会部门办理报账手续。票据开票日期不是本会计年度的，一般不能据以报销入账。在实际工作中，经常出现过时的原始凭证，影响会计信息质量。

出纳人员在审核原始凭证时，必须严格把关，保证传递到下一步的所有凭证都是真实、合法、合理、完整的，这样也有利于避免企业经济利益出现不必要的流失。

【例 3-3】中正国际股份有限公司出纳人员在审核发票时，有一张手写发票将付款单位“中正国际股份有限公司”写成“中正国际股份公司”，出纳人员因为嫌麻烦，就自行在发票上补了“有限”两个字，随后将发票入账。

上述案例中，出纳人员的做法是否正确？请具体说明原因。

解答：出纳人员的做法是错误的。根据规定，对记载不准确、不完整的原始凭证予以退回，并要求按照国家统一的会计制度的规定更正、补充。出纳人员审核的这张发票，属于记载不准确、不完整的发票，应当予以退回，要求重开，所以，出纳人员的做法是错误的。

【例 3-4】中正国际股份有限公司出纳人员在开具发票时，发票的项目应该写“技术服务费”，但是对方要求出纳人员将项目写为“咨询费”，出纳人员拒绝了对方的要求，按实际情况开具了发票。

上述案例中，出纳人员的做法是否正确？请具体说明原因。

解答：出纳人员的做法是正确的。根据规定，原始凭证上所记录的经济业务应是真实发生的，经济业务的各个要素是真实的，即付款单位、项目、数量、单价以及金额都是真实的。

3.3 记账凭证的填制与审核

记账凭证是用来确定经济业务性质和分类的一种凭证。记账凭证可以分为通用记账凭证和专用记账凭证。其中，专用记账凭证又分为收款凭证、付款凭证和转账凭证各单位根据会计业务量的多少和会计人员的习惯选择使用。会计人员必须根据审核无误的原始凭证填制记账凭证，并且对其进行严格审核。

3.3.1 记账凭证的填制

由于原始凭证的来源比较广泛，所以格式不尽相同。相关人员审核完原始凭证后，要将这些合格的原始凭证加以归类整理，方便下一步操作，即记账。记账是根据归类整理好的原始凭证，填制具有统一格式的记账凭证，并将原始凭证附在记账凭证后面，方便登记账簿和进行记账凭证与账簿记录的核对，防止会计凭证的丢失，并且方便日后查找的一种程序。

填制记账凭证时，必须按顺序连续编号。根据企业的实际情况，记账凭证可以统一编号，也可分类编号。

统一编号的记账凭证的编号统一记作“记字第 × × 号”。记账凭证的内容主要包括记账日期、记账凭证编号、经济业务内容摘要、经济业务涉及的会计科目以及记账方向、金额、所附原始凭证的张数以及相关人员的签章等。所有事项均按照原始凭证如实填写，保证会计信息的准确性以及真实性。统一编号的记账凭证的格式如表 3-8 所示。

表 3-8 记账凭证样式

记 账 凭 证

年 月 日　　　　记字第　　号

摘要	会计科目	借方金额	贷方金额
附单据　张	合　　计		

会计主管：　　复核：　　记账：　　出纳：　　经办：　　制单：

【例 3-5】中正国际股份有限公司出纳人员 2018 年 2 月 12 日从银行提取现金 45 000 元，现金支票号码为 5 513。现金支票存根联如图 3-6 所示。

根据以上原始凭证，填制相关记账凭证。

解答：记账凭证填制如表 3-9 所示。

【例 3-6】中正国际股份有限公司 2018 年 2 月 14 日用现金 860 元购买办公用品。根据购买办公用品时取得的发票，填制记账凭证。

解答：记账凭证填制如表 3-10 所示。

中国工商银行
现金支票存根
10201110
01375513
附加信息

出票日期　2018 年 2 月 12 日

收款人：中正国际股份有限公司
金额：45 000.00
用途：差旅费

单位主管　　会计

图 3-6 现金支票存根联

表 3-9 记账凭证

记 账 凭 证

2018 年 2 月 28 日　　　　记字第 6 号

摘要	会计科目	借方金额	贷方金额
提现	库存现金	45 000.00	
提现 5513#	银行存款		45 000.00
附单据 1 张	合　　计	45 000.00	45 000.00

会计主管：张三　　复核：张三　　记账：李四　　出纳：王小小　　经办：　　制单：

表 3-10 记账凭证

记 账 凭 证

2018 年 2 月 28 日　　记字第 9 号

摘要	会计科目	借方金额	贷方金额
购买办公用品	管理费用	860.00	
购买办公用品	库存现金		860.00
附单据 1 张	合　计	860.00	860.00

会计主管：张三　复核：张三　记账：李四　出纳：王小小　经办：　制单：

分类编号是根据企业发生经济业务时资金的进出方向进行编号，即按现金和银行存款收入、现金和银行存款支出以及转账业务三类进行编号，分别编为收字第 ×× 号、付字第 ×× 号、转字第 ×× 号。

收款凭证主要是用于记录企业现金或者银行存款收入的凭证，是出纳据以登记账簿的凭证。

【例 3-7】接【例 3-5】，根据企业所发生的经济业务，编制付款凭证。

解答：付款凭证填制如表 3-11 所示。

表 3-11 付款凭证

付款凭证

贷方科目：银行存款　2018 年 2 月 12 日　付字第 3 号

摘要	借方科目		记账方向	金额
	一级科目	明细科目		
提取现金	库存现金		借	45 000.00
合计				45 000.00

附单据 1 张

会计主管：张三　记账：李四　出纳：王小小　审核：　制单：

付款凭证主要用于记录企业现金或者银行存款支出的凭证，是出纳据以登记账簿的凭证。

【例 3-8】接【例 3-6】，根据企业所发生的经济业务，编制付款凭证。

解答：付款凭证填制如表 3-12 所示。

表 3-12 付款凭证

付款凭证

贷方科目：库存现金　　　　2018 年 2 月 14 日　　　　付字第 17 号

摘要	借方科目		记账方向	金额
	一级科目	明细科目		
购买办公用品	管理费用	办公费	借	860.00
合计				860.00

附单据 1 张

会计主管：张三　　记账：李四　　出纳：王小小　　审核：　　制单：

转账凭证主要是为了记录企业不涉及现金以及银行存款业务的凭证，同样也是出纳据以登记账簿的凭证。

【例 3-9】中正国际股份有限公司 2018 年 2 月 21 日从甲公司购进一批原材料，价款 100 000 元，增值税税额 17 000 元，款项暂未支付。根据企业所发生的经济业务，填制转账凭证。

解答：转账凭证填制如表 3-13 所示。

表 3-13 转账凭证

转账凭证

2018 年 2 月 21 日　　　　转字第 4 号

摘要	会计科目		借方金额	贷方金额
	一级科目	明细科目		
购进原材料	原材料		100 000.00	
	应交税费	应交增值税（进项税额）	17 000.00	
	应付账款	甲公司		117 000.00
合计			117 000.00	117 000.00

附单据 1 张

会计主管：张三　　记账：李四　　出纳：王小小　　审核：　　制单：

记账凭证的填制要求如下。

- 记账凭证的日期可以是填写记账凭证当日的日期，也可以统一为月末日期。
- 记账凭证无论是统一编号还是分类编号，均应分月份按自然数字顺序连续编号。通常，一张记账凭证编一个号，不得跳号、重号。
- 凭证内容必须依据原始凭证填写完整，摘要须与原始凭证一样，表达要简练且易懂。
- 为方便核算，同类原始凭证应汇总记账，如所有的火车票应尽量附在同一张记账凭证后面，填制同一张凭证，方便日后账证核对。
- 同原始凭证填写要求相同，填制记账凭证时，文字的书写应清晰可辨，数字的大小写应遵循原始凭证的书写规范。
- 填制记账凭证时若发生错误，应当重新填制，不得在原错误的记账凭证上挖补修改。
- 除更正错误以及结账的记账凭证可以不附原始凭证外，其他记账凭证必须附原始凭证。
- 记账凭证填制完成经济业务事项后，如有空行，应当自金额栏最后一笔金额数字下的空行处至合计数上的空行处画线注销。

3.3.2 记账凭证的审核

记账凭证填制完成后，为保证其与原始凭证的一致性，保证其能够正确地记录在账簿上，必须对记账凭证进行审核，审核的内容如下。

- 日期是否正确。
- 凭证编号是否连续。
- 摘要是否与原始凭证一致。
- 会计科目是否正确，记账方向是否正确。
- 文字与数字的书写是否按照原始凭证的文字与数字书写的规范执行。
- 金额填写是否正确。
- 记账凭证后面是否附有原始凭证。

对于审核后发现有错误的记账凭证，必须按规定予以改正。已登记入账的记账凭证在当年内发现填写错误时，可以用红字填制一张与原内容相同的记账凭证，在摘要栏注明“注销某月某日某号凭证”字样，冲掉错误的原始凭证；同时再用蓝字重新填制一张正确的记账凭证，注明“订正某月某日某号凭证”字样。如果会计科目没有错误，只是金额错误，可按正确数字与错误数字之间的差额，另填制一张调整的记账凭证，调增金额用蓝字，调减金额用红字。如果发现以前年度记账凭证有错误，应当用蓝字填制一张更正的记账凭证。

【例 3-10】接【例 3-5】，根据现金支票的存根联，填制记账凭证如表 3-14 所示。

表 3-14　记账凭证

记　账　凭　证

2018 年 2 月 28 日　　　　记字第 6 号

摘要	会计科目	借方金额	贷方金额
提现	银行存款	45 000.00	
提现 5513#	库存现金		45 000.00
附单据 1 张	合　　计	45 000.00	45 000.00

会计主管：张三　　复核：张三　　记账：李四　　出纳：王小小　　经办：　　制单：

根据记账凭证的审核内容，审核表 3-14 中记账凭证是否正确，并说明原因。

解答：表 3-14 中的记账凭证是错误的。在【例 3-5】，企业提取现金，其借方应为“库存现金”，贷方为“银行存款”，表 3-14 中的记账方向刚好相反，所以是错误的，应及时进行更正。

更正方法如下：用红字填写一张与表 3-14 中内容相同的记账凭证，在摘要栏注明“注销 2018 年 2 月 28 日记字第 6 号凭证”字样，冲掉错误的记账凭证。同时再用蓝字重新填制一张和表 3-9 所示内容类似的正确记账凭证，只是摘要栏中内容应改为“订正 2018 年 2 月 28 日记字第 6 号凭证”。

【例 3-11】接【例 3-5】，根据现金支票的存根联，填制记账凭证如表 3-15 所示。

根据记账凭证的审核内容，审核表 3-15 中记账凭证是否正确，并说明原因。

表 3-15　记账凭证

记　账　凭　证

2018 年 2 月 28 日　　　　记字第 6 号

摘要	会计科目	借方金额	贷方金额
提现	库存现金	4 500.00	
提现 5513#	银行存款		4 500.00
附单据 1 张	合　　计	4 500.00	4 500.00

会计主管：张三　　复核：张三　　记账：李四　　出纳：王小小　　经办：　　制单：

解答：表 3-15 中的记账凭证是错误的。在【例 3-5】中，企业提取现金为 45 000 元，本例中记账凭证中借贷方的金额均为 4 500 元，少记 40 500 元，所以是错误的，其更正方法如下。

记账凭证中会计科目没有错误，只是金额错误，可按正确数字与错误数字之间的差额，另填制一张调整的记账凭证，调增金额的用蓝字。更正的记账凭证如表 3-16 所示（提示：更正错账用蓝字更改，由于本书是黑白印刷，因此没有显示）。

表 3-16　记账凭证

记　账　凭　证

2018 年 2 月 28 日　　　　记字第 29 号

摘要	会计科目	借方金额	贷方金额
补充登记 2018 年 2 月 28 日记字第 6 号凭证	库存现金	40 500.00	
	银行存款		40 500.00
附单据 1 张	合　　计	40 500.00	40 500.00

会计主管：张三　　复核：张三　　记账：李四　　出纳：　　经办：　　制单：

注：填制表 3-16 中记账凭证信息时，均应使用蓝字，表明是以前少记的金额，现在做调增。

3.4 凭证的装订与保管

装订会计凭证是会计核算工作的组成部分之一，也是出纳实务中一项经常性的工作，更是会计档案立卷过程中非常重要的环节。

3.4.1 凭证的装订

记账凭证填制完成并整理好后，将其装订成册，一般企业每月装订一次。记账凭证作为原始凭证的汇总本，除了统一格式的记账凭证要整齐装订外，最上面还需要有封面。记账凭证的封面如表 3-17 所示。封面根据本月记账凭证的实际情况填写，方便按年分月保管的同时，也有助于在众多记账凭证中迅速定位寻找目标凭证。

表 3-17 记账凭证封面

记账凭单（证）封面

日 期	年 月
册 数	本月共 册 本册是第 册
张 数	本册自第 号至第 号 共 张
附 件	

会计主管： 装订人：

装订凭证时，需要将记账凭证按凭证编号的顺序依次整理好，凭证外面加上封面（封面一般为牛皮纸），在左上角用大夹子固定，装订时注意尽量不要压到原始凭证的文字与数字等，方便日后查账。

装订好的凭证要检查封面各要素是否填写完整，相关印章是否盖全，在确认无误的情况下，将凭证交由专人审核并管理。

【例 3-12】中正国际股份有限公司 2018 年 2 月的账已做完，共 1 册，其中有 31 张记账凭证。请填制记账凭证封面。

解答：记账凭证封面的填制如表 3-18 所示。

表 3-18 记账凭证封面

记账凭单（证）封面

日 期	2018 年 2 月
册 数	本月共 壹 册 本 册是第 壹 册
张 数	本册自第 壹 号至第 叁拾壹 号 共 叁拾壹 张
附 件	

会计主管： 张三　　　　装订人：李四

3.4.2 凭证的保管

《会计档案管理办法》第五条规定：“单位应当加强会计档案管理工作，建立和完善会计档案的收集、整理、保管、利用和鉴定销毁等管理制度，采取可靠的安全防护技术和措施，保证会计档案的真实、完整、可用、安全。单位的档案机构或者档案工作人员所属机构（以下统称单位档案管理机构）负责管理本单位的会计档案。单位也可以委托具备档案管理条件的机构代为管理会计档案。”。《会计档案管理办法》第十一条规定：“当年形成的会计档案，在会计年度终了后，可由单位会计管理机构临时保管一年，再移交单位档案管理机构保管。因工作需要确需推迟移交的，应当经单位档案管理机构同意。单位会计管理机构临时保管会计档案最长不超过三年。临时保管期间，会计档案的保管应当符合国家档案管理的有关规定，且出纳人员不得兼管会计档案。”

《会计档案管理办法》中的其他重要规定如下。

第十三条　单位应当严格按照相关制度利用会计档案，在进行会计档案查阅、复制、借出时履行登记手续，严禁篡改和损坏。

单位保存的会计档案一般不得对外借出。确因工作需要且根据国家有关规定必须借出的，应当严格按照规定办理相关手续。

会计档案借用单位应当妥善保管和利用借入的会计档案，确保借入会计档案的安全完整，并在规定时间内归还。

《会计档案管理办法》关于会计档案销毁的规定如下。

第十六条　单位应当定期对已到保管期限的会计档案进行鉴定，并形成会计档案鉴定意见书。经鉴定，仍需继续保存的会计档案，应当重新划定保管期限；对保管期满，确无保存价值的会计档案，可以销毁。

第十七条　会计档案鉴定工作应当由单位档案管理机构牵头，组织单位会计、审计、纪检监察等机构或人员共同进行。

第十八条　经鉴定可以销毁的会计档案，应当按照以下程序销毁。

（一）单位档案管理机构编制会计档案销毁清册，列明拟销毁会计档案的名称、卷号、册数、起止年度、档案编号、应保管期限、已保管期限和销毁时间等内容。

（二）单位负责人、档案管理机构负责人、会计管理机构负责人、档案管理机构经办人、会计管理机构经办人在会计档案销毁清册上签署意见。

（三）单位档案管理机构负责组织会计档案销毁工作，并与会计管理机构共同派员监销。监销人在会计档案销毁前，应当按照会计档案销毁清册所列内容进行清点核对；在会计档案销毁后，应当在会计档案销毁清册上签名或盖章。

电子会计档案的销毁还应当符合国家有关电子档案的规定，并由单位档案管理机构、会计管理机构和信息系统管理机构共同派员监销。

有关企业和其他组织会计档案保管期限如表 3-19 所示。

表 3-19　企业和其他组织会计档案保管期限表

序号	档案名称	保管期限	备注
一	会计凭证		
1	原始凭证	30 年	
2	记账凭证	30 年	
二	会计账簿		
3	总账	30 年	
4	明细账	30 年	
5	日记账	30 年	
6	固定资产卡片		固定资产报废清理后保管 5 年
7	其他辅助性账簿	30 年	
三	财务会计报告		
8	月度、季度、半年度财务会计报告	10 年	

续表

序号	档案名称	保管期限	备注
9	年度财务会计报告	永久	
四	其他会计资料		
10	银行存款余额调节表	10年	
11	银行对账单	10年	
12	纳税申报表	10年	
13	会计档案移交清册	30年	
14	会计档案保管清册	永久	
15	会计档案销毁清册	永久	
16	会计档案鉴定意见书	永久	

【例3-13】中正国际股份有限公司2000年开业，公司的凭证一直由会计档案管理部门保管，因为保管时间比较长了，领导授权会计档案管理部门自行销毁2000年至2008年的凭证，减少档案管理的工作量，方便会计档案管理部门后面凭证的管理。

上述案例中，公司的做法是否正确，并具体说明原因。

解答：以上做法是错误的。根据《会计档案管理办法》的相关规定，会计凭证的保管期限为30年。未到保管期限的凭证，不能自行销毁。凭证只有按照规定的时间妥善保管，才能在日后相关部门查账时有据可依。

3.5 课后习题

一、单项选择题

1. 下列不属于原始凭证的是（　　）。

A. 车票　　B. 工资单

C. 材料采购合同　　D. 银行收账通知

2. 原始凭证按取得来源分类，可分为自制原始凭证和（　　）。

A. 收款凭证　　B. 外来原始凭证

C. 付款凭证　　D. 转账凭证

3. 原始凭证有时也是登记（　　）的依据。

A. 银行存款对账单　　B. 自制原始凭证

C. 外来原始凭证　　D. 账簿

二、多项选择题

1. 下列属于原始凭证基本内容的有（　　）。

A. 凭证的名称　　B. 所涉及会计科目的名称

C. 经济业务的内容摘要　　D. 填制单位及有关人员的签章

2. 下列有关原始凭证的做法中正确的有（　　）。

A. 填写原始凭证时用蓝黑墨水笔书写

B. 收回职工借款时，将原借款收据退还

C. 外来原始凭证发现有金额错误，要求开出单位重开

D. 对经济合同、涉外文件等重要的原始凭证不附在记账凭证后，单独保管

3. 为了真实反映经济业务的发生以及完成情况，需要对原始凭证进行审核，包括（　　）。

A. 是否真实　　B. 是否合法

C. 是否合理　　D. 是否完整

4. 记账凭证审核后发现问题的处理措施有以下几点，正确的有（　　）。

A. 当年发现填写错误的填制红字凭证冲销

B. 使用蓝字重新填制一张正确的记账凭证

C. 调减金额用蓝字

D. 调增金额用红字

5. 下列单位保管凭证处理正确的有（　　）。

A. 出纳人员不得兼管会计档案

B. 各单位保存的会计档案一律不得借出

C. 当年形成的会计档案，在会计年度终了后，可暂由会计机构保管一年

D. 未设立档案机构的，应当在会计机构内部指定专人保管

6. 销毁会计档案时，应当由（　　）共同派员监销。

A. 档案机构　　B. 销售部门

C. 采购部门　　D. 会计机构

7. 记账凭证填制完成后，为保证其与原始凭证的一致性，需要审核的内容

包括（　　）。

A. 日期是否正确　　B. 凭证编号是否连续

C. 摘要是否与原始凭证一致　　D. 金额填写是否正确

【答案与解析】

一、单项选择题

1. C。原始凭证是用以记录和证明经济业务的发生和完成情况的原始记录，也是明确经济责任和据以记账的原始依据。采购合同不是证明采购活动发生的原始凭证，只有支付了款项或者材料入库才能表明采购活动的发生。

2. B。

3. D。出纳人员可以依据原始凭证登记现金日记账以及银行存款日记账。

二、多项选择题

1. ACD。

2. ACD。原来的借款收据是原始凭证，不得归还，而是重新开出新的还款凭证。

3. ABCD。

4. AB。记账凭证中会计科目没有错误，只是金额错误，可按正确数字与错误数字之间的差额，另填制一张调整的记账凭证，调增金额用蓝字、调减金额用红字。发现以前年度记账凭证有错误的，应当用蓝字填制一张更正的记账凭证。

5. ACD。各单位保存的会计档案不得借出。如有特殊需要，经本单位负责人批准，可以提供查阅或者复制，并办理登记手续。查阅或者复制会计档案的人员，严禁在会计档案上涂画、拆封和抽换。

6. AD。销毁会计档案时，应当由档案机构和会计机构共同派员监销。国家机关销毁会计档案时，应当由同级财政部门、审计部门派员参加监销。

7. ABCD。

第4章

账簿业务处理

由于会计凭证只能记载个别经济业务的内容，其所提供的资料是零星的，不能全面、连续、系统地反映和监督一个经济单位在一定时期内某一类和全部经济业务活动的情况，且不便于日后查阅。而账簿把分散在会计凭证上的大量核算资料，加以集中和归类整理，生成有用的会计信息，为编制财务报表、进行财务分析以及审计提供了有效的依据。因此，设置和登记并保管好账簿，是连接会计凭证和财务报表的中间环节，做好这项工作，对于加强经济管理具有十分重要的意义。

4.1 账簿的用途和基本分类

设置和登记账簿，是编制财务报表的基础，是连接会计凭证与财务报表的中间环节，在会计核算中具有重要作用。明确账簿的用途，能够让出纳人员从心理上高度重视账簿业务；熟悉账簿的分类，则能够让出纳人员认清日常对接账簿业务的范围，即哪些需要处理，哪些不需要也不能够处理。

4.1.1 账簿的概念及作用

会计账簿简称账簿，由一定格式组成，依据记账凭证进行登记，反映了企业各项经济业务活动的情况。账簿除能具体反映经济活动的发生以及结果以外，还能为企业定期提供财务信息、协助企业财务部门根据自身经营情况制订财务计划提供资料。

4.1.2 账簿的分类

由于各个企业实际情况不同，依据其实际情况，账簿的表现形式、内容、用途及登记方法就不同。为了清楚地掌握各账簿与企业经济业务之间的勾稽关系，账簿按照不同的分类方法，分为很多种，其分类情况大致如图 4-1 所示。

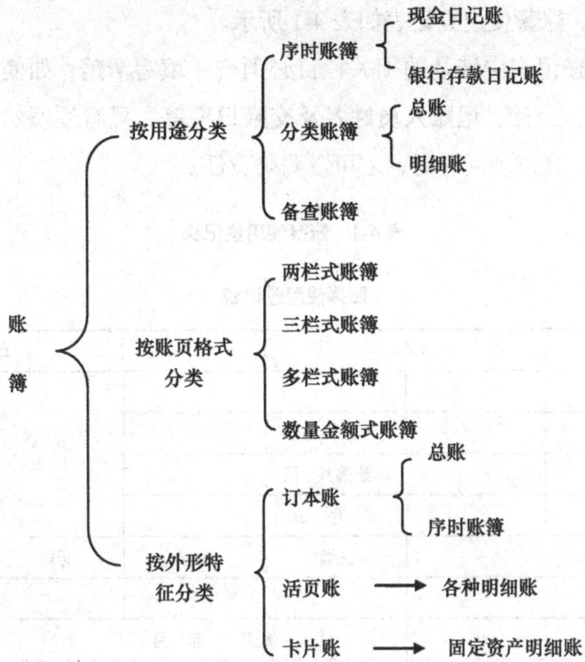

图 4-1 账簿的分类

4.2 账簿的日常处理流程

在了解日常对接账簿业务范围的前提下，熟悉账簿的日常处理流程，可以帮助出纳人员避免甚至纠正一些工作中的失误，从而极大地提升业务处理的效率和质量。熟悉账簿的日常处理流程不但能够为出纳人员节省大量的时间和精力，还能够为会计核算甚至企业运营提供支撑。

4.2.1 启用账簿

从事生产、经营的纳税人应当在领取营业执照之日起 15 日内按照规定设置相关各类账簿，其中日记账必须采用订本式。企业出纳人员在购得现金日记账账簿以及银行存款日记账账簿并启用时，对于账簿扉页的账簿使用登记表必须逐项如实填写，账簿使用登记表如表 4-1 所示。

账簿使用登记表中涉及的相关栏目必须一一填写清楚，如使用者名称，账簿名称，主管、会计、记账人员姓名及交换日期等。只有逐项如实填写各栏目并保存好账簿，在发现问题时，才可以明确责任。

表 4-1　账簿使用登记表

账簿使用登记表

<table>
<tr><td colspan="2">使用者名称</td><td></td><td></td><td></td><td colspan="2">印　鉴</td></tr>
<tr><td colspan="2">账簿名称</td><td></td><td></td><td></td><td colspan="2" rowspan="4"></td></tr>
<tr><td colspan="2">账簿编号</td><td></td><td></td><td></td></tr>
<tr><td colspan="2">账簿页数</td><td colspan="3">本账簿共　页</td></tr>
<tr><td colspan="2">启用日期</td><td colspan="3">年　月　日</td></tr>
<tr><td rowspan="2">责任者</td><td colspan="2"></td><td>主管</td><td>会计</td><td>记账</td><td>审核</td></tr>
<tr><td colspan="2"></td><td></td><td></td><td></td><td></td></tr>
<tr><td rowspan="8">经管人姓名及交换日期</td><td colspan="2"></td><td colspan="3">经管　年　月　日</td><td></td></tr>
<tr><td colspan="2"></td><td colspan="3">交出　年　月　日</td><td></td></tr>
<tr><td colspan="2"></td><td colspan="3">接管　年　月　日</td><td></td></tr>
<tr><td colspan="2"></td><td colspan="3">交出　年　月　日</td><td></td></tr>
<tr><td colspan="2"></td><td colspan="3">接管　年　月　日</td><td></td></tr>
<tr><td colspan="2"></td><td colspan="3">交出　年　月　日</td><td></td></tr>
<tr><td colspan="2"></td><td colspan="3">接管　年　月　日</td><td></td></tr>
<tr><td colspan="2"></td><td colspan="3">交出　年　月　日</td><td></td></tr>
<tr><td>备注</td><td colspan="6"></td></tr>
</table>

4.2.2　登记账簿

为了确保现金日记账以及银行存款日记账登记的正确性，在登记账簿时，必须依据库存现金的收付款凭证以及与库存现金相关的银行存款付款凭证登记现金日记账，根据银行存款的收付款凭证以及与银行存款相关的现金付款凭证登记银行存款日记账，这样才能真实有效地反映企业经济业务发生以及完成的整个过程。

现金日记账主要是企业经济业务活动中涉及现金收入及现金支出的相关记录，其样式如图 4-2 所示。

现金日记账

年		凭证编号	摘要	借方									√	贷方									√	余额								
月	日			百	十	万	千	百	十	元	角	分		百	十	万	千	百	十	元	角	分		百	十	万	千	百	十	元	角	分

图 4-2　现金日记账样式

与现金日记账类似，银行存款日记账主要是企业经济业务活动中涉及银行存款账户的收入及支出的相关记录，其样式如图 4-3 所示。

银行存款日记账

年		凭证编号	摘要	借方									√	贷方									√	余额								
月	日			百	十	万	千	百	十	元	角	分		百	十	万	千	百	十	元	角	分		百	十	万	千	百	十	元	角	分

图 4-3　银行存款日记账样式

登记现金日记账以及银行存款日记账时应该按照下面的要求。

- 登记时必须按照账簿中账页页码的顺序逐页逐行登记，中间不能出现空行以及空白页。
- 必须按照记账凭证的编号顺序逐一登记，不得漏记或者重记。
- 每年更换新账簿时，一定要在新账页的“摘要”栏注明“上年结转”字样，并将上年余额记入“余额”栏内。
- 账页登记满时，在最下面一行“摘要”栏注明“过次页”字样，新一页账页“摘要”栏注明“承前页”字样。
- 记账时应使用钢笔、蘸水笔，用蓝、黑墨水书写，不得使用圆珠笔（银行的复写账簿除外）或者铅笔书写。
- 登记文字以及数字时，字符尽量只占行高的 1/2，为日后更改留下空隙。

- 登记时，记账的方向，即“借”“贷”必须登记正确。
- 每月月底在最后一笔账目记录下通栏画单红线，表示当月账目登记结束；在单红线下方分别结出借方、贷方总金额，在“摘要”栏写明“本月合计”，算出每月月底结余，填入“余额”栏，如无余额，应在“余额”栏内的“元”位写上“Q”符号。
- 每年年底在最后一笔账目记录下通栏画双红线，表示当年账目登记结束；在双红线下方分别结出借方、贷方总金额，在“摘要”栏写明“本年合计”，算出每年年底结余，填入“余额”栏，如无余额，应在“余额”栏内的“元”位写上“Q”符号。

【例 4-1】中正国际股份有限公司出纳人员 2018 年 2 月 23 日用库存现金 5 600 元购买计算机。据其原始凭证做出付款凭证，如图 4-4 所示。

付款凭证

贷方科目：库存现金　　　　2018 年 2 月 23 日　　　　付字第 27 号

摘要	借方科目		记账方向	金额
	一级科目	明细科目		
购买计算机	固定资产	计算机	借	5 600.00
合计				5 600.00

附单据 1 张

会计主管：张三　　记账：李四　　出纳：王小小　　审核：　　制单：

图 4-4　付款凭证

根据付款凭证，出纳人员登记现金日记账。

解答：现金日记账的登记如图 4-5 所示。

现金日记账

2018 年		凭证编号	摘要	借方										贷方										余额								
月	日			百	十	万	千	百	十	元	角	分		百	十	万	千	百	十	元	角	分		百	十	万	千	百	十	元	角	分
2	23	27	购买计算机														5	6	0	0	0	0										

图 4-5　现金日记账

【例 4-2】中正国际股份有限公司出纳人员在 2018 年 2 月末登记现金日记账时，统计当月借方发生额为 67 000 元，贷方发生额为 92 600 元，月末无余额。

出纳人员登记的现金日记账如图 4-6 所示。

现金日记账

2018 年		凭证编号	摘要	借方									√	贷方									√	余额								
月	日			百	十	万	千	百	十	元	角	分		百	十	万	千	百	十	元	角	分		百	十	万	千	百	十	元	角	分
2	28	17	工资													5	2	0	0	0	0	0										
						6	7	0	0	0	0	0				9	2	6	0	0	0	0										

图 4-6 出纳人员登记的现金日记账

上述案例中，出纳人员的登记方法是否正确？请具体说明原因。

解答：出纳人员的做法是错误的。根据账簿登记要求，每月月底在最后一笔账目记录下通栏画单红线，表示当月账目登记结束；在单红线下方分别结出借方、贷方总金额，在“摘要”栏写明“本月合计”，算出每月月底结余，分别填入相应栏次，如无余额，应在“余额”栏内的“元”位写上“Q”符号；然后在下面再画一条道通栏单红线，以便与下月发生的经济业务分清楚。而本例中出纳人员在月底结账时，在最后一栏下方未画单红线，不能表明这是月底结账一栏；同时，在结账无余额时，出纳人员未在余额栏的“元”位上写“Q”。所以，出纳人员的做法是不对的。正确登记方法如图 4-7 所示（提示：由于本书是黑白印刷，所以通栏单红线以加粗的黑线表示）。

现金日记账

2018年		凭证编号	摘要	借方									√	贷方									√	余额								
月	日			百	十	万	千	百	十	元	角	分		百	十	万	千	百	十	元	角	分		百	十	万	千	百	十	元	角	分
2	28	17	工资													5	2	0	0	0	0	0										
			本月合计			6	7	0	0	0	0	0				9	2	6	0	0	0	0								Q		

图 4-7 正确的现金日记账

【例 4-3】中正国际股份有限公司 2018 年 2 月月底现金无余额，银行存款余额为 149 000 元。3 月共发生如下经济业务。

（1）2018 年 3 月 1 日，提取现金 40 000 元。

（2）2018 年 3 月 3 日，用现金 970 元购买墨盒。

（3）2018 年 3 月 6 日，预支给职工差旅费 2 000 元。

（4）2018 年 3 月 10 日，卖掉废旧计算机，收到 700 元现金。

（5）2018 年 3 月 13 日，收到甲公司的技术服务合同款 200 000 元。

（6）2018 年 3 月 18 日，用银行存款还开户银行的短期借款 150 000 元。

（7）2018 年 3 月 20 日，收到乙公司还前欠款 50 000 元，款项已打入公司账户。

（8）2018 年 3 月 23 日，公司一位股东增加投资 500 000 元，款项已存入银行。

（9）2018 年 3 月 26 日，维修打印机支付现金 800 元。

（10）2018 年 3 月 30 日，提取现金 60 000 元。

（11）2018 年 3 月 30 日，用现金发放职工工资共计 52 000 元。

根据上述经济业务，登记相关账簿。

解答：根据中正国际股份有限公司 3 月现金账户发生的经济业务，编制现金日记账如图 4-8 所示（提示：由于本书是黑白印刷，所以通栏单红线以加粗的黑线表示）。

现金日记账

2018 年		凭证编号	摘要	借方									√	贷方									√	余额								
月	日			百	十	万	千	百	十	元	角	分		百	十	万	千	百	十	元	角	分		百	十	万	千	百	十	元	角	分
			上期余额																											0	0	0
3	1		提现			4	0	0	0	0	0	0														4	0	0	0	0	0	0
3	3		购买墨盒															9	7	0	0	0				3	9	0	3	0	0	0
3	6		预支差旅费														2	0	0	0	0	0				3	7	0	3	0	0	0
3	10		卖废品					7	0	0	0	0														3	7	7	3	0	0	0
3	26		维修费															8	0	0	0	0				3	6	9	3	0	0	0
3	30		提现			6	0	0	0	0	0	0														9	6	9	3	0	0	0
3	30		工资													5	2	0	0	0	0	0				4	4	9	3	0	0	0
			本月合计		1	0	0	7	0	0	0	0				5	5	7	7	0	0	0				4	4	9	3	0	0	0

图 4-8　现金日记账

根据中正国际股份有限公司 3 月银行存款账户发生的经济业务，编制银行存款日记账如图 4-9 所示（提示：由于本书是黑白印刷，所以通栏单红线以加粗的黑线表示）。

银行存款日记账

2018 年		凭证编号	摘要	借方									√	贷方									√	余额								
月	日			百	十	万	千	百	十	元	角	分		百	十	万	千	百	十	元	角	分		百	十	万	千	百	十	元	角	分
			上期余额																						1	4	9	0	0	0	0	0
3	1		提现													4	0	0	0	0	0	0			1	0	9	0	0	0	0	0
3	13		收入		2	0	0	0	0	0	0	0													3	0	9	0	0	0	0	0
3	18		还款												1	5	0	0	0	0	0	0			1	5	9	0	0	0	0	0
3	20		收回借款			5	0	0	0	0	0	0													2	0	9	0	0	0	0	0
3	23		股东增资		5	0	0	0	0	0	0	0													7	0	9	0	0	0	0	0
3	30		提现													6	0	0	0	0	0	0			6	4	9	0	0	0	0	0
			本月合计		7	5	0	0	0	0	0	0			2	5	0	0	0	0	0	0			6	4	9	0	0	0	0	0

图 4-9 银行存款日记账

4.2.3 错账的更正方法

出纳人员在登记账簿的过程中，有可能会出现各种各样的差错，如重记、漏记、文字或者数字记录错误、借贷方向记错误等，都会引起记账的不准确。针对出错的具体情况，应具体问题具体分析，及时找出错误并进行更正。不同的错误，其更正方法不同。下面介绍几种常见的错账更正方法。

1. 划线更正法

当记账凭证没有错误，出纳人员在登记账簿时，文字或者数字登记错误，导致错账的产生，此时应使用划线更正法。具体操作方法是：将错误的文字或者数字用红线划掉，然后再在上方记录正确的文字或者数字，并由出纳人员在更正处签字或者盖章，表明自己对此处的更改负责。

【例 4-4】中正国际股份有限公司的出纳人员在现金日记账上登记一笔 2018 年 3 月 11 日提取现金的经济业务时，将记账凭证中的金额 45 000 元写成了 54 000 元。后出纳人员发现此错误，用划线更正法更正错误。

解答：更正方法如图 4-10 所示（提示：由于本书是黑白印刷，所以更正时画的红线以加粗的黑线表示）。

现金日记账

2018年		凭证编号	摘要	借方									√	贷方									√	余额								
月	日			百	十	万	千	百	十	元	角	分		百	十	万	千	百	十	元	角	分		百	十	万	千	百	十	元	角	分
3	11	5	取现			4 ~~5~~	5 ~~4~~	0 ~~0~~	0 ~~0~~	0 ~~0~~	0 ~~0~~	0 ~~0~~	苑印																			

图 4-10　划线更正法更正的现金日记账

注：用红线将错误金额划掉时，必须将错误数字全部划掉，不能只划掉其中错误的部分，如上例中，将“45 000”记作“54 000”，必须将“54 000”整个划掉，不能只划掉“54”这两个数字。

2. 红字更正法

该方法主要是在借贷方向记错以及所记金额大于应记金额时使用。出纳人员在填制记账凭证时，很可能将借方和贷方记反，但是金额无错误，此时更改应使用红字更正法。具体操作方法是：用红字填制一张与原记账凭证完全相同的记账凭证，表示冲销原来错误的记账凭证；然后用蓝字填制一张正确的记账凭证，并据此登记账簿。

【例 4-5】出纳人员从银行提取现金 45 000 元，根据提取现金的支票存根联填制记账凭证时，该会计分录被误记作：

借：银行存款　　45 000

　　贷：库存现金　　45 000

请更正错误的记账凭证。

解答：应用红字编制一张与原记账凭证完全相同的记账凭证，表示冲销原错误凭证，会计分录如下（提示：更正错账用红字或者蓝字更改，由于本书是黑白印刷，因此没有显示）。

借：银行存款　　45 000

　　贷：库存现金　　45 000

然后用蓝字编制正确的会计分录并据此登记账簿，会计分录如下。

借：库存现金　　　　45 000

　　贷：银行存款　　　　45 000

出纳人员在登记账簿时，所依据的记账凭证无误、借贷方向也无误，只是所记金额大于实际应记金额，此时更改应使用红字更正法。具体操作方法是：按多记的金额用红字编制一张记账凭证（其内容摘要为“冲销 ×× 凭证多记金额”，借贷方向与原记账凭证相同），以冲销多记的金额。

【例 4-6】接【例 4-4】，对于此例中的错误，除可以用划线更正法外，还可以使用红字更正法，请更正。

解答：用红字按多记的金额填制一张记账凭证，以冲销多记的金额。会计分录如下（提示：更正错账用红字或者蓝字更改，由于本书是黑白印刷，因此没有显示）。

借：库存现金　　　　9 000

　　贷：银行存款　　　　9 000

3. 补充登记法

出纳人员在登记账簿时，所依据的记账凭证无误、借贷方向也无误，只是所记金额小于实际应记金额，此时的更改应使用补充登记法。具体操作方法是：将少记的金额用蓝字填制一张记账凭证（其内容摘要为“补充登记 ×× 凭证少记金额”，借贷方向与原记账凭证相同），以补充少记的金额。

【例 4-7】接【例 4-5】，出纳人员根据记账凭证登记银行存款日记账时，误将金额记为 4 500 元，请更正。

解答：更正的会计分录如下（提示：更正错账用红字或者蓝字更改，由于本书是黑白印刷，因此没有显示）。

借：库存现金　　　　40 500

　　贷：银行存款　　　　40 500

4.2.4 账簿的更换及保管

会计年度终了，账簿需要更新，但并不是所有账簿都更换为新的。一般来说，现金日记账、银行存款日记账、总分类账、大多数明细分类账应每年更换一次。

但是，有些财产物资明细账和债权债务明细账，由于材料品种、规格和往来单位较多，更换新账，重抄一遍，工作量较大，因此可以跨年度使用，不必每年更换一次。第二年使用时，可直接在上年终了的双红线下面记账。新账簿扉页要按规定填写完整，登记账簿时在新账页“摘要”栏注明“上年结转”字样，并将上年余额记入“余额”栏内，在此基础上即可登记新年度的账目。

登记完的账簿整理好后，应交由专门人员管理。一般账簿暂由本单位财务部门保管1年，期满之后，由财务部门编造清册移交本单位的档案部门保管。

现金日记账以及银行存款日记账应妥善保管，不得丢失或者随意销毁。根据《会计档案管理办法》，现金日记账以及银行存款日记账应保存30年。保管期满后，应按照规定的审批程序报经批准后方可销毁。

4.3 课后习题

一、单项选择题

记账以后，发现记账凭证和账簿中所记金额大于应记金额，而应借、应贷的会计科目并无错误，一般应采用的错账更正方法是（ ）。

A. 补充更正法　　B. 划线更正法

C. 红字更正法　　D. A、C均可

二、多项选择题

1. 会计账簿中可以使用红色墨水的有（ ）。

A. 结账画线

B. 在不设借贷等栏的多栏式账页中登记减少数

C. 更正错误

D. “摘要”栏注明“转次页”或“过次页”

2. 账簿按用途分类，可分为（ ）。

A. 日记账　　B. 分类账

C. 备查账　　D. 总账

3. 下列关于账簿更换业务的处理正确的有（ ）。

A. 会计年度终了时，无论现用账簿是否用完，次年都要更换新账簿

B. 新账簿扉页要按规定填写完整

C. 新账页“摘要”栏注明“上年结转”字样

D. 将上年余额记入“余额”栏内，在此基础上登记新年度的账目

【答案与解析】

一、单项选择题

C。红字更正法在借贷方向记错以及所记金额大于应记金额时使用。出纳人员在填制记账凭证时，很可能将借方和贷方记反，但是金额无错误，此时更改应使用红字更正法。

二、多项选择题

1. ABC。账簿中“摘要”栏注明“转次页”或“过次页”使用蓝字或者黑字。

2. ABC。账簿按性质和用途分类，可分为日记账、分类账和备查账。

3. BCD。会计年度终了时，账簿需要更新，但并不是所有账簿都更换为新的。一般来说，现金日记账、银行存款日记账、总分类账、大多数明细分类账应每年更换一次。但是，有些财产物资明细账和债权债务明细账，由于材料品种、规格和往来单位较多，更换新账，重抄一遍，工作量较大，因此可以跨年度使用，不必每年更换一次。第二年使用时，可直接在上年终了的双红线下面记账。新账簿扉页要按规定填写完整，登记账簿时在新账页“摘要”栏注明“上年结转”字样，并将上年余额记入“余额”栏内，在此基础上即可登记新年度的账目。

第5章

票据业务处理

05

票据是金融工具的一种，它是商业信用的载体，具备支付、信用、汇兑、融资、流通等功能。合法合规、合理高效地运用票据，对企业的发展具有重要作用。出纳人员在日常工作中会遇到大量的票据业务，熟练掌握票据知识，不仅能够提高工作效率和质量，而且可以规避风险，对企业发展意义重大。

5.1 票据的概念以及分类

票据是一种有价证券，由出票人签发，出票人或者付款人在见票时需无条件向持票人或者收款人支付确定金额。票据可在企业间流通转让，具有一定的时限。

出纳人员在办理银行结算的过程中经常用到各种票据，其中包括汇票、本票、支票。

1. 汇票

汇票是出票人签发的，委托付款人在见票时或者指定日期无条件支付确定的金额给收款人或者持票人的票据。汇票按照出票人的不同，可以分为银行汇票和商业汇票。银行汇票的出票人是银行，其样式如图 5-1 所示。

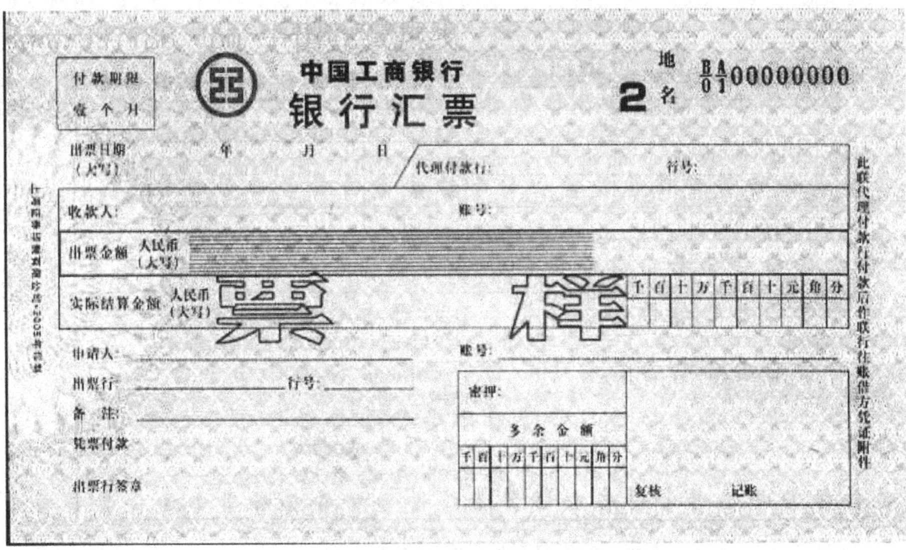
付款期限 壹个月
中国工商银行
银行汇票
2 地名 BA 01 00000000
出票日期（大写） 年 月 日
代理付款行： 行号：
收款人： 账号：
出票金额 人民币（大写）
实际结算金额 人民币（大写） 千 百 十 万 千 百 十 元 角 分
票样
申请人： 账号：
出票行： 行号：
备注：
凭票付款
出票行签章
密押：
多余金额 千 百 十 万 千 百 十 元 角 分
复核 记账
此联代理付款行付款后作联行往账借方凭证附件

图 5-1 银行汇票样式

商业汇票又根据承兑人的不同，分为商业承兑汇票以及银行承兑汇票。商业承兑汇票是由银行以外的付款人承兑的汇票，其样式如图 5-2 所示。

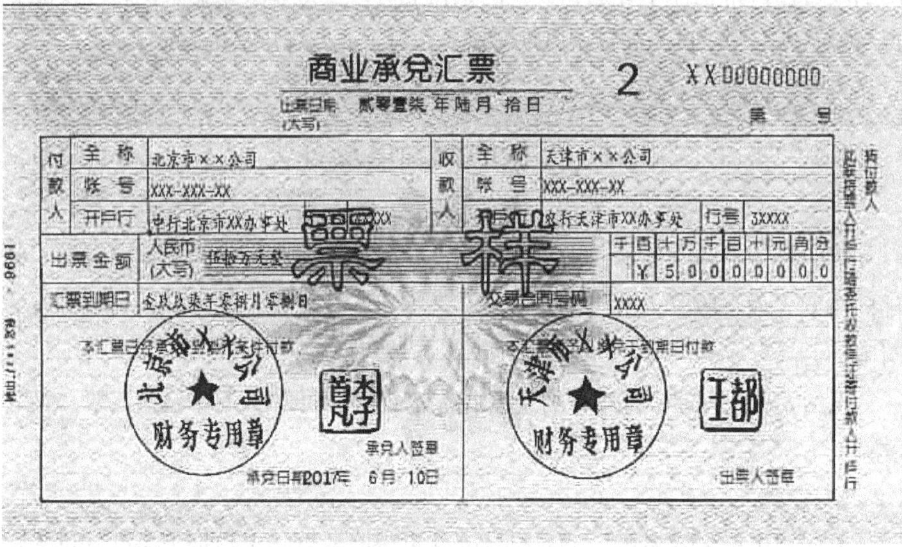

图 5-2　商业承兑汇票样式

银行承兑汇票是由银行承兑的汇票，其样式如图 5-3 所示。

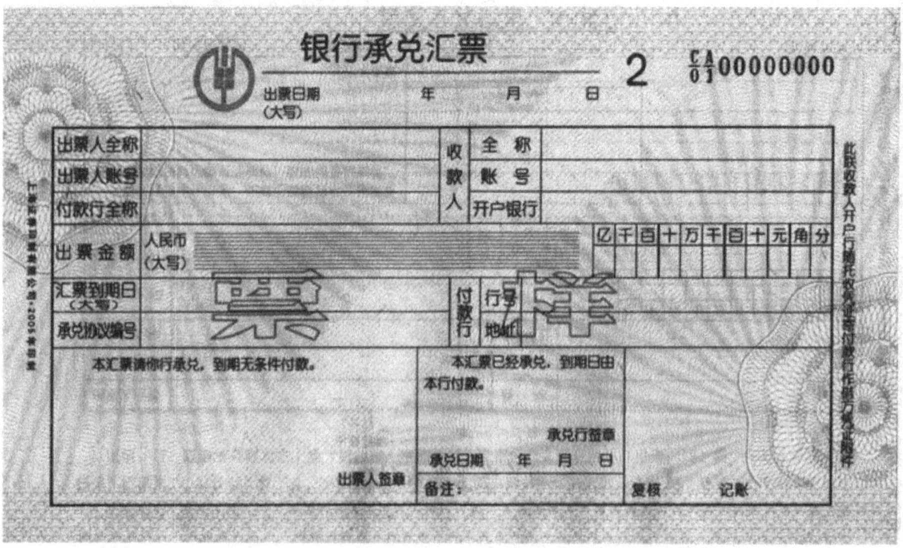

图 5-3　银行承兑汇票样式

2. 本票

本票是出票人签发的，自己在见票时即无条件支付给持票人或者收款人确定金额的票据。在我国本票主要指的是银行本票，其样式如图 5-4 所示。

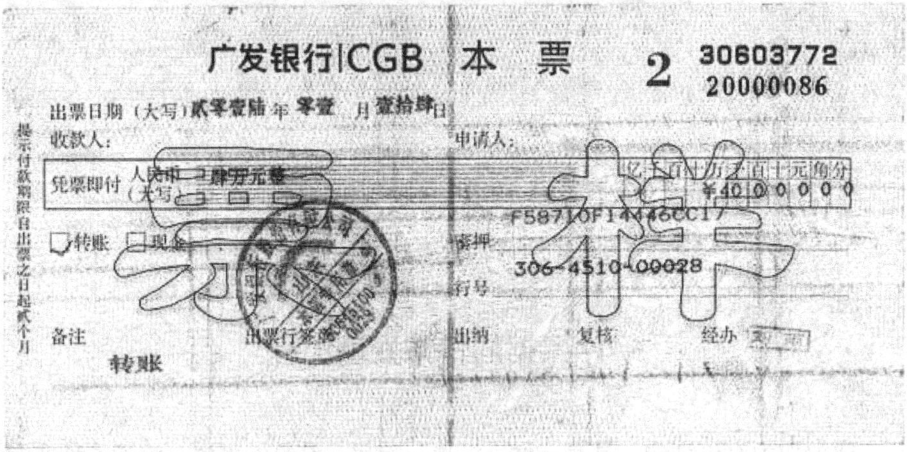

图 5-4 银行本票样式

3. 支票

支票是出票人签发的，委托办理支票存款业务的银行在见票时无条件支付确定金额给持票人或者收款人的票据。支票主要分为现金支票和转账支票。现金支票主要用来提取现金，其样式如图 5-5 所示。

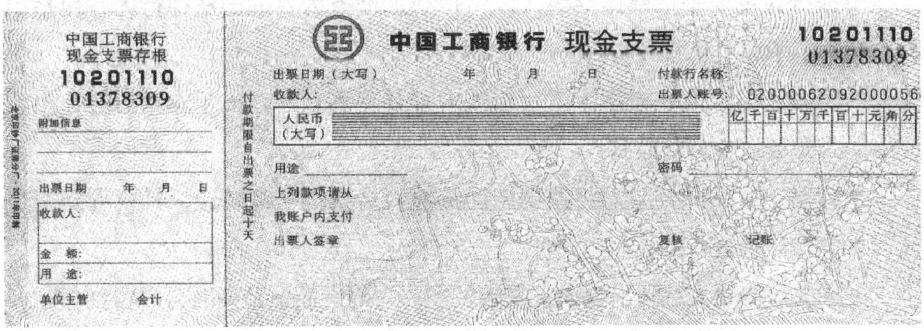

图 5-5 现金支票样式

转账支票主要是企业在办理支付业务时使用的。对于结算起点以上的经济业务，必须用转账支票结算。转账支票的样式如图 5-6 所示。

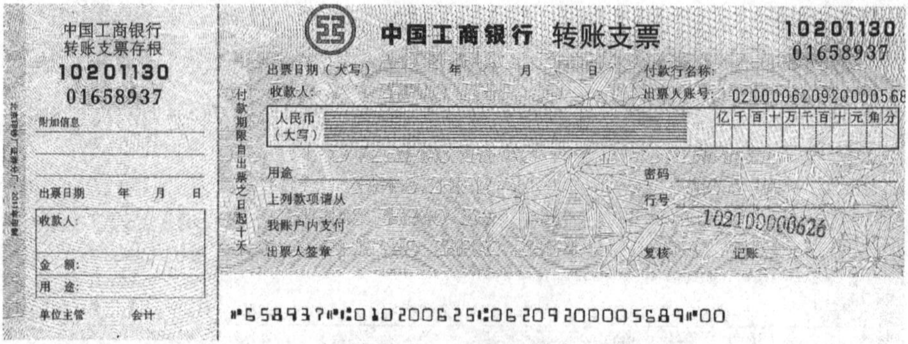

图 5-6 转账支票样式

5.2 票据的日常处理流程

票据作为有价证券，具有支付、汇兑、信用、结算、融资、流通 6 种非常强大的功能。对于企业的健康运营与发展而言，积极发挥票据的功能，防范票据损失具有重大意义。

5.2.1 票据行为

票据行为主要是指票据当事人以负担票据债务为目的的法律行为，包括出票、背书、承兑、保证 4 种。

- 出票。出票人在票据上填写相关内容并签名之后，出于本人意愿，出票人将票据交付给收款人。
- 背书。背书即持票人将票据转让给他人。票据一经转让，其权利随之也被转让给被背书人。
- 承兑。持票人拿到出票人签发的汇票，为确定汇票到期时可以得到付款，在汇票到期前向付款人提示承兑。承兑人一旦签字承兑，则其对汇票的到期付款承担法律责任。
- 保证。这是除票据债务人以外的人为担保票据债务的履行，以负担同一内容的票据债务为目的的一种附属票据行为。

【例 5-1】中正国际股份有限公司出纳人员于 2018 年 4 月 1 日签发给甲公司一张商业汇票，用以支付购买的原材料款项。

解答: 在此案例中，中正国际股份有限公司出纳人员签发汇票就是出票行为，因为是支付应付账款，是出于公司的意愿，将汇票交给收款人甲公司。

【例 5-2】接【例 5-1】，甲公司将此汇票背书，转让给本公司的债权人乙公司。

解答：在此案例中，甲公司的行为即为背书行为。由于票据可以转让，在汇票到期之前，甲公司可以将其背书转让给其他公司，同时，票据的权利也随之被转让给被背书人，即乙公司。

【例 5-3】接【例 5-2】，为了确定汇票到期可以得到付款，乙公司持此汇票向中正国际股份有限公司开户银行提示承兑，银行确定后进行承兑。

解答：在此案例中，开户银行的行为即为承兑。在此承兑过程中，中正国际股份有限公司开户银行签字以后，则对其汇票的到期付款承担法律责任。

【例 5-4】接【例 5-3】，得到中正国际股份有限公司开户银行许可之后，甲公司在票据上批注“参加承兑”字样和签名、日期。

解答：在此案例中，甲公司的行为即为参加承兑。由于种种原因，乙公司得不到中正国际股份有限公司的付款时，由甲公司承担付款的义务。

【例 5-5】接【例 5-4】，中正国际股份有限公司找来丙公司在此汇票上签“保证”字样，并签章。

解答：在此案例中，丙公司的行为即为保证行为，用以保证中正国际股份有限公司有能力且能够按时依据汇票付款。

5.2.2 票据转让

企业在经济业务中收到付款单位的票据时，只要是在付款期限内，即可将票据进行背书转让。背书转让就是票据持有人在票据背面批注签章，将票据转让给第三者的行为，银行承兑汇票背书样式如图 5-7 所示。

被背书人	被背书人	被背书人	（贴粘单处）
背书人签章 年　月　日	背书人签章 年　月　日	背书人签章 年　月　日	

图 5-7　银行承兑汇票背书样式

票据持有人在背书转让时，须在“被背书人”处填写接受票据方全称，在“背书人签章”处加盖票据持有人的财务专用章以及人名章，并填写背书时的具体日期。

持票人到银行提示付款时，须加盖本企业或本人相关印章，并将信息填写完整，方可提示付款。

提示：背书人在背书时必须把票据上的全部金额同时转让给同一个被背书人。只转让票据金额的一部分，或将票据金额分别转让给几个被背书人，这样的背书是无效的。

转让人一旦在票据上签名，就要承担以下两项义务。

- 须对包括转让人在内的所有后来取得该票据的人保证该票据必将得到付款。
- 须保证在自己以前曾在该票据上签名的一切前手签字的真实性和背书的连续性。

【例 5-6】在【例 5-2】中，甲公司将中正国际股份有限公司签发的汇票背书转让给乙公司，在此过程中，甲公司承担什么义务？

解答：中正国际股份有限公司必须保证能够让乙公司依据此汇票得到付款。同时，在整个背书转让的过程中，中正国际股份有限公司和甲公司有义务保证其出票签字以及背书签字的真实性，不真实的签字为无效背书，同时也就失去了票据背书的连续性。

票据受让人享有以下权利。

- 受让人可以用自己的名义向付款人要求承兑、付款，也可以将票据再经背书转让给他人。
- 当票据遭到拒付时，受让人有权向其直接的转让人以及曾在票据上签名的其他转让人乃至出票人进行追索。

【例 5-7】在【例 5-2】中，甲公司将中正国际股份有限公司签发的汇票背书转让给乙公司，乙公司享有什么权利？

解答：乙公司可以依据此汇票要求中正国际股份有限公司按时付款，同时也可以在汇票到期前，将此汇票再次背书转让给其他公司。

如果乙公司在要求中正国际股份有限公司按时付款时，遭到拒绝，乙公司有权利向甲公司以及中正国际股份有限公司进行追索，要求其按时付款。

5.2.3 票据保管

由于票据只要在提示付款期限内，无论持票人是谁，付款方都有责任及义务在见票时付款。为了不给企业造成经济损失，票据的管理显得尤为重要。

出纳人员在收到填制好的票据时，应尽早到银行办理相关结算手续，以免遗失票据，造成不必要的损失。

空白票据一般应登记在册，标明领用企业名称、领用时间、起止号码，并由领用人签字或盖章，再由专人保管。印章与票据尽量由不同的人保管，以明确责任，相互制约，防止舞弊行为的发生。空白票据必须妥善保管，以免发生非法使用和盗用、遗失等情况，给国家和企业造成不必要的经济损失。

对于作废的票据，应加盖“作废”章，正联和存根联一起保管，不得私自撕毁或者丢失。

【例 5-8】中正国际股份有限公司出纳人员在提取现金时，支票正联不慎写错一处，支票被作废。出纳人员看支票不能再用，就直接将作废的支票撕毁了。

上述案例中，出纳人员的做法是否正确？请说明原因。

解答：上述案例中出纳人员的做法是错误的。根据票据保管的相关规定，对于作废的票据，应加盖“作废”章，正联和存根联一起保管，不得私自撕毁或者丢失。出纳人员应将作废的支票加盖“作废”章，并登记在册，妥善保管，以备以后查账时使用。

5.2.4 票据遗失

持有银行汇票、商业汇票、银行本票、支票的单位和个人因保管不善，致使票据丢失、被盗或丧失，持票人可以到付款人处挂失止付，并在挂失止付后向人民法院申请公示催告；也可以直接向各法院申请公示催告。但是，有的票据不被允许挂失止付。

可以挂失止付的票据有：填明“现金”字样和代理付款人的银行汇票，填明“现金”字样的银行本票，要素填写齐全的支票，已承兑的商业汇票。此外的其他票据，则不可以挂失止付。

5.2.5 支票购买

现金支票以及转账支票使用完，需要企业自行去开户银行购买。出纳人员购买转账支票，须携带购买支票专用证、本人身份证、企业财务专用章以及人名章。出纳人员购买现金支票，除携带以上材料，还须出示企业在开户银行的开户许可证。购买支票需填写银行收费凭条，如图 5-8 所示。

填写银行收费凭条的程序：填写购买支票的日期、企业名称以及开户账户；根据购买支票的实际情况在“服务项目”处填写“转账支票”或者“现金支票”；分别填写购买支票本“数量”“工本费”；根据购买的数量填写“手续费”；“小计”以及“合计”处填写汇款手续费小写金额；“币种”处填写工本费总金额的大写；“预留印鉴”处加盖企业财务专用章以及人名章。

ICBC 中国工商银行 收费凭条

年 月 日

付款人名称			付款人账号		
服务项目（凭证种类）	数 量	工 本 费	手 续 费	小 计 百 十 万 千 百 十 元 角 分	上述款项请从我账户中支付。
合 计					预留印鉴：
币种（大写）					
以下在购买凭证时填写					
领购人姓名			领购人证件类型		
			领购人证件号码		

记账：

2010.01版 190×100（mm）

记账联附件

图 5-8 银行收费凭条

将以上所有资料提交给银行办事人员，待其审核完成后，输入购买支票时使用的密码，领取新支票，打印支票密码，新支票即可投入使用。

5.3 课后习题

一、单项选择题

1. 下列票据可以背书转让的是（ ）。

A. 现金支票　　B. 银行承兑汇票

C. 填明“现金”字样的银行汇票　　D. 填明“现金”字样的银行本票

2. 下列票据丢失不可以挂失止付的是（ ）。

A. 现金支票　　B. 转账支票

C. 已承兑的商业汇票　　D. 银行本票

3. 商业汇票按承兑人的不同分为（ ）和银行承兑汇票，付款期限最长为 6 个月。

A. 个人承兑汇票　　B. 商业承兑汇票

C. 法人承兑汇票　　D. 商用承兑汇票

二、多项选择题

下列哪些票据可以背书转让（　　）。

A. 现金支票　　　　B. 转账支票

C. 银行承兑汇票　　　　D. 商业承兑汇票

【答案与解析】

一、单项选择题

1. B。记载“现金”字样的支票、本票、汇票，票据正面记载“不得背书转让”的，不可以背书转让。

2. D。可以挂失止付的票据包括已承兑的商业汇票、支票，填明“现金”字样和代理付款人的银行汇票以及填明“现金”字样的银行本票四种。

3. B。

二、多项选择题

ABCD。任何商业票据、单证都能背书转让，除非在开出票据时，额外在上面打上“不可背书转让”的字样。一般常见的有：支票、银行汇票、银行承兑汇票、商业承兑汇票、本票背面有“背书”字样的票据。

第6章

现金业务处理

现金具有流动性强、收益性低的特点，企业的现金需求是复杂多样的。保持与业务发展相适应的现金流量，提升企业现金管理效率，可以从实施现金预算管理、做好日常现金收付控制等方面着手，促进企业的经营与发展。

6.1 现金管理

现金流是企业的血液，是其生存发展的根基。加强企业现金流管理，有利于加速企业的资金周转，促进企业资金的良性循环，使企业在不需要寻找新的融资渠道、付出更多的资金成本的条件下，可随时获得现金，降低财务风险，保证企业财务安全。

6.1.1 现金的定义

现金，狭义上讲即库存现金，是指存放于企业财会部门，由出纳人员经管的货币，包括库存的人民币以及各种外币。库存现金作为企业资产的重要组成部分，主要用于购买所需物资、支付日常零星开支、偿还债务等，其特点是流动性很强。现金管理是出纳管理工作的一项重要内容，其中包括现金的收支，现金的提取、送存、保管及清查。

6.1.2 现金管理的原则

依据《现金管理暂行条例》，现金管理的基本原则如下。

- 开户企业库存现金一律实行限额管理。
- 不准擅自坐支现金。坐支现金容易打乱现金收支渠道，不利于开户银行对企业的现金进行有效监督和管理。
- 企业收入的现金不准作为个人储蓄存款存储。
- 收入现金应及时送存银行，企业的现金收入应于当天送存开户银行，确有困难的，应由开户银行确定送存时间。
- 严格按照国家规定的开支范围使用现金，结算金额超过结算起点的，不得使用现金。

- 不准编造用途套取现金。企业在国家规定的现金使用范围和限额内需要现金，应从开户银行提取，提取时应写明用途，不得编造用途套取现金。
- 企业之间不得相互借用现金。

【例 6-1】2018 年 2 月 1 日，中正国际股份有限公司收到员工王明退还的预借现金 10 000 元。由于开户银行比较远，出纳人员就将钱暂时存在自己的储蓄卡里。第二天，公司要购买一台价值 10 000 元的计算机，出纳人员直接用王明退还的钱支付了这笔款项。

上述案例中，出纳人员的做法是否正确？请具体说明理由。

解答：出纳人员的做法不正确。《现金管理暂行条例》第十一条规定“开户单位支付现金，可以从本单位现金库存中支付或者从开户银行提取，不得从本单位的现金收入中直接支付（即坐支）”；第四条规定“各开户单位的库存现金都要核定限额。库存现金限额应由开户单位提出计划，报开户银行审批。经核定的库存现金限额，开户单位必须严格遵守”；第六条规定“开户单位之间的经济往来，必须通过银行进行转账结算”。

6.1.3 现金管理的外部控制制度

现金管理是银行根据国家法令对一切企业、事业单位、机关、团体、部队等组织的现金使用范围、数量和库存进行管理监督的一项财经制度。

《现金管理暂行条例》第三条规定：开户单位之间的经济往来，必须通过银行进行转账结算。根据国家有关规定，开户单位只可在下列范围内使用现金。

- 职工工资、各种工资性津贴。
- 个人劳务报酬。
- 根据国家规定颁发给个人的各种科学技术、文化艺术、体育等各种奖金。
- 各种劳保、福利费用以及国家规定的对个人的其他现金支出。
- 向个人收购农副产品和其他物资支付的价款。
- 出差人员必须随身携带的差旅费。
- 结算起点以下的零星支出。

- 中国人民银行确定需要支付现金的其他支出。

【例 6-2】2018 年 2 月 28 日，中正国际股份有限公司购买一台价值 2 700 元的打印机，出纳人员用现金支付。

上述案例中，出纳人员的做法是否正确？请具体说明理由。

解答：出纳人员的做法是错误的。《现金管理暂行条例》规定，结算起点为 1 000 元。本例中的结算金额由于超过了结算起点，出纳人员应当采用转账的方式进行结算。

【例 6-3】中正国际股份有限公司开户银行为其核定的库存现金限额为 10 000 元，但是因为在工作中使用现金频繁，出纳人员为方便工作，一般在保险柜留存 50 000 元，方便取用，也不用经常去银行提现。

上述案例中，出纳人员的做法是否正确？请具体说明原因。

解答：出纳的做法是错误的。《现金管理暂行条例》规定，经核定的库存现金限额，开户单位必须严格遵守。需要增加或者减少库存现金限额，应当向开户银行提出申请，由开户银行核定。本例中出纳人员擅自增加库存现金限额，其做法不正确。

6.1.4 现金管理的内部控制制度

企业开展活动的所有领域都可能发生现金流动，从保护企业现金资产安全的角度出发，企业必须建立严格的现金内部控制制度。各级管理层应明确自己在现金流控制系统的责任和义务，资金管理部门与企业各职能部门应相互配合、相互支持，以便各司其职、强化监督、防止越权、堵塞漏洞。企业现金管理内部控制度应包括以下几项。

- 一是建立授权审批制度。企业应明确规定涉及会计相关工作的授权批准的范围、权限、程序、责任等内容，企业内部的各级管理层必须在授权范围内行使职权和承担责任，经办人员也必须在授权范围内办理业务。
- 二是建立相互制衡制度。合理设置会计及相关工作岗位，明确职责权限，形成相互制衡机制；坚持不相容职务相分离，确保不同机构和岗位之间权责分明、相互制约、相互监督。

- 三是建立现金收支流程管理制度。企业应对现金收取和支出分别建立相应的程序。现金收取程序主要是企业根据自身业务特点制定相应的收入控制程序，以便各职能部门相互协调，保证现金的安全。现金支出程序主要是要求企业结合支付业务的特点制定相应的现金审批报销程序。
- 四是建立备用金控制制度。建立备用金制度是企业普遍采用的小金额开支项目的支出控制。备用金由哪些部门用于实施哪些业务应有明确规定，并应有规范的申请批准制度。对备用金实施定额管理，日常使用由专人管理，由财务部门定期或不定期对备用金进行清点，防止备用金被挪用和滥用。

【例 6-4】 中正国际股份有限公司为了加强公司投资专项资金的使用管理，提高经济效益，保证资金支出安全，并能尽量减少审批程序，特地制定公司内部的财务审批制度。例如，对外投资统一由公司本部开展，下属各分公司不允许从事任何对外投资。对于 50 万元以下短期投资款项的支付由总会计师、总经理联签；50 万 ~ 2 000 万元的短期投资由总经理会议决定；等等。

上述案例中，中止国际股份有限公司的做法是否正确？请具体说明原因。

解答：中正国际股份有限公司的做法是正确的。企业不仅应该遵守国家现金管理法规，严格进行现金管理工作，还应该根据本企业的实际情况积极实施内部现金管控。案例中中正国际股份有限公司通过实施内部的财务审批制度极大地提高了经济效益，保证了投资专项资金使用的安全，故该做法是正确的。

6.2 现金收支

现金收支即现金的收入和支出，是企业资金周转的过程。企业能够正常运营并创造经济利益，现金收支就必须要保持平衡，这样才能提高资金使用效率，防范资金风险。

6.2.1 现金收支的原则

为了加强现金收支管理，出纳人员与会计人员必须分清责任，严格执行账、钱、物分管的原则，相互制约。

- 出纳人员和会计工作人员必须严格执行“钱账分管”制度。现金的收付、保管应由出纳人员负责办理，非出纳人员不得经管现金。
- 一切现金收入都应开具收款收据，以防差错与作弊。
- 企业库存现金入账，当天必须送存银行，如收进的现金是银行当天停止收款以后发生的，也应在第二天送存银行。当日送存确有困难的，应征得开户银行同意后，按双方协商的时间送存。
- 一切现金支出都要有相关凭证，由经办人签名，经主管和有关人员审核后，出纳人员才能据以付款；在付款后，应加盖“现金付讫”戳记，并妥善保管。
- 不准利用银行存款账户代其他单位、个人存入或支取现金。
- 严格执行现金清查盘点制度，保证现金安全。出纳人员每天盘点现金实有数，与现金日记账的账面余额核对，保证账实相符。企业会计部门必须定期或不定期地进行清查盘点，及时发现或防止差错以及挪用、贪污、盗窃等不法行为的发生。如果出现现金长短款，必须及时查找原因。

【例 6-5】中正国际股份有限公司出纳人员进行现金清查时发现，实际现金比现金账目短缺 31.9 元。由于金额较小，出纳人员未做任何处理。后由于出纳人员离岗，现金的收付及保管暂时由会计人员负责。

上述案例中，出纳人员的做法是否正确？请具体说明原因。

解答：出纳人员的做法是错误的。根据现金收支原则，企业会计部门必须定期或不定期对现金进行清查盘点，及时发现或防止差错以及挪用、贪污、盗窃等不法行为的发生。如果出现现金长短款，必须及时查找原因。现金的收付保管应由出纳人员负责办理，非出纳人员不得经管现金。对于清查时发现的现金账面短缺，出纳人员应及时查明原因，并报告主管或者上级领导，进行相应的会计处理。另外，会计人员和出纳人员要实现严格的职责分离，会计人员不能接触资金。

6.2.2 现金收支的规定

由于企业现金流动性比较强，为了有效控制企业内部资金的流动，创造最大经济效益，现金的收支必须按照规定执行。

- 企业的现金收入应于当日送存开户银行。当日送存银行有困难的，应取得开户银行同意后，按双方协商的时间送达。
- 不坐支现金。所谓坐支现金，是指用收入的现金直接办理现金支出。本企业支出现金，应从库存现金限额中支取，或者从银行提取，不得从本企业的现金收入中直接支付。
- 企业借出现金必须执行严格的授权批准程序，严禁擅自挪用、借出现金。
- 企业从开户银行提取现金，应当如实写明用途，由本企业财会部门负责人签字盖章，并经开户银行审批后予以支付。
- 企业取得的现金收入必须及时入账，不得私设"小金库"，不得账外设账，严禁现金收入不入账。

【例 6-6】中正国际股份有限公司员工李伟因有事预借现金 1 000 元并保证次日归还，出纳人员觉得金额较小，便未让李伟办理任何手续，就将公司售卖废旧计算机所得的 1 000 元直接支付给了李伟。

上述案例中，出纳人员的做法是否正确？请具体说明原因。

解答：出纳人员的做法是错误的。根据规定，企业的现金收入应于当日送存开户银行；本企业支出现金，应从库存现金限额中支取，或者从银行提取，不得从本企业的现金收入中直接支付；企业借出现金必须执行严格的授权批准程序，严禁擅自挪用、借出现金。出纳人员的行为是错误的，属于坐支现金行为，出纳人员应将变卖旧计算机所得的 1 000 元及时送存银行，对于李伟预借的 1 000 现金从库存现金限额中支取。

6.2.3 现金的提取

企业从开户银行提取的现金，是企业现金支付的重要来源。提取现金时，首先要填写现金支票。现金支票样式如图 6-1 和图 6-2 所示（以工商银行现金支票为例）。

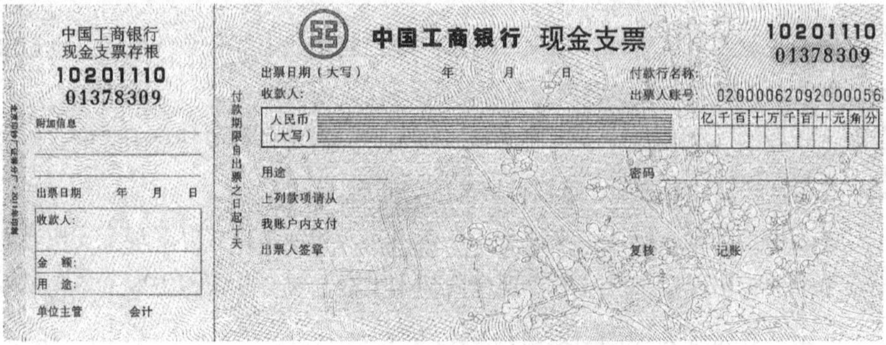

图 6-1 中国工商银行现金支票正面

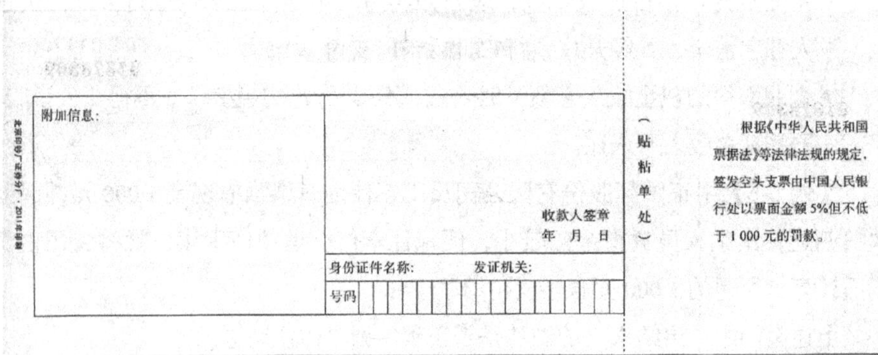

图 6-2 中国工商银行现金支票背面

现金支票的使用方法如下。

在支票存根联填写相关信息用以做账。支票正联，出票日期即为提取现金日期，必须为大写；“收款人”处填写本企业全称；“用途”可写“备用金”“工资”或者“差旅费”等；在相应位置填写所取金额的大小写；在“密码”处填写支票对应的密码；在“出票人签章”处加盖财务专用章以及人名章。支票背面填写附加信息（用途为“工资”以及“备用金”时，附加信息不用填写；用途为“差旅费”时，附加信息处填写出差原因）；“收款人签章栏”分别加盖财务专用章及人名章。将填写好的现金支票交给开户银行工作人员，经过工作人员审核，确定支票无误后，即可提取现金。

> **注意：**备用金必须按照银行核定的金额来写，每周最多可取两次；差旅费提取每次最多不可超过人民币 50 000 元，超过 50 000 元，企业则必须出具加盖公章的证明。提取的现金用途为“差旅费”时，背面附加信息处，按照每人 1 000 元的标准，写明几人去往何处几天，如取 45 000 元，则支票背面附加信息处须写“×× 人去 ×× 出差 ×× 天”。

6.2.4 现金收支的核算

库存现金属于资产类会计科目，在资产类会计科目中，增加记借方，减少记贷方，期末余额在借方。企业收到现金，则借记“库存现金”；企业支出现金，则贷记“库存现金”；剩余的库存现金在借方，表示账面结存的现金金额。

1. 现金收入的核算

库存现金收入是企业在日常生产经营活动或非生产经营活动中取得的现金，企业应以收入的原始凭证（包括发票、行政事业性专用收据以及内部收据等）为依据进行核算。一般收到现金，如从银行提取现金、收到销售产品现金收入等，借记“库存现金”；同时，根据不同的经济业务贷记不同的其他科目。

【例 6-7】中正国际股份有限公司提取现金 40 000 元。请编制会计分录。

解答：编制会计分录如下。

借：库存现金　　40 000

　　贷：银行存款　　40 000

【例 6-8】中正国际股份有限公司销售库存商品取得现金，收入 1 000 元，增值税销项税额 170 元。请编制会计分录。

解答：编制会计分录如下。

借：库存现金　　1 170

　　贷：主营业务收入　　1 000

　　　　应交税费——应交增值税（销项税额）　　170

【例 6-9】中正国际股份有限公司出售废品，收入现金 300 元。请编制会计分录。

解答：编制会计分录如下。

借：库存现金　　300

　　贷：其他业务收入　　300

【例 6-10】中正国际股份有限公司收回职工退回差旅费 500 元。请编制会计分录。

解答：编制会计分录如下。

借：库存现金　　500

　　贷：其他应收款　　500

【例 6-11】中正国际股份有限公司收回甲公司所欠的零星货款 850 元。请编制会计分录。

解答：编制会计分录如下。

借：库存现金　　850

　　贷：应收账款　　850

【例 6-12】中正国际股份有限公司收回职工借款 1 500 元。请编制会计分录。

解答：编制会计分录如下。

借：库存现金　　1 500

　　贷：其他应收款　　1 500

【例 6-13】中正国际股份有限公司收回保险公司现金理赔款 980 元。请编制会计分录。

解答：编制会计分录如下。

借：库存现金　　980

　　贷：其他应收款　　980

【例 6-14】中正国际股份有限公司收回报废产品的变价现金收入 1 900 元。请编制会计分录。

解答：编制会计分录如下。

借：库存现金　　1 900

　　贷：其他业务收入　　1 900

【例 6-15】中正国际股份有限公司工会收到市工会组织送温暖现金 5 000 元。请编制会计分录。

解答：编制会计分录如下。

借：库存现金　　5 000

　　贷：营业外收入　　5 000

【例 6-16】中正国际股份有限公司工收到股东投资的 100 000 元现金。请编制会计分录。

解答：编制会计分录如下。

借：库存现金　　100 000

　　贷：实收资本　　100 000

【例 6-17】中正国际股份有限公司基层工会以现金收取个人会费 3 000 元。请编制会计分录。

解答：编制会计分录如下。

借：库存现金　　3 000

　　贷：会费收入　　3 000

【例 6-18】中正国际股份有限公司员工王明报销差旅费 1 500 元，交回剩余的 500 元。请编制会计分录。

解答：编制会计分录如下。

借：管理费用　　1 500

　　库存现金　　500

　　贷：其他应收款　　2 000

2．现金支出的核算

库存现金支出是企业在日常生产经营活动或非生产经营活动中向外支付的现金，它的核算应以库存现金支出的原始凭单作为依据。当企业支出现金，如使用现金购买办公用品、物资或支付工资等时，贷记“库存现金”；同时，根据不同的经济业务借记不同的其他科目。

【例 6-19】中正国际股份有限公司用库存现金 600 元购买办公用品。请编制会计分录。

解答：编制会计分录如下。

借：管理费用　　600

　　贷：库存现金　　600

【例 6-20】中正国际股份有限公司用库存现金 500 元购买生产用原材料，增值税进项税额 65 元。请编制会计分录。

解答：编制会计分录如下。

借：原材料　　500

　　应交税费——应交增值税（进项税额）　　65

　　贷：库存现金　　565

【例 6-21】中正国际股份有限公司以库存现金 40 000 元发放职工工资。请编制会计分录。

解答：编制会计分录如下。

借：应付职工薪酬——工资　　40 000

　　贷：库存现金　　40 000

【例 6-22】中正国际股份有限公司向银行送存库存现金 3 000 元。请编制会计分录。

解答：编制会计分录如下。

借：银行存款　　3 000

　　贷：库存现金　　3 000

【例 6-23】中正国际股份有限公司预借给员工王明差旅费 2 000 元。请编制会计分录。

解答：编制会计分录如下。

借：其他应收款——王明　　2 000

　　贷：库存现金　　2 000

【例 6-24】中正国际股份有限公司用库存现金 500 元购买车间机器设备，增值税进项税额 85 元。请编制会计分录。

解答：编制会计分录如下。

借：固定资产　　500

　　应交税费——应交增值税（进项税额）　　85

　　贷：库存现金　　585

【例 6-25】中正国际股份有限公司用现金支付公司话费 800 元。请编制会计分录。

解答：编制会计分录如下。

借：管理费用 800

贷：库存现金 800

【例 6-26】中正国际股份有限公司用现金支付业务招待费 5 700 元。请编制会计分录。

解答：编制会计分录如下。

借：管理费用——业务招待费 5 700

贷：库存现金 5 700

【例 6-27】中正国际股份有限公司用现金为员工补缴社会保险费共计 3 700 元。请编制会计分录。

解答：编制会计分录如下。

借：应付职工薪酬——社会保险费 3 700

贷：库存现金 3 700

【例 6-28】中正国际股份有限公司用现金为员工发放高温补贴共计 27 000 元。请编制会计分录。

解答：编制会计分录如下。

借：应付职工薪酬——高温补贴 27 000

贷：库存现金 27 000

【例 6-29】中正国际股份有限公司用现金支付一车间报销的日常管理费用 2 700 元。请编制会计分录。

解答：编制会计分录如下。

借：制造费用 2 700

贷：库存现金 2 700

6.3 现金借款与现金报销

现金贯穿企业日常运营的整个过程，不论是日常车间的备用金，还是职工外出办理业务的差旅费，都需要一定的现金作为支撑。而完善报销审批、手续，可以有效地保证企业日常业务运作规范，从而节约使用企业资金，提高资金的使用效率。

6.3.1 现金借款

1. 日常现金借款

- 借款范围：因工作需要办理各项业务所需的备用金。
- 借款要求：填列借款单，注明用途及金额，并根据企业审批程序经有关人员签字批准后到出纳处领款。
- 日常现金借款应于借款之日起 5 日内到财务部报账。

2. 差旅备用金借款

- 借款范围：因公出差人员携带的备用金。
- 借款要求：借款金额应参照企业出差管理规定执行。

6.3.2 现金报销

一般企业现金报销流程如下。

（1）报销人员持完整、真实、合法的原始票据，按照同类票据粘贴在一起的原则，认真将需报销票据粘贴在原始凭证报销粘贴单上。粘贴时，从右至左，先贴小票面，再贴大票面，尽量让每张原始票据的右边缘都可以露出来，方便出纳人员及会计人员审核时翻阅。粘贴时，原始票据的最左缘和最上缘不可超过粘贴单的边缘。

（2）依据已粘贴好的原始票据，认真填写费用报销单上的各个项目，并汇总出报销总金额。员工出差归来后，将出差时所花费用单据分类整理好，并据此填写费用报销单，由主管领导及单位负责人填写审核意见后，员工持此单据到出纳人员处领取报销的费用。费用报销单的样式如图 6-3 所示。

<u>**费 用 报 销 单**</u>

报销日期　　年　月　日　　　　　　　　　　附件　张

费用项目	类别	金额	负责人（签章）	
			审核 意见	
			报销人（签章）	
报销金额合计			¥	
核实金额（大写）　仟　佰　拾　元　角　分　¥				
借款数	应退金额		应补金额	

复核：　　　　　　　　　　　　出纳：

图 6-3　费用报销单

（3）将出差前申请出差费用的差旅费申请单、费用报销单以及粘贴好的原始凭证报销粘贴单交给相关领导审核批准并签字。

【例 6-30】中正国际股份有限公司员工魏征于 2018 年 4 月 3 日出差回来报销，其费用明细如下：办公用品 200 元，交通费 750 元，市内交通费 135 元，业务招待费 1 700 元，住宿费 1 200 元，火车票订票费 100 元，所有票据共计 13 张，魏征出差前预借差旅费 3 000 元。根据相关凭证，填写费用报销单。

解答：费用报销单填写如图 6-4 所示。

<u>**费 用 报 销 单**</u>

报销日期 2018 年 4 月 3 日　　　　　　　　　　附件 13 张

费用项目	类 别	金 额	负责人（签章）	
办公用品		200.00	审核 意见	
交通费		750.00		
市内交通费		135.00	报销人（签章）	魏征
业务招待费		1 700.00		
住宿费		1 200.00		
火车票订票费		100.00		
报销金额合计			¥ 4 085.00	
核实金额（大写）　肆 仟 零 佰 捌 拾 伍 元 零 角 零 分				
借款数：¥ 3 000.00	应退金额		应补金额 ¥ 1 085.00	

复核：　　　　　　　　　　　　出纳：

图 6-4　填好的费用报销单

（4）持签好字的费用报销单及需报销的原始票据到出纳人员处进行报销，领取报销款项。

> **注意**：所有报销的原始票据均为完整、真实、合法的票据；票据的产生是合理的，没有铺张浪费；超出预算的部分应得到上级领导的批准方可报销，否则超出部分费用自付；报销应及时，当月票据尽量当月报销。对于不符合规定的报销单据，财务人员应退回报销单并说明原因。对此，报销人员必须做出补充说明。

6.4　备用金的核算

企业具备一定规模时，为了方便各部门的报销、零星支出等业务，减少企业财务部门的工作量，按规定每月会给各部门一定额度的备用金，由各部门自由支配，月底到财务部门一次性报销。备用金可以分为定额备用金和非定额备用金两种。

1．定额备用金

定额备用金是指单位对经常使用备用金的内部各部门或工作人员根据其零星开支、零星采购等的实际需要而核定一个现金数额，并保证其经常保持核定的数额。实行定额备用金制度，使用定额备用金的部门或工作人员应该按核定的定额填写借款凭证，一次性领出全部定额，使用后凭发票等有关凭证报销；出纳人员根据使用部门或工作人员的报销，将备用金补充到原定额，从而保证该部门或工作人员经常保持核定的现金定额。只有等到期终、撤销定额备用金或调换经办人时才全部交回备用金。

领出备用金时的会计分录：

借：其他应收款

　　贷：库存现金

报销时的会计分录：

借：管理费用等

　　贷：库存现金

2. 非定额备用金

非定额备用金是指单位对非经常使用的备用金的内部各部门或工作人员，根据每次业务所需备用金的数额填制借款凭证，向出纳人员预借现金；使用后凭发票等原始凭证一次性到财务部门报销，多退少补，一次结清，下次再用时重新办理借款手续。定额备用金与非定额备用金的性质、用途、手续等都不相同。

借款时的会计分录：

借：其他应收款

　　贷：库存现金

报销时的会计分录：

借：管理费用等

　　贷：其他应收款

差额计入库存现金。

【例 6-31】中正国际股份有限公司对一车间实行定额备用金制度，定额 3 000 元。一车间月初领取备用金时，请编制会计分录。

解答：编制会计分录如下。

借：其他应收款——备用金——一车间　　3 000

　　贷：库存现金　　3 000

【例 6-32】月底，一车间凭相关票据等到财务部门报销，报销总金额为 1 300 元，财务部门审核准予报销，并以库存现金补足一车间备用金定额。请编制会计分录。

解答：编制会计分录如下。

借：制造费用　　1 300

　　贷：库存现金　　1 300

【例 6-33】会计部门因管理需要取消一车间的备用金。一车间持有未报销的费用凭证 900 元和余款 2 100 元，到会计部门办理报销和交回备用金的手续。请编制会计分录。

解答：编制会计分录如下。

借：制造费用　　900

　　库存现金　　2 100

　　贷：其他应收款——备用金——一车间　　3000

6.5　现金的送存

各单位必须按照开户银行核定的库存限额保管、使用现金。在日常经营活动中，如有现金收入和超出库存限额的现金，应及时送存银行。出纳人员将现金送存银行的程序如下。

出纳人员清点完钞票，将钞票区分纸币、硬币，按票面的大小整理好。纸币按每百张为一捆捆好，不够整捆的，按从大额到小额的顺序放。硬币按每 50 枚或 100 枚用纸卷卷成一卷，不足一卷一般不用送存，用来找零。款项清点完毕并整理归类码好后，填写现金送款簿，在填写现金送款簿时，要按规定如实填写有关内容，包括收款单位名称、款项来源、开户行名称、科目账号、送款日期等。填写完成后，应将现金送款簿连同现金一起送存银行。现金送款簿的样式如图 6-5 所示。

中国工商银行 XX 市分行现金送款簿　分号

交款日期　　年　月　日

<table>
<tr><td rowspan="2">收款单位</td><td colspan="8" rowspan="2"></td><td colspan="3">开户银行</td><td colspan="9"></td></tr>
<tr><td colspan="3">科目账号</td><td colspan="9"></td></tr>
<tr><td rowspan="2">款项
来源</td><td colspan="11" rowspan="2"></td><td colspan="9">金额</td></tr>
<tr><td>百</td><td>十</td><td>万</td><td>千</td><td>百</td><td>十</td><td>元</td><td>角</td><td>分</td></tr>
<tr><td>人民币
（大写）</td><td colspan="11"></td><td></td><td></td><td></td><td></td><td></td><td></td><td></td><td></td><td></td></tr>
<tr><td>券别
数额</td><td>100
元</td><td>50
元</td><td>十
元</td><td>五
元</td><td>二
元</td><td>一
元</td><td>五
角</td><td>二
角</td><td>一
角</td><td>五
分</td><td>二
分</td><td>一
分</td><td>合计
金额</td><td colspan="7">收款银行盖章</td></tr>
<tr><td>整把券</td><td></td><td></td><td></td><td></td><td></td><td></td><td></td><td></td><td></td><td></td><td></td><td></td><td></td><td colspan="7"></td></tr>
<tr><td>零张券</td><td></td><td></td><td></td><td></td><td></td><td></td><td></td><td></td><td></td><td></td><td></td><td></td><td></td><td colspan="7"></td></tr>
</table>

会计：　　　复核：　　　记账：　　　收款复核：　　　收款员：

图 6-5　现金送款簿

6.6　现金的保管

库存现金是企业流动性最强的货币资产，如果保管不当，容易丢失。所以，企业应当制定完备的现金保管制度，防止犯罪分子乘虚而入。一般现金的保管应按照以下规定来做。

- 出纳人员办公室应配备质量较好的保险柜，用以保存库存限额内的现金，现金不得放在办公桌内过夜。
- 对于超出库存限额以外的现金应及时送存银行。如果实在无法及时送存，也应与银行做好沟通，确定好送存时间。
- 单位的库存现金不得以私人名义存入银行，防止出现以公谋私的情况。
- 每天下班前出纳人员应清点库存现金，并和现金日记账做核对，做到账实相符。

6.7 现金的清查

现金清查是为了确保现金的安全，企业除实行钱账分管制度外，出纳人员还应在每日和每月终了时根据现金日记账的合计数，结出库存现金余额，并与库存现金实有数核对，做到账实相符。

6.7.1 现金的实地盘点

现金清查的主要方法是通过实地盘点库存现金的实存数，与现金日记账相核对，确定账存与实存是否相等。其步骤如下。

- 首先，在盘点前，出纳人员应先将现金收、付凭证全部登记入账，并结出余额。
- 其次，盘点时，出纳人员必须在场，现金由出纳人员经手盘点，清查人员从旁监督。盘点时，除查明账实是否相符外，还要查明有无违反现金管理规定的情况，如有无以“白条”抵冲现金，现金库存是否超过核定的限额，有无坐支现金等。
- 最后，盘点结束应根据盘点结果编制现金盘点报告单，注明现金实存数与现金日记账账面余额，并由检查人员和出纳人员签名盖章，作为重要的原始凭证。现金盘点报告单具有盘存单和实存账存对比表的作用，其样式如表 6-1 所示。

表 6-1　现金盘点报告单

<table>
<tr><td></td><td colspan="2">面值</td><td colspan="2">数量</td><td colspan="2">金额</td><td>盘点异常及
建议事项</td></tr>
<tr><td rowspan="2">现金及周转零用金</td><td colspan="2" rowspan="2"></td><td colspan="2" rowspan="2"></td><td colspan="2" rowspan="2"></td><td></td></tr>
<tr><td>盘点结果及
要点报告</td></tr>
<tr><td colspan="3">小计</td><td colspan="2"></td><td colspan="2"></td><td rowspan="4"></td></tr>
<tr><td colspan="3">其他项目：未核销费用</td><td colspan="2"></td><td colspan="2"></td></tr>
<tr><td colspan="3">员工借支</td><td colspan="2"></td><td colspan="2"></td></tr>
<tr><td colspan="3">总计</td><td colspan="2"></td><td colspan="2"></td></tr>
<tr><td colspan="3">账面数</td><td colspan="2"></td><td colspan="2"></td><td rowspan="7">在列款项及票据
于　　年　月　日时盘点时本人在场，并如数归还无误。
保管人：
盘点人：</td></tr>
<tr><td colspan="3">盘盈（盘亏）</td><td colspan="2"></td><td colspan="2"></td></tr>
<tr><td>项目</td><td>张数</td><td colspan="2">金额</td><td colspan="2">盘点数</td><td>盘盈（亏）</td></tr>
<tr><td>应收票据：代收</td><td></td><td colspan="2"></td><td colspan="2"></td><td></td></tr>
<tr><td>库存</td><td></td><td colspan="2"></td><td colspan="2"></td><td></td></tr>
<tr><td>应收保证票据</td><td></td><td colspan="2"></td><td colspan="2"></td><td></td></tr>
<tr><td>合计</td><td></td><td colspan="2"></td><td colspan="2"></td><td></td></tr>
</table>

6.7.2　账实不符的核算

对于账实不符的情况，清查小组应查明原因。库存现金清查中出现的待查明原因的库存现金短缺或者溢余，应该按照下面的方式进行核算。

- 现金溢余的会计处理：审批前先转入“待处理财产损溢”科目贷方；待查明原因，报经审批以后，从“待处理财产损溢”科目借方转出，分情况转入不同科目贷方。
- 现金短缺的会计处理：审批前先转入“待处理财产损溢”科目借方；待查明原因，报经审批以后，从“待处理财产损溢”科目贷方转出，分情况转入不同科目借方。

【例 6-34】中正国际股份有限公司在现金清查中，发现实存数大于账面余额 200 元。请编制会计分录。

解答：会计分录如下。

借：库存现金 200

贷：待处理财产损溢——待处理流动资产损溢 200

【例 6-35】接【例 6-34】，核查 200 元应支付给员工李纨。请编制会计分录。

解答：会计分录如下。

借：待处理财产损溢——待处理流动资产损溢 200

贷：其他应付款——李纨 200

【例 6-36】接【例 6-34】，核查后原因不明，经批准作为营业外收入。请编制会计分录。

解答：会计分录如下。

借：待处理财产损溢——待处理流动资产损溢 200

贷：营业外收入 200

【例 6-37】中正国际股份有限公司在现金清查中，发现库存现金实存数短缺 500 元。请编制会计分录。

解答：会计分录如下。

借：待处理财产损溢——待处理流动资产损溢 500

贷：库存现金 500

【例 6-38】接【例 6-37】，核查后应由出纳人员王小小赔偿。请编制会计分录。

解答：会计分录如下。

借：其他应收款——出纳人员王小小 500

贷：待处理财产损溢——待处理流动资产损溢 500

【例 6-39】接【例 6-38】，出纳人员王小小用现金交回赔款。请编制会计分录。

解答：会计分录如下。

借：库存现金 500

贷：其他应收款——出纳人员王小小 500

【例 6-40】接【例 6-37】，核查后原因不明，应作为管理费用处理。请编制会计分录。

解答：会计分录如下。

借：管理费用 500

贷：待处理财产损溢——待处理流动资产损溢 500

6.8 课后习题

一、单项选择题

1. 出差人员报销差旅费，库存现金不足支付，下列做法正确的是（　　）。

A. 出纳人员以部门名义打欠条

B. 出纳人员以外单位开来的现金支票抵付

C. 出纳人员个人打欠条

D. 开出现金支票支付

2. 出纳人员和会计工作人员必须严格执行（　　）制度。现金的收付保管应由出纳人员负责办理，非出纳人员不得经管现金。

A. 内部制衡　　B. 严格审批　　C. 钱账分管　　D. 备用金

3. 下列符合现金收支规定的有（　　）。

A. 坐支现金

B. 从开户银行套取现金

C. 私设“小金库”

D. 借出现金必须执行严格的授权批准程序

4. 下列选项中属于企业日常备用金借款的是（　　）。

A. 预付供应商的货款　　B. 因公出差人员携带的备用金

C. 管理人员的福利费　　D. 驻外机构人员的工资薪金

二、多项选择题

1. 张三出差回来，报销差旅费 1 000 元，原预借 1 500 元，交回剩余现金 500 元。这笔业务应该（　　）。

A. 只编制 500 元现金收款凭证　　B. 根据 500 元编制现金收款凭证

C. 根据 1 000 元编制转账凭证　　D. 编制 1500 元转账凭证

2. 下列凭证可以作为现金收付原始凭证的有（　　）。

A. 现金支票存根

B. 财务部门开具的小额销货发票记账联

C. 银行缴款单回执联

D. 未经批准的职工临时暂款单

3. 下列做法不正确的有（ ）。

A. 从本单位的现金收入中直接支付现金

B. 用不符合财务制度的凭证顶替库存现金

C. 单位之间相互调剂现金

D. 私营企业将企业收入的现金以个人名义存入储蓄

4. 单位签发现金支票，从开户银行提取现金，下列处理正确的有（ ）。

A. 应当写明用途　　B. 不准编造用途

C. 不准谎报用途　　D. 不准套取现金

5. 出纳人员在登记现金日记账时，下列处理正确的有（ ）。

A. 必须连续登记　　B. 不得跳行、隔页

C. 不得随意撕掉账页　　D. 可以自由更换账簿

6. 现金管理的原则有（ ）。

A. 开户企业库存现金一律实行限额管理

B. 不准擅自坐支现金

C. 企业收入的现金不准作为个人储蓄存款存储

D. 收入现金无论如何都必须当天送存银行

7. 现金管理内部控制制度有（ ）。

A. 授权审批制度　　B. 备用金控制制度

C. 现金收支流程管理制度　　D. 相互制衡制度

【答案与解析】

一、单项选择题

1. D。坐支现金以及以个人名义垫付现金都是不合法的行为。

2. C。钱账分管要求专人保管现金，其他人不得随意接触现金。

3. D。

4. B。A 选项是预付账款，CD 均为应付职工薪酬。

二、多项选择题

1. BC。报销差旅费时，交回剩余现金应当填制现金收款凭证；差旅费已实

际发生，使出差前所借款项的性质发生了变化，应当进行转账，转入管理费用，应填制转账凭证。凭证数字依照实际发生数填列。

2. ABC。未经批准的单据不能作为原始凭证。

3. ABCD。不得坐支现金、白条抵库；单位间借款需要合规合法；单位借款不得私自以个人名义存取。

4. ABCD。编造用途、谎报用途来套取现金都是违规的。

5. ABC。不得随意更换账簿，必须保证连续性。

6. ABC。企业库存现金入账，当天必须送存银行，如收进的现金是银行当天停止收款以后发生的，也应在第二天送存银行。当日送存确有困难的，应取得开户银行同意后，按双方协商的时间送存。

7. ABCD。现金管理内部控制制度包括授权审批制度、相互制衡制度、现金收支流程管理制度、备用金控制制度。

第7章

银行存款业务处理

企业在生产经营过程中，当收入或者支出金额比较大时，以库存现金的方式来结算就很不现实，也不符合库存现金的结算规定。企业除按规定限额留存一部分现金以备日常零星开支外，其余的货币资金都应通过银行存款结算；企业与其他企业之间发生的经营性往来款项，除结算起点以内的部分，其他款项也都应通过银行存款结算。所以，银行存款业务是企业运营的重要组成部分。对于出纳人员而言，熟练地掌握银行存款业务知识，对提升整体工作的质量至关重要。

7.1　银行结算账户的管理

正确开立和使用银行结算账户是做好资金结算工作的基础，企业只有在银行开立了银行结算账户，才能通过银行同其他单位进行结算，办理资金的收付。企业应按规定在银行开设和使用银行结算账户。企业的出纳人员，必须管理好银行结算账户，掌握银行存款的结算程序，从而有效节约办事时间，提高工作效率。

7.1.1　银行结算账户管理原则

为规范人民币银行结算账户的开立和使用，维护经济金融秩序，中国人民银行制定了《人民币银行结算账户管理办法》，经 2002 年 8 月 21 日第 34 次行长办公会议通过，自 2003 年 9 月 1 日起施行，该办法共计七章七十一条。

相关基本原则整理如下。

（1）一个基本账户原则。存款人在银行开立基本存款账户，实行由中国人民银行当地分支机构核发开户许可证制度。同时，存款人在其账户内必须有足够的资金，以保证支付。收付款双方在经济交往过程中，只有坚持诚实信用，交易一旦达成，才能保 证各方经济活动的顺利进行。

（2）自主选择原则。存款人可以自主选择银行开立银行结算账户，银行也可以 自愿选择存款人；一经双方相互认可后，存款人应遵循银行结算的规定，而银行应保证存款人对资金的所有权和自主支配权不受侵犯。

（3）账户信息保密原则。银行应依法为存款人的银行结算账户信息保密。对单位银行结算账户的存款和有关资料，除国家法律、行政法规另有规定外，银行有权拒绝任何单位或个人查询。对个人银行结算账户的存款和有关资料，除国家法律另有规定外，银行有权拒绝任何单位或个人查询。

7.1.2 银行结算账户的种类

《人民币银行结算账户管理办法》将企事业单位的银行结算账户分为四类，即基本存款账户、一般存款账户、专用存款账户和临时存款账户。

- 基本存款账户主要是为企业办理日常转账结算和库存现金收付业务。一般企事业单位只能选择一家银行的一个营业机构开立一个基本存款账户，主要用于办理日常的转账结算和现金收付。企事业单位的工资、现金的支取只能通过该账户办理。
- 一般存款账户是存款人因借款或其他结算需要，在基本存款账户开户银行以外的银行营业机构开立的银行结算账户。该账户可以办理库存现金缴存，但不能用于提取库存现金，主要用于办理企业借款转存、借款归还以及其他结算的资金收付。
- 专用存款账户是企业按照法律、行政法规和规章制度而开立的，专门用于管理特定用途资金的银行结算账户，如基本建设项目专项资金、农副产品资金等。企事业单位的销售货款不得转入专用存款账户。
- 临时存款账户是企业因临时需要并在规定期限内使用而开立的银行结算账户，用于办理临时经营活动发生的资金收付，如企业异地产品展销、临时性采购资金等。

7.1.3 开立银行结算账户的条件

根据《人民币银行结算账户管理办法》，企业应按照自身实际情况来办理银行结算账户的开立。

- 下列存款人可以申请开立基本存款账户：企业法人；非法人企业；机关、

事业单位；团级（含）以上军队、武警部队及分散执勤的支（分）队；社会团体；民办非企业组织；异地常设机构；外国驻华机构；个体工商户；居民委员会、村民委员会、社区委员会；单独设立的独设立的独立核算的附属机构；其他组织。

- 下列情况，存款人可以申请开立一般存款账户：在基本存款账户以外的银行取得借款的；与基本存款账户的存款人不在同一地点的附属非独立核算单位。
- 下列情况，存款人可以申请开立临时存款账户：外地临时机构；临时经营活动需要的；注册验资。
- 下列资金，存款人可以申请开立专用存款账户：基本建设的资金；更新改造的资金；特定用途，需要专户管理的资金。

7.1.4 开立银行结算账户的流程

企业开立基本存款账户应该遵循就近开立的原则选择相应的银行，开立基本存款账户时要带的资料如下。

- 经年检在有效期内的营业执照正本原件和复印件。
- 税务登记证（从事生产、经营活动的单位机构需要提供）正本原件和复印。
- 法定代表人或单位负责人的身份证件。如法人代表授权他人办理开户手续，还需须带法人代表授权书和经办人的身份证件。
- 公司公章。
- 预留印鉴章，包括单位公章或财务专用章（大部分的企业预留财务专用章）、法定代表人或其授权人的签字或印章，如使用授权人签章时，还须提供法人代表授权书。
- 行政事业单位等还需提供批文或证明文件。

注意：以上资料均用A4纸复印并在复印件上加盖企业公章，同时还应携带原件，以备银行柜台人员核对。

企业开立基本存款账户的流程如图 7-1 所示。

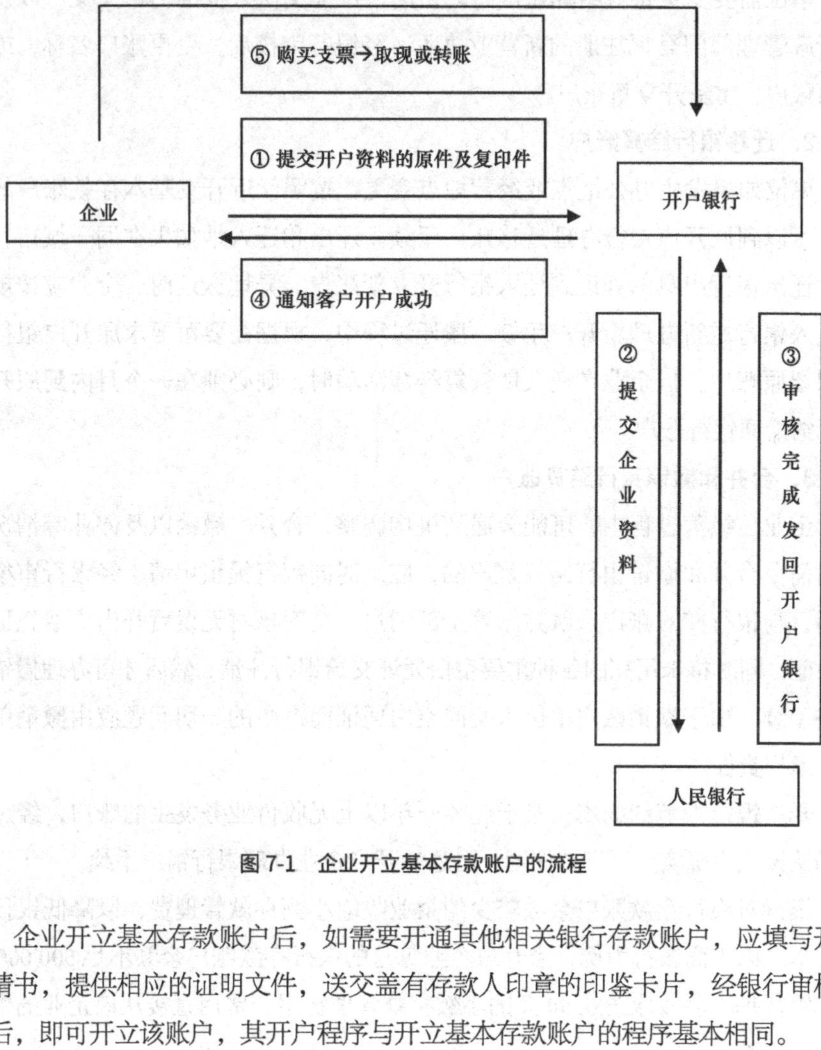

图 7-1 企业开立基本存款账户的流程

企业开立基本存款账户后，如需要开通其他相关银行存款账户，应填写开户申请书，提供相应的证明文件，送交盖有存款人印章的印鉴卡片，经银行审核同意后，即可开立该账户，其开户程序与开立基本存款账户的程序基本相同。

7.1.5 银行结算账户的变更、迁移、合并和撤销

1. 银行结算账户的变更

开户单位由于人事变动或其他原因需要变更单位财务专用章的，应填写更换印鉴申请书，并出具有关证明，经银行审核同意后，填写新的印鉴卡片，并

注销原预留的印鉴卡片。

单位需要变更银行结算账户时，须向银行提交法人批准的相关文件以及工商行政管理部门登记注册的新营业执照，经银行审核后，变更账户名称，或撤销原账户，重新开立新账户。

2. 迁移银行结算账户

单位如果发生办公地点或经营地点变更，按照就近开立基本存款账户的原则，可以到原开户银行办理迁移账户手续。迁出和迁入地如果在同一城市，可以凭迁出银行出具的凭证到迁入银行开立新账户。异地搬迁时，企业应按规定到迁入银行重新办理新开户手续。搬迁过程中，根据需要可要求原开户银行暂时保留原账户。但企业在迁入地恢复经营活动时，则必须在一个月内到原开户银行结清原银行账户。

3. 合并和撤销银行结算账户

企业在经营过程中，可能会遇到机构调整、合并、撤销以及停业等情况，此时需要合并和撤销银行结算账户的，应及时向银行提出申请，经银行审核同意后，与银行核对账户余额并结算全部利息，全部核对无误后开出支取凭证结清余额，同时将未用完的各种重要空白凭证交给银行注销，然后才可办理撤销、合并手续。由于撤销账户单位未交回空白凭证而产生的一切问题应由撤销单位自行承担责任。

开户银行为节约成本，对于连续一年以上无收付业务发生的账户，经过调查确认该账户确实无须继续保留，可通知开户企业办理银行销户手续。

银行对银行存款账户余额较少的企业收取小额存款管理费，以降低银行管理成本。以工商银行为例，当开户企业每月的银行存款账户余额不足500 000元时，银行每季度收取企业90元的小额存款管理费用，费用直接从该企业的银行账户中扣除。

7.2　银行存款管理

为保证企业银行存款的安全性，凡开通银行结算账户的企业，必须严格执行《人民币银行结算账户管理办法》的相关规定，具体规定如下。

- 对于超过结算起点的往来款项，应使用银行存款办理结算业务。
- 银行结算账户开立以及账户日常管理都由出纳人员负责。
- 企业经济活动所发生的一切货币收支业务，除按条例中规定的可以使用现金直接支付的款项外，其他都必须按银行结算办法的规定，通过银行结算账户进行转账结算。
- 每月收到银行出具的银行对账单时，应当和企业银行存款日记账认真核对。
- 妥善保管各种票据，票据一旦遗失，必须及时到银行办理挂失手续，造成损失的，应追究相关人员责任。
- 企业开立的银行结算账户，只可用于本企业的经济业务办理，不得将账户转借或者租给其他企业。

【例 7-1】中正国际股份有限公司出于客户关系方面的考虑，代甲公司收取一笔 200 000 元的款项，款项直接打入中正国际股份有限公司的银行结算账户。

上述案例中的相关做法是否正确？请说明原因。

解答：上述案例中中正国际股份有限公司的做法是错误的。根据规定，企业开立的银行结算账户，只可用于本企业的经济业务办理，不得将账户转借或者租给其他企业。所以，企业的上述做法是错误的。甲公司应自己开立相关银行结算账户，进行往来款项的核算。

7.3 银行结算

企业日常大量的与其他企业或个人的经济业务往来，都是通过银行结算的，银行是社会经济活动中各项资金流转清算的中心。为了保证银行结算业务的正常开展，使社会经济活动中各项资金得以通畅流转，国家制定了一系列相关的结算规定。出纳人员需要熟练掌握这些法律法规，在规定的范围内开展银行结算。

7.3.1 银行结算的基本要求

银行结算过程中，涉及的环节比较多，一步操作错误，就会给整个结算程序带来很大的麻烦。为保证银行结算的顺利进行，企业办理银行结算时，必须遵守以下基本要求。

- 结算时必须遵守国家法律、法规以及银行结算中的规定。
- 经济业务结算时，对于超过结算起点的往来款项，应使用银行存款来办理结算业务。
- 办理银行结算时，企业银行结算账户必须有足够的资金。
- 不准签发空头支票和远期支票，不准套取银行信用。
- 企业办理结算时，由于填写票据、丢失票据等造成企业经济损失的，由企业自行负责。
- 不得将企业银行存款转入或存入个人银行账户结算。

【例 7-2】中正国际股份有限公司以转账支票的形式支付给甲公司一笔款项，甲公司持票去开户行办理支票入账时发现中正国际股份有限公司账户余额不足，不能办理支付业务。

上述案例中，相关做法是否符合规定，并说明原因。

解答：上述案例中中正国际股份有限公司的做法是错误的。根据相关规定，办理银行结算时，企业银行账户必须有足够的资金。中正国际股份有限公司在其账户余额不足的情况下，不应开具转账支票给甲公司。

7.3.2 银行结算的基本原则

银行结算的每一笔业务都会影响到两个或两个以上的当事人，为避免当事人之间由于结算方式而出现纠纷，必须制定统一的银行结算原则，所有当事人都必须遵守这些原则，维持正常的银行结算程序。基本原则如下。

- 恪守信用，履约付款。企业在经济业务中一般与合作伙伴之间达成协议，协商好交货及付款方式，一般都是先交货后收款或者先收款后交货，这就需要双方恪守信用。一方按时交货，另一方按时付款。只有这样，才能维持经济市场的正常运转，企业也才能发展壮大。

- 谁的钱进谁的账，由谁支配。企业在银行开立银行结算账户，银行按照法律规定有义务保护企业账户资金的安全。企业要求开户银行将款项付给谁，银行就有义务按照企业的要求转账到相应账户中；企业对于银行结算账户中的资金，有权进行自主支配。未经企业要求，银行不得自作主张，如代扣款项、进行账户查询等。
- 银行不垫款。银行在企业经济业务结算过程中，只起到中介的作用，即将作为付款方的企业存在银行结算账户中的款项转到收款企业账户中。在此过程中。银行不给任何单位垫资，否则就是违反了《支付结算办法》中银行不垫款的规定。

【例 7-3】中正国际股份有限公司出纳人员发现 2018 年 4 月 6 日公司开户银行扣了一笔 500 元的款项，追查之后发现这是银行代扣的一笔款项，但是企业并未就此进行过委托。

上述案例中，银行的做法是否符合规定？请说明原因。

解答：上述案例中银行的做法是错误的。根据规定，未经企业要求，银行不得自作主张，如代扣款项、进行账户查询等。所以，只有经过企业委托的业务，银行才可代扣代缴。

【例 7-4】接【例 7-2】，中正国际股份有限公司在开户银行账户余额不足的情况下，要求其开户行帮忙先垫付某笔款项，银行予以拒绝。

上述案例中，银行的做法是否符合规定？请说明原因。

解答：上述案例中银行的做法是符合相关规定。根据规定，银行不给任何单位垫资。所以。此情况下，企业应增加其银行存款账户的资金，余额足够之后再开具转账支票支付所欠账款。

7.3.3 银行存款收支的核算

企业银行结算账户不仅结算企业的经营收入以及与其他企业之间的往来款项，还包括出纳人员送存银行的库存现金等相关经济业务。企业应根据不同转账结算方式下银行存款收支的原始凭证，编制银行存款收付款凭证，并进行核算。

银行存款属于资产类会计科目，在资产类会计科目中，增加记借方，减少记贷方，期末余额在借方。即企业收到银行存款，则借记“银行存款”；企业支出银行存款，则贷记“银行存款”，剩余的银行存款在借方，表示企业银行存款账户中的实际余额。

1. 银行存款收入的核算

【例 7-5】中正国际股份有限公司销售产品收到转账支票一张并存入银行，其中货款 30 000 元，增值税 3 900 元。请编制会计分录。

解答：编制会计分录如下。

借：银行存款　　33 900

　　贷：主营业务收入　　30 000

　　　　应缴税费——应交增值税（销项税额）　　3 900

【例 7-6】中正国际股份有限公司收到远洋科技有限公司偿还欠款项的转账支票一张 50 000 元。请编制会计分录。

解答：编制会计分录如下。

借：银行存款　　50 000

　　贷：应收账款　　50 000

【例 7-7】中正国际股份有限公司出纳人员将限额外的库存现金 2 000 元存入银行。请编制会计分录。

解答：编制会计分录如下。

借：银行存款　　2 000

　　贷：库存现金　　2 000

【例 7-8】中正国际股份有限公司从银行取得短期借款 200 000 元。请编制会计分录。

解答：编制会计分录如下。

借：银行存款　　200 000

　　贷：短期借款　　200 000

【例 7-9】中正国际股份有限公司从子公司分得税后利润 300 000 元。请编制会计分录。

解答：编制会计分录如下。

借：银行存款　　300 000

贷：投资收益　　300 000

【例 7-10】中正国际股份有限公司一位股东增加其投资 500 000 元，款项已存入银行。请编制会计分录。

解答：编制会计分录如下。

借：银行存款　　500 000

贷：实收资本　　500 000

【例 7-11】中正国际股份有限公司收到生产车间生产设备报废后变卖收入 50 000 元，以银行存款收回。请编制会计分录。

解答：编制会计分录如下。

借：银行存款　　50 000

贷：其他业务收入　　50 000

【例 7-12】中正国际股份有限公司收回多余的外埠存款 20 000 元。请编制会计分录。

解答：编制会计分录如下。

借：银行存款　　20 000

贷：其他货币资金——外埠存款　　20 000

【例 7-13】中正国际股份有限公司将已开具的银行汇票余额 2 000 元转销。请编制会计分录。

解答：编制会计分录如下。

借：银行存款　　2 000

贷：其他货币资金——银行汇票存款　　2 000

【例 7-14】中正国际股份有限公司取得银行结算账户的存款利息 275.8 元。请编制会计分录。

解答：编制会计分录如下。

借：银行存款　　275.8

贷：财务费用　　275.8

【例 7-15】中正国际股份有限公司出租其设备给甲公司，出租期限为 6 个月，收到设备押金 3 000 元，存入银行。请编制会计分录。

解答：编制会计分录如下。

借：银行存款　　3 000

贷：其他应付款——甲公司　　3 000

2．银行存款支出的核算

【例 7-16】接【例 7-15】，6 个月后，设备出租期限已到，甲公司退回设备，中正国际股份有限公司退回其押金。请编制会计分录。

解答：编制会计分录如下。

借：其他应付款——甲公司　　3 000

　　贷：银行存款　　3 000

【例 7-17】接【例 7-15】，6 个月后，设备出租期限已到，但由于甲公司损坏设备，中正国际股份有限公司扣掉押金的 50%，剩余部分退回甲公司。请编制会计分录。

解答：编制会计分录如下。

借：其他应付款——甲公司　　3 000

　　贷：银行存款　　1 500

　　　　营业外收入　　1 500

【例 7-18】中正国际股份有限公司出纳人员提取库存现金 40 000 元。请编制会计分录。

解答：编制会计分录如下。

借：库存现金　　40 000

　　贷：银行存款　　40 000

【例 7-19】中正国际股份有限公司缴纳企业所得税 25 000 元。请编制会计分录。

解答：编制会计分录如下。

借：应交税费——企业所得税　　25 000

　　贷：银行存款　　25 000

【例 7-20】中正国际股份有限公司购买原材料，价款 70 000 元，增值税 11 900 元。请编制会计分录。

解答：编制会计分录如下。

借：材料采购　　70 000

　　应交税费——应交增值税（进项税额）　　9 100

　　贷：银行存款　　79 100

【例 7-21】中正国际股份有限公司缴纳增值税 11 900 元。请编制会计分录。

解答：编制会计分录如下。

借：应交税费——应交增值税（已交税金） 9 100

　　贷：银行存款 9 100

【例 7-22】中正国际股份有限公司偿还前欠银行短期借款 200 000 元。请编制会计分录。

解答：编制会计分录如下。

借：短期借款 200 000

　　贷：银行存款 200 000

【例 7-23】中正国际股份有限公司兑付到期的商业汇票一张，票面金额是 170 000 元。请编制会计分录。

解答：编制会计分录如下。

借：应付票据 170 000

　　贷：银行存款 170 000

【例 7-24】中正国际股份有限公司汇往深圳 80 000 元开立采购物资专户。请编制会计分录。

解答：编制会计分录如下。

借：其他货币资金——外埠存款 80 000

　　贷：银行存款 80 000

【例 7-25】中正国际股份有限公司以银行存款支付银行汇票存款 27 000 元。请编制会计分录。

解答：编制会计分录如下。

借：其他货币资金——银行汇票存款 27 000

　　贷：银行存款 27 000

【例 7-26】中正国际股份有限公司支付前欠购买甲公司原材料的材料款 37 0000 元，款项已打入对方银行结算账户。请编制会计分录。

解答：编制会计分录如下。

借：应付账款 370 000

　　贷：银行存款 370 000

【例 7-27】中正国际股份有限公司将 1 000 000 元存入证券公司，以备购买有价证券。请编制会计分录。

解答：编制会计分录如下。

借：其他货币资金——存出投资款　　1 000 000

　贷：银行存款　　1 000 000

【例 7-28】中正国际股份有限公司用银行存款支付各股东的应分配利润 1 200 000 元。请编制会计分录。

解答：编制会计分录如下。

借：应付利润　　1 200 000

　贷：银行存款　　1 200 000

【例 7-29】中正国际股份有限公司以银行存款支付短期借款利息 700 元。请编制会计分录。

解答：编制会计分录如下。

借：应付利息　　700

　贷：银行存款　　700

7.4 银行转账结算的管理

除了《现金管理暂行条例》规定的可以使用现金结算的以外，所有企业、事业单位和机关、团体、部队等相互之间发生的商品交易、劳务供应、资金调拨、信用往来等均应按照银行结算办法的规定，通过银行实行转账结算。为保证企业资金安全、经营活动能够正常进行，银行转账结算必须按照转账结算的相关规定来办理。

7.4.1 银行转账结算概述

银行转账结算，亦称非现金结算、划拨结算，是指各单位发生的款项往来，不用现金结算，而是通过银行将款项从付款人账户划转到收款人账户的货币收付行为，主要用于单位和单位之间因商品交易、劳务供应、资金调拨所发生的款项收付。银行转账结算是货币结算的一种形式，可分为同城结算和异地结算两类。银行转账结算的特点是：在银行信用的基础上，以银行结算账户为条件，用银行信用收支代替现金流动。银行转账结算的优点是：省去了使用现金结算时的款项运送、清点、保管等手续，方便快捷，从而缩短了清算时间，加速了物资和资金的周转，提高了企业运转的效率。

7.4.2 银行转账结算须注意的问题

银行转账结算因为不涉及现金往来，所以很方便快捷，但是在转账的过程中，出纳人员如果不注意，很可能出现一些不必要的经济纠纷。所以，在转账过程中，必须注意以下问题。

- 结算时必须遵守国家法律、法规以及银行结算中的规定。
- 办理银行转账结算时，企业银行结算账户必须有足够的资金。
- 企业办理银行转账结算时，由于填写票据、丢失票据等造成的企业经济损失，由企业自行承担。
- 填写好相关票据后应及时到银行办理转账手续，避免遗失票据。
- 银行转账结算过程中银行给予的记账联，应妥善保存好，以备月底入账。

7.4.3 转账支票入账

企业在经营过程中，经常会收到已填好日期的转账支票。出纳人员在取得转账支票后，应及时去开户银行办理转账手续。其流程如下。

（1）在收到的转账正联正面“收款人”处填写本企业全称。以中国工商银行转账支票为例，其正面样式如图 7-2 所示。

（2）在支票背面“被背书人”处填写本企业开户行名称，在“背书人签章”一栏填写“委托收款”字样，并加盖本企业在开户行的预留印鉴，即财务专用章和人名章。以中国工商银行转账支票为例，其背面样式如图 7-3 所示。

（3）填写进账单，进账单一式三联，填写好进账单后连同支票一并送交开户银行办理转账。以中国工商银行转账支票为例，其进账单样式如图 7-4 所示。

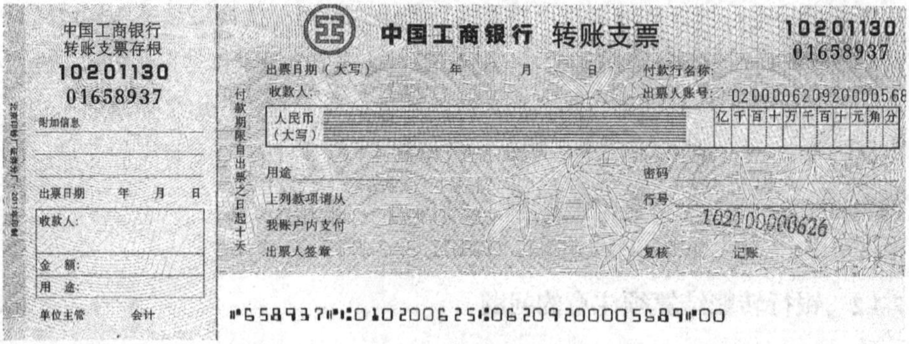

图 7-2 转账支票正面

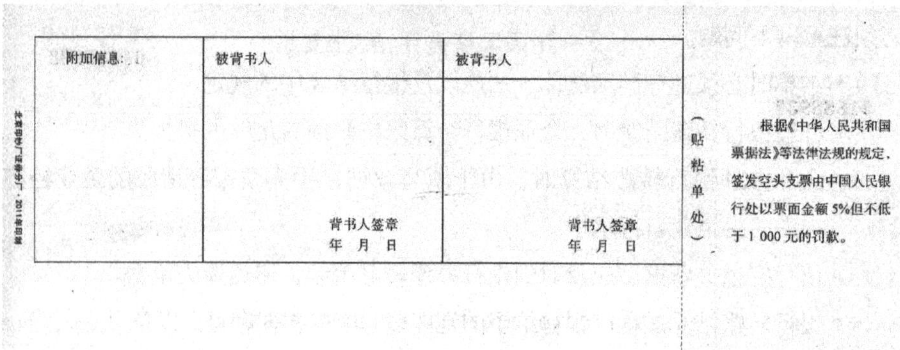

图 7-3 转账支票背面

中国工商银行 进账单（回单）

年 月 日

出票人	全 称		收款人	全 称	
	账 号			账 号	
	开户银行			开户银行	

金额	人民币（大写）	亿	千	百	十	万	千	百	十	元	角	分

票据种类		票据张数		
票据号码				
复核 记账				开户银行签章

图 7-4 进账单

> **注意**：进账单中，“出票人”为付款单位，“收款人”为本企业。

（4）开户行审核无误后，会返回企业一联进账通知单，并随后将款项划入本企业的银行结算账户内。

> **注意**：转账支票的提示付款期限为 10 天，不是 10 个工作日，所以，出纳人员在取得转账支票时，务必看清楚转账支票的开票时间，并及时办理转账。

7.4.4 转账支票与电汇

在办理转账汇款时，同样需要填写转账支票。其流程如下。

（1）在转账支票正联出票日期处填写大写的出票日期及转账日期。

（2）在正联“收款人”处填写收款单位名称。

（3）在正联填写汇款金额的大小写。

（4）在“密码”栏填写本张转账支票的密码。

（5）在“出票人签章”处加盖企业财务专用章以及人名章。

（6）填写支票存根联的相关信息并留存，以备月底做账时使用。

（7）转账支票背面不用填写任何信息。

（8）根据本企业开户信息及收款单位开户信息及收款单位开户行信息填写“电汇凭证”，即汇款单，中国工商银行的电汇凭证如图 7-5 所示。

（9）填写工商银行汇款手续费单据，即收费凭条，如图 7-6 所示。

填制收费凭条程序：填写汇款日期，企业名称以及开户账户；“服务项目”处填写“汇款”；“小计”以及“合计”处填写汇款手续费小写金额；“币种”（大写）处填写汇款手续费大写金额；“预留印鉴”处加盖企业财务章以及人名章。

（10）将填制好的转账支票、电汇凭证以及汇款手续费单据一并交给银行对公办事人员，办事人员审核后退给出纳人员汇款单第一联用以做账。

中国工商银行电汇凭证（回 单）

□普通　□加急　　委托日期　　年　月　日

汇款人	全　称		收款人	全　称	
	账　号			账　号	
	汇出地点	省　市/县		汇入地点	省　市/县
汇出行名称			汇入行名称		
金额	人民币（大写）				亿 千 百 十 万 千 百 十 元 角 分
			支付密码		
			附加信息及用途		
汇出行签章			复核：	记账：	

图 7-5　中国工商银行电汇凭证

（11）款项划转成功，通知收款单位。

ICBC 中国工商银行　　收费凭条

年　月　日

付款人名称			付款人账号		
服务项目（凭证种类）	数　量	工　本　费	手　续　费	小　计 百 十 万 千 百 十 元 角 分	上述款项请从我账户中支付。
合　计					预留印鉴：
币种（大写）					
以下在购买凭证时填写					
领购人姓名			领购人证件类型		
			领购人证件号码		

2010.01版　190×100（mm）　　记账联附件

记账：

图 7-6　收费凭条

工商银行对公客户转账汇款最新收费标准如下。

（1）同行同城：不收费。

（2）同行异地或跨行：1 万元（含）以下，5 元 / 笔；1 万 ~ 10 万元（含），10 元 / 笔；10 万 ~ 50 万元（含），15 元 / 笔；50 万 ~ 100 万元（含），20 元 / 笔；100 万元以上按 0.002% 收取，最高 200 元 / 笔。如需跨行实时到账，手续费上浮 20%，每笔最高收费不变。

7.5 银行转账结算程序

银行转账结算过程中，主要是通过不同票据的传递实现款项的划拨，达到付款方与收款方结算经济款项的目的。《支付结算办法》规定，企业可以选择使用的票据结算工具主要包括银行汇票、商业汇票、银行本票和支票等，可以选择使用的结算方式主要包括汇兑、托收承付和委托收款三种。下面就这几种结算方式的程序进行说明。

7.5.1 银行汇票结算程序

银行汇票是指汇款人将款项交存当地银行，由银行签发给汇款人，银行在见票时按照实际结算金额无条件支付给收款人或者持票人的票据。需要注意的是，银行汇票一律记名，付款期为 1 个月（不分大月、小月，一律按次月对日计算；到期如遇节假日顺延）。逾期的银行汇票，兑付银行不予受理，但汇款人可持银行汇票或解讫通知到出票银行办理退款手续。银行汇票适用于先收款后发货或钱货两清的商品交易，不受收款人是否在银行开立银行结算账户的限制，单位和个人均可使用。银行汇票可用于转账，但填明“现金”字样的也可用于支取现金。银行汇票结算程序如图 7-7 所示。

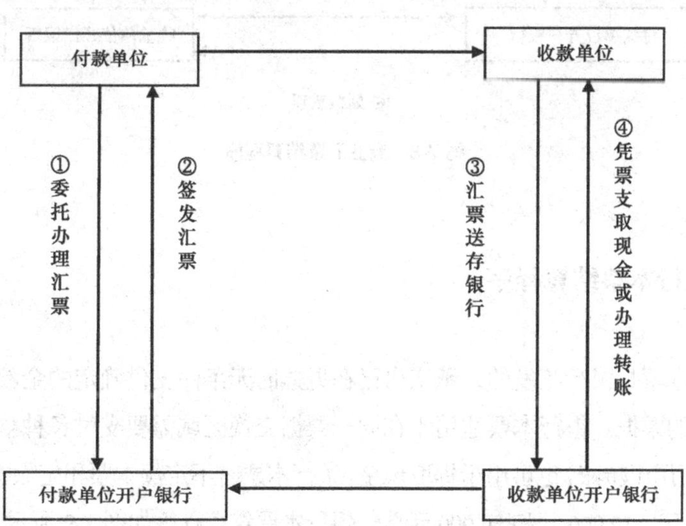

图 7-7 银行汇票结算程序

7.5.2 商业汇票结算程序

商业汇票是付款人或背书人签发，由承兑人承兑，并于到期日向收款人或被背书人支付款项的票据。商业汇票只适用于企业之间由于先发货后收款或双方协定延期付款的商品交易。商业汇票的付款期限由交易双方商定，但最长不超过 6 个月。商业汇票的提示付款期限自商业汇票到期日起 10 天内。商业汇票结算程序如图 7-8 所示。

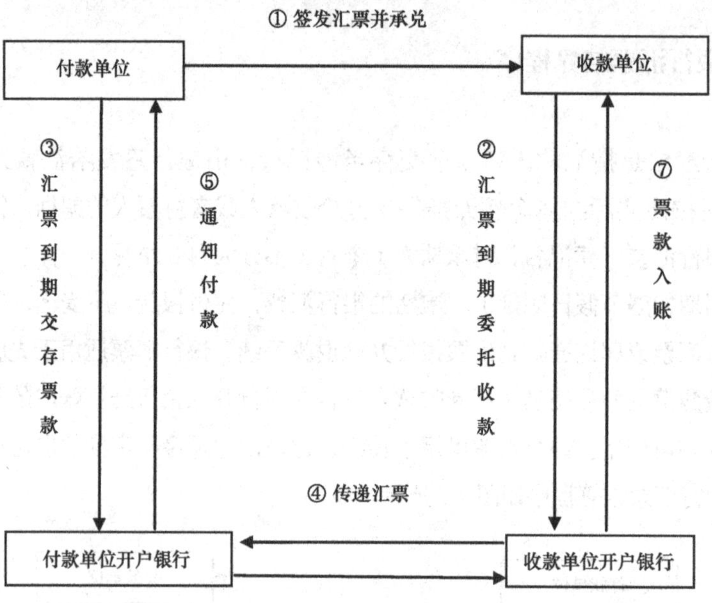

图 7-8 商业汇票结算程序

7.5.3 银行本票结算程序

银行本票是银行签发的，承诺自己在见票时无条件支付确定的金额给收款人或持票人的票据。银行本票适用于在同一票据交换区域需要支付各种款项的单位或个人，可用于转账，也可用于提取现金。银行本票有不定额本票和定额本票（1 000 元、5 000 元、10 000 元和 50 000 元）。银行本票结算程序如图 7-9 所示。

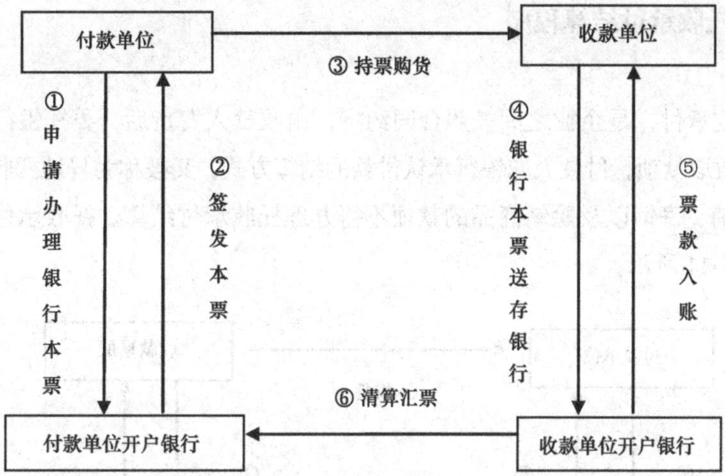

图 7-9 银行本票结算程序

7.5.4 支票结算程序

支票是出票人签发的，委托办理支票存款业务的银行在见票时无条件支付确定金额给收款人或持票人的票据。支票可分为现金支票和转账支票，两种支票的提示付款期限均为 10 天，超过提示付款期限提示付款的，持票人开户银行不予办理，付款人不予付款。支票结算程序如图 7-10 所示。

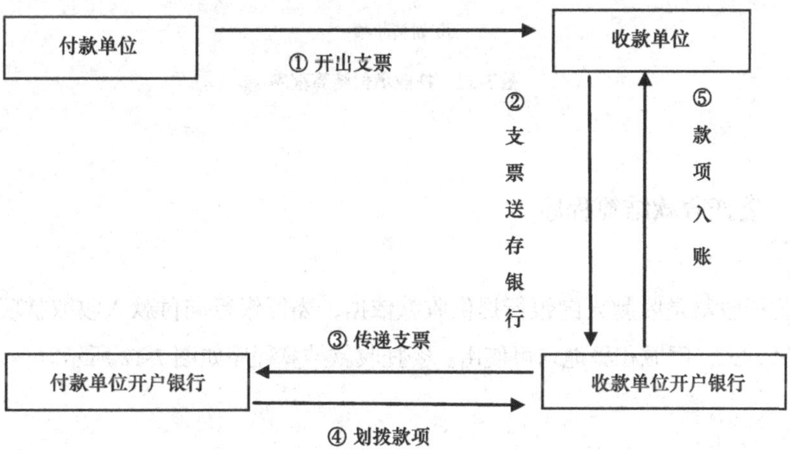

图 7-10 支票结算程序

7.5.5 托收承付结算程序

托收承付，是企业之间按照合同约定，由收款人发货后，委托银行向异地付款人收取款项，付款人向银行承认付款的结算方式，又被称为异地托收承付。企业代销、寄销以及赊销商品的款项不得办理托收承付结算。托收承付结算程序如图 7-11 所示。

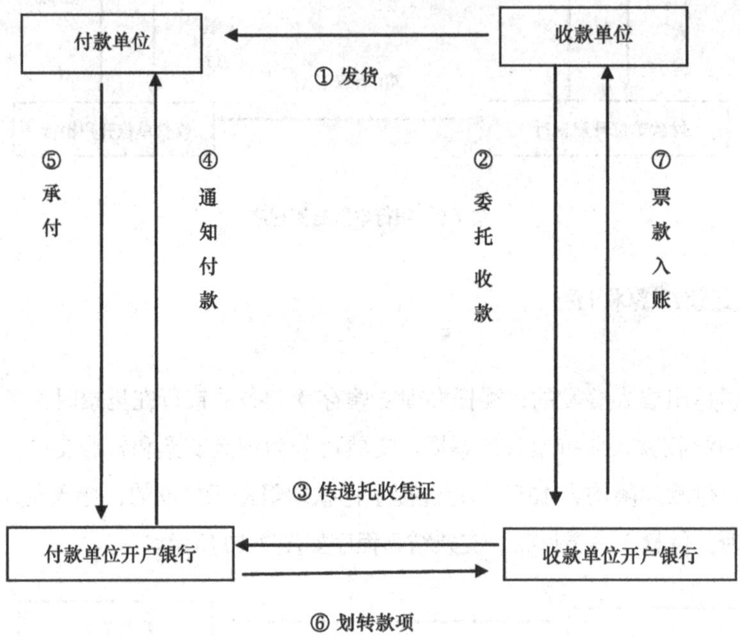

图 7-11 托收承付结算程序

7.5.6 委托收款结算程序

委托收款是收款人向银行提供收款依据，委托银行向付款人收取款项的一种结算方式，同城和异地均可使用。委托收款结算程序如图 7-12 所示。

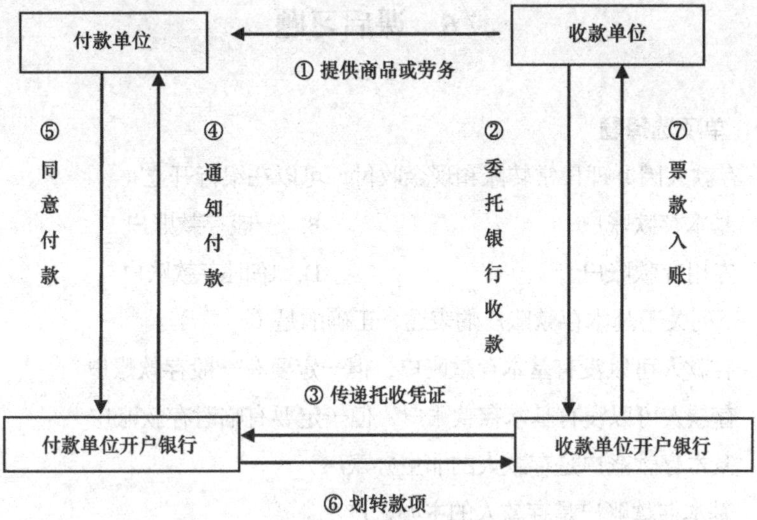

图 7-12　委托收款结算程序

7.5.7　汇兑结算程序

汇兑是付款单位委托银行将款项支付给收款单位的结算方式，即汇款。汇兑可分为信汇和电汇，企业日常结算中常用的是电汇。电汇有一般普通汇款和加急汇款两种，一般普通汇款如果是异地或者是同城跨行汇款，款项到账需 3~5 个工作日，加急汇款一般都是 2 小时到账。汇兑结算程序如图 7-13 所示。

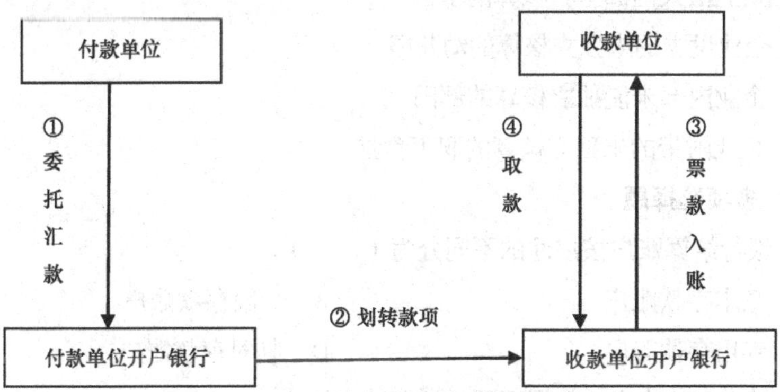

图 7-13　汇兑结算程序

7.6 课后习题

一、单项选择题

1. 存款人因办理日常转账和现金收付，可以在银行开立（　　）。

A. 基本存款账户　　B. 一般存款账户

C. 专用存款账户　　D. 临时存款账户

2. 下列关于基本存款账户的表述，正确的是（　　）。

A. 存款人可以没有基本存款账户，但一定要有一般存款账户

B. 存款人可以没有基本存款账户，但一定要有临时存款账户

C. 基本存款账户是存款人的非主办账户

D. 基本存款账户是存款人的主办账户

3. 一般存款账户不能办理的业务是（　　）。

A. 借款转存　　B. 借款归还　　C. 现金缴存　　D. 现金支取

4. 存款人对用于基本建设的资金，可以向其开户银行出具相应的证明并开立（　　）。

A. 临时存款账户　　B. 一般存款账户

C. 专用存款账户　　D. 基本存款账户

5. 根据《人民币银行结算账户管理办法》，企业应按照自身实际情况来办理银行结算账户的开立，下列可以开立基本存款账户的是（　　）。

A. 企业法人内部单独核算的单位

B. 企业设立的未独立核算的幼儿园

C. 企业内部未能独立核算的部门

D. 企业附带的未独立核算的职工食堂

二、多项选择题

1. 银行结算账户按用途的不同分为（　　）。

A. 基本存款账户　　B. 一般存款账户

C. 专用存款账户　　D. 临时存款账户

2. 基本存款账户的使用范围包括存款人的（　　）。

A. 日常经营活动的资金收付　　B. 工资的支取

C. 粮、棉、油收购资金　　D. 现金支取

3. 对于下列资金的使用与管理，存款人可以申请开立专用存款账户的有（　）。

A. 基本建设资金　　B. 流动资金借款

C. 财政预算外资金　　D. 粮、棉、油收购资金

4. 银行存款结算的基本原则有（　）。

A. 恪守信用，履约付款　　B. 谁的钱进谁的账，由谁支配

C. 银行不垫款　　D. 未经企业允许，银行自主划款

5. 下列关于银行汇票结算正确的有（　）。

A. 银行汇票一律记名　　B. 逾期的汇票，兑付银行不予受理

C. 适用于先收款后发货　　D. 银行汇票都适合转账

6. 下列关于托收承付描述正确的有（　）。

A. 收款人发货后，委托银行向异地付款人收取款项

B. 是一种用于异地托收承付的银行结算方式

C. 企业代销、寄销以及赊销商品的款项不得办理此业务

D. 收到通知后付款人不必向银行承付

【答案与解析】

一、单项选择题

1. A。基本存款账户是存款人因办理日常转账和现金收付而开立的账户。

2. D。基本存款账户是存款人办理日常转账结算和现金收付而开立的银行结算账户，是存款人的主要存款账户。一般存款账户是存款人因借款或其他结算需要而开立的银行结算账户。临时存款账户是存款人因临时需要并在规定期限内使用而开立的银行结算账户。

3. D。一般存款账户不能支取现金。

4. C。专用存款账户是存款人按照法律、行政法规的规定，对其特定用途资金进行专项管理和使用而开立的银行结算账户。

5. A。《人民币银行结算账户管理办法》规定，下列存款人可以申请开立

基本存款账户：企业法人；非法人企业；机关、事业单位；团级（含）以上军队、武警部队及分散执勤的支（分）队；社会团体；民办非企业组织；异地常设机构；外国驻华机构；个体工商户；居民委员会、村民委员会、社区委员会；单位设立的独立核算的附属机构；其他组织。

二、多项选择题

1. ABCD。银行结算账户按用途不同，分为基本存款账户、一般存款账户、专用存款账户、临时存款账户。

2. ABD。选项 C 是临时存款账户的使用范围。

3. ACD。

4. ABC。

5. ABC。银行汇票可以用于转账，填明“现金”字样的银行汇票仅用于支取现金。

6. ABC。购货方收到银行通知以后需要做出是否支付的答复。

第8章

工商、税务业务处理

企业的运营发展离不开工商与税务，作为出纳人员，免不了和工商、税务部门打交道。工商、税务业务种类繁多，程序复杂，涉及的制度和规定也比较多。这就需要出纳人员提前熟悉并掌握工商、税务业务的制度规定以及流程，这样在处理相关业务时，才能有效地节省时间，提高效率。

8.1 出纳对接的工商业务

对于一些企业，出纳人员不仅需要处理资金、票据、有价证券的收付、保管、核算工作，还要和工商部门进行业务上的对接。企业成立以及生产经营过程中相关信息的变更，如注册经营场所、实收资本、经营范围等变更，每年接受工商部门的年检，企业的重组甚至破产清算等，都需要同工商部门打交道。对于这些业务，出纳人员必须熟悉相关的业务规定和流程，这样才能让日常工作变得高效。

8.1.1 企业注册

成立企业的第一步就是进行注册，使企业有一个明确的身份，下面以注册有限责任公司为例，对注册的过程进行具体说明。

- 从工商局处领取“企业（字号）名称预先核准申请表”，填写企业准备好的名称，工商局审核通过后，则核发“企业（字号）名称预先核准通知书”。
- 确定办公室地址，自有或租用的均可。
- 在工商局网站下载“公司章程”样本，根据预备经营项目的实际情况进行修改，最后由各股东签名。
- 由正规刻章公司刻制法人代表人名章。
- 找一家会计师事务所，领取“银行征询函”的原件。
- 各股东带齐相关资料在公司办公地址附近的银行开立公司账户。所带资料包括公司章程、《企业（字号）名称预先核准通知书》、法人代表的人名章、股东身份证、用于验资的资金、《银行征询函》、股东各自应出的股份。

- 拿着银行出具的股东缴款单、盖章后的《银行询证函》，以及公司章程、《企业（字号）名称预先核准通知书》、房租合同、房产证复印件，到会计师事务所办理验资报告。
- 到工商局领取公司设立登记的各种表格，包括设立登记申请表、股东（发起人）名单、董事经理监事情况、法人代表登记表、指定代表或委托代理人登记表。填好后，连同《企业（字号）名称预先核准通知书》、公司章程、房租合同、房产证复印件、验资报告一起交给工商局。大概 3 个工作日后可领取营业执照。
- 领取执照后，15 日内到当地税务局申请领取税务登记证。

8.1.2 企业年报

随着社会经济的发展，企业的年检制度被企业年报制度代替，其反映了社会诚信要求的提高。为保障公平竞争，促进企业诚信自律，规范企业信息公示，强化企业信用约束，维护交易安全，提高政府监管效能，扩大社会监督制定，国务院于 2014 年 8 月 7 日发布了《企业信息公示暂行条例》（以下简称《条例》），并自 2014 年 10 月 1 日起施行。《条例》对企业信用信息公示系统的建设、行政管理部门的权责以及企业年报的政策要求进行了详细的规定。

1. 企业信用信息公示系统

《条例》最核心的内容就是确立了企业信息公示制度，建立企业信用信息公示系统，并以此来促进企业诚信自律，扩大社会监督，营造公平竞争的市场环境。这是推进政府简政放权、放管结合的重大举措，是建设服务型政府的内在要求，是现代商事登记管理制度的创新，将成为中国社会信用体系建设的里程碑。

企业信用信息公示系统的具体内容如图 8-1 所示。

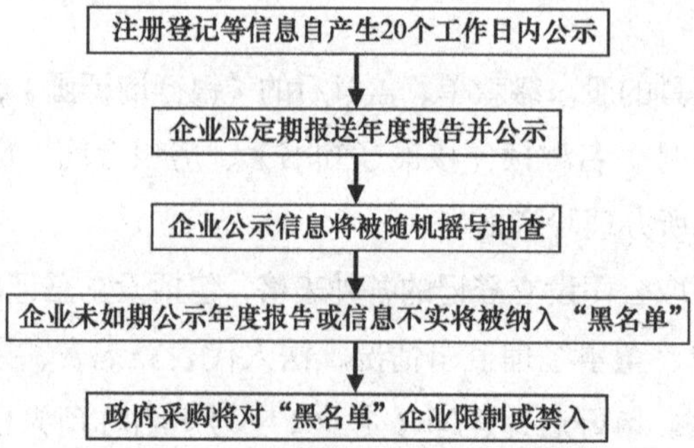

图 8-1　企业信用信息公示系统流程

基于企业信用信息公示系统流程，可以对企业的年报制度有比较系统的了解。企业信用信息公示系统包括政府部门公示企业信息、企业定期报送公示信息、企业不按照规定公示信息的行为规定以及政府部门监管责任。

2．注册登记等信息自产生 20 个工作日内公示

根据《条例》第六条规定，工商行政管理部门应当通过企业信用信息公示系统，公示其在履行职责过程中产生的企业信息。对这些企业信息，工商行政管理部门应当自产生之日起 20 个工作日内予以公示。信息包括：注册登记、备案信息，动产抵押登记信息，股权出质登记信息，行政处罚信息，其他依法应当公示的信息。

《条例》第七条规定，工商行政管理部门以外的其他政府部门应当公示其在履行职责过程中产生的下列信息：行政许可准予、变更、延续信息，行政处罚信息以及其他依法应当公示的信息。工商行政管理部门和其他政府部门应当按照国家社会信用信息平台建设的总体要求，实现企业信息的互联共享。

【例 8-1】中正国际股份有限公司 2018 年 4 月 1 日在公示其上年度营业利润时对巨额亏损隐瞒不报，被工商行政管理部门查实后，工商行政管理部门于 4 月 15 日在企业信用信息公示系统上对该公司进行了行政处罚的公示。对于工商行政管理部门的处罚并公示的做法，公司的管理者对此难以理解。

上述案例中工商行政管理部门的做法是否正确？请说明理由。

解答：工商行政管理部门的做法是正确的。根据相关规定，工商行政管理部门应当通过企业信用信息公示系统，公示其在履行职责过程中产生的企业信息，其中包括行政处罚信息。对这些企业信息，工商行政管理部门应当自产生之日起 20 个工作日内予以公示。工商行政管理部门的公示日期为 4 月 15 日，距离信息产生 15 日，恰好在 20 个工作日以内。

3．企业应定期报送年度报告并公示

《条例》第八条规定，企业应当于每年 1 月 1 日至 6 月 30 日，通过企业信用信息公示系统向工商行政管理部门报送上一年度年度报告，并向社会公示。当年设立登记的企业，应当自下一年起报送并公示年度报告。

《条例》第九条对企业年度报告的内容做了详细规定，主要包括以下内容。

- 企业通信地址、邮政编码、联系电话、电子邮箱等信息。
- 企业开业、歇业、清算等存续状态信息。
- 企业投资设立企业、购买股权信息。
- 有限责任公司股东股权转让等股权变更信息。
- 企业网站以及从事网络经营的网店的名称、网址等信息。
- 企业从业人数、资产总额、负债总额、对外提供保证担保、所有者权益合计、营业总收入、主营业务收入、利润总额、净利润、纳税总额信息。

《条例》第十条规定，企业应当自下列信息形成之日起 20 个工作日内通过企业信用信息公示系统向社会公示。

- 有限责任公司股东或者股份有限公司发起人认缴和实缴的出资额、出资时间、出资方式等信息。
- 有限责任公司股东股权转让等股权变更信息。
- 行政许可取得、变更、延续信息。
- 知识产权出质登记信息。
- 受到行政处罚的信息。
- 其他依法应当公示的信息。

不过，《条例》也明确，经企业同意，公民、法人或者其他组织可以查询企业选择不公示的信息。工商行政管理部门发现企业未依照前款规定履行公示义务的，应当责令其限期履行。

【例 8-2】中正国际股份有限公司由于疏忽，2018 年 8 月底才在企业信用信息公示系统进行上年度企业年度报告申报，被工商行政管理部门列入了经营异常名录。对于工商行政管理部门的处罚，公司管理层表示难以理解。

上述案例中工商行政管理部门的做法是否正确？请说明理由。

解答：工商行政管理部门的做法是正确的。《条例》第八条规定，企业应当于每年1月1日至6月30日，通过企业信用信息公示系统向工商行政管理部门报送上一年度年度报告，并向社会公示。《条例》第十七条规定，企业未按规定期限公示年度报告或者未按照工商行政管理部门责令的期限公示有关企业信息的，由县级以上工商行政管理部门列入经营异常名录，通过企业信用信息公示系统向社会公示。

4. 政府部门的监管责任

为保证企业信息的真实、准确，《条例》确立了一系列制度来规范国务院工商行政管理部门和省、自治区、直辖市人民政府工商行政管理部门的监管职责。主要包括以下几种制度。

（1）抽查制度。国务院工商行政管理部门和省、自治区、直辖市人民政府工商行政管理部门应当按照公平规范的要求，根据企业注册号等随机摇号，确定抽查的企业，组织对企业公示信息的情况进行检查。

（2）举报制度。公民、法人或者其他组织发现企业公示的信息虚假的，可以向工商行政管理部门举报，接到举报的工商行政管理部门应当自接到举报材料之日起20个工作日内进行核查，予以处理，并将处理情况书面告知举报人。

（3）追责制度。政府部门未依照《条例》规定履行职责的，由监察机关、上一级政府部门责令改正；情节严重的，对负有责任的主管人员和其他直接责任人员依法给予处分；构成犯罪的，依法追究刑事责任。

5. 企业违规的处置

针对未按规定期限公示年度报告或公示信息隐瞒弄虚作假等情形，《条例》规定，此类企业将由县级以上工商行政管理部门列入经营异常名录，并通过企业信用信息公示系统向社会公示。情节严重的，由有关主管部门依照有关法律、行政法规规定给予行政处罚；造成他人损失的，依法承担赔偿责任；构成犯罪的，依法追究刑事责任。

值得关注的是，满3年未按规定履行公示义务的，由国务院工商行政管理部门或者省、自治区、直辖市人民政府工商行政管理部门列入严重违法企业名单，并向社会公示。被列入严重违法企业名单的企业的法定代表人、负责人，3年内不得担任其他企业的法定代表人、负责人。

【例8-3】中正国际股份有限公司打算在2018年1月参加市政工程建设的招投标，但由于公司在过去的3年连续发生巨额亏损，为了粉饰企业的财务报表，企业进行年报时，虚报了利润额，被工商行政管理部门发现后，于 2017 年 4 月被列入了严重违法企业名单。中正国际股份有限公司参与竞标的决策是否合理？请说明理由。

解答：首先，根据《条例》中的相关规定，满 3 年未按规定履行公示义务的，由工商行政管理部门列入严重违法企业名单，并向社会公示。而中正国际股份有限公司连续 3 年虚报利润数额，已经被列入“黑名单”。且《条例》明确，县级以上地方人民政府及其有关部门应当建立健全信用约束机制，在政府采购、工程招投标、国有土地出让、授予荣誉称号等工作中，将企业信息作为重要考量因素，对被列入经营异常名录或者严重违法企业名单的企业依法予以限制或者禁入。

综合以上分析，中正国际股份有限公司不仅无法参与竞标，而且如果不更正违法行为还将受到工商行政管理部门的相关处罚。

8.1.3 企业的合并、分立、解散清算、破产清算

企业在经营过程中，其内部组织结构会因为经营的具体情况发生改变。企业经营有方，很可能进行组织结构的调整，通过并购、分立来实现生产规模或者经营范围的扩大；企业内部出现不可调和的矛盾或者经营不善时，为了将损失减到最小，可能进行解散清算或者申请破产。

1. 企业的合并

企业的合并，是指两个或两个以上的企业，按照订立的合并协议，不经过清算程序，直接结合为一个企业的法律行为。企业合并的表现形式有两种：吸收合并，即一个企业吸收其他企业后继续存在，被吸收的企业宣布解散；新设合并，即两个或两个以上的企业合并成立一个新企业，合并各方解散。

依照《中华人民共和国公司法》（以下简称《公司法》）第一百七十三条的规定，公司合并的程序如图 8-2 所示。

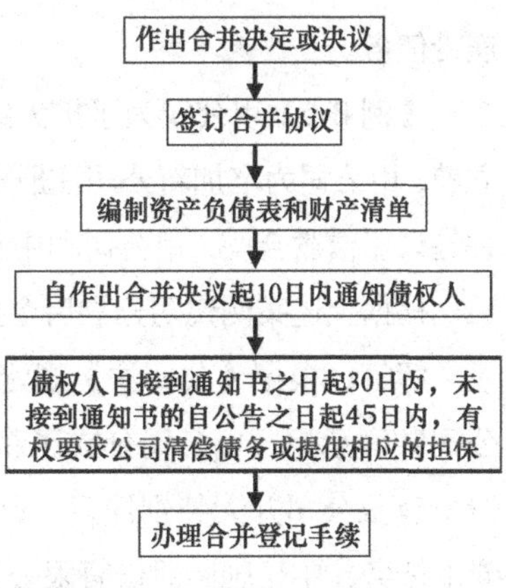

图 8-2 公司合并的程序

提示： 合并协议应当包括合并各方的名称、住所；合并后新公司的名称、住所；合并各方的资产状况、债权债务处理办法（应当由合并存续的公司或者新设的公司承继）。

公司合并，应当自作出合并决议之日起10日内通知债权人，并于30日内在报纸上公告。债权人自接到通知书之日起30日内，未接到通知书的自公告之日起45日内，有权要求公司清偿债务或者提供相应的担保。不清偿债务或者不提供相应担保的，公司不得合并。

【例8-4】中正国际股份有限公司与丙公司作出合并决议，合并后丙公司宣布解散，中正国际股份有限公司将继续存在，但是合并过程中，丙公司未通知其债权人，也未清偿其债务。

上述案例中丙公司的做法是否正确？请说明原因。

解答：上述案例中丙公司的做法是错误的。根据《公司法》中的相关规定，债权人收到公告合并的通知后，有权要求公司清偿债务或者提供相应的担保。不清偿债务或者不提供相应担保的，公司不得合并。所以，在丙公司清偿其前欠债权人的债务前，中正国际股份有限公司与丙公司不能合并。

2．企业的分立

企业的分立是指一个企业按照签订的分立协议，不经过清算程序，分为两个或两个以上公司的法律行为。根据《合同法》的规定，企业分立后，除债权人和债务人另有约定外，分立的企业对合同的权利和义务享有连带债权，承担连带债务。

【例8-5】甲公司为了扩大经营范围，从公司本部分立出去丁公司。但在分立前，甲公司为增加新公司注册资本，曾向中正国际股份有限公司借款200万元，并签订了借款合同，甲公司和中正国际股份有限公司就这笔借款并无其他约定。

根据上述案例说明分立后企业之间的债权债务关系。

解答：根据《公司法》规定，公司分立，分立前的债权债务应由分立后的公司共同承担。甲公司分立了新公司，但就200万元的借款和债权人中正国际股份有限公司并无特别约定，则新成立的丁公司与甲公司一起承担以上200万元的债务，中正国际股份有限公司为甲公司和丁公司共同的债权人。

3. 企业的解散清算

公司解散是指已成立的公司，因为某种合法合理的原因，如股东之间出现不可调和的矛盾以及分歧，导致股东利益受损，公司无法正常经营下去，而使公司不继续存在的一种法律行为。

清算是终结已解散公司的一切法律关系，处理公司剩余财产的程序。清算结束之后，解散后的企业就不再具有任何法律关系。

依照我国《公司法》的规定，公司除因合并或分立解散无须清算，以及因破产而解散的公司适用破产清算程序外，由于其他原因解散的公司，都应当按《公司法》的规定进行清算。公司解散清算的一般程序如图 8-3 所示。

【例 8-6】中正国际股份有限公司股东因年终分红不均产生了不可调和的矛盾，其中一位持有公司全部股东表决权百分之十以上的股东向法院提出请求，要求解散公司。

根据上述案例，说明其解散清算程序。

解答：解散请求被法院批准后，由股东成立清算组，登记企业剩余财产以及企业债权债务信息；以其剩余财产清偿所有债务；将清偿债务后的剩余财产进行分配（股东财产分配按章程约定，章程没有约定的按投资比例，不能确定投资比例的协商决定，协商不成的平均分配）；解散清算结束。

4. 企业的破产清算

《公司法》中的破产清算是指处理经济上破产时债务如何清偿的一种法律制度。即企业在生产经营过程中，资不抵债，作为债务人丧失偿还能力时，由法院强制执行其全部财产，公平偿还所有债权人的法律制度。

企业破产清算时，会涉及很多法律法规，也会涉及很多方面。如果不注意，一个小的问题可能就会影响破产清算的整个进程。破产清算程序的执行任务重、工作量大、程序烦琐，所以了解破产清算的整个流程是很有必要的。破产清算流程如图 8-4 所示。

【例 8-7】中正国际股份有限公司名下有一个子公司，因经营者经营不善、资不抵债，向法院提起破产申请。法院接到申请后立即作出以下裁定：宣告该公司厂破产还债，并公告该公司所有债权人自公告之日起两个月内申报债权，逾期者一律视为放弃债权。对于此公司的所有债权人，法院认为所有债权人都是一样的，应该平等对待，应该将此公司所有剩余财产平均分配给所有债权人。

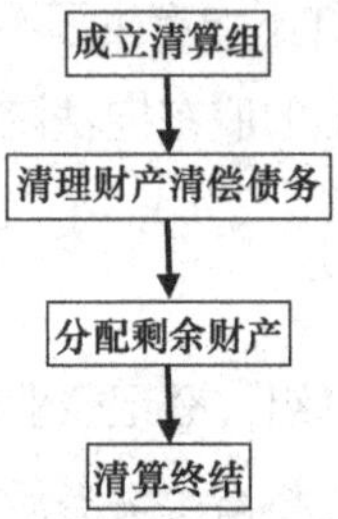

图 8-3 解散清算的一般程序

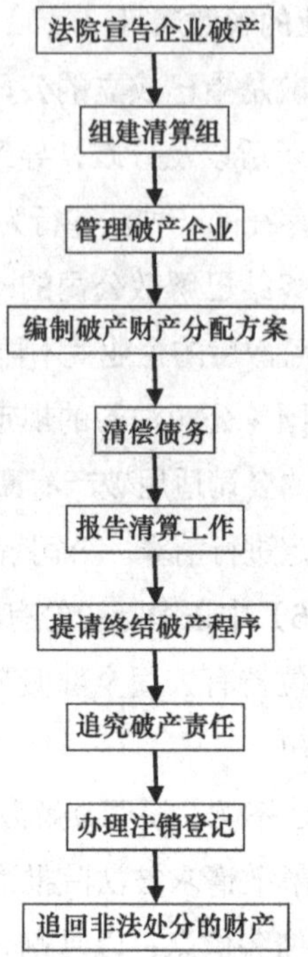

图 8-4 破产清算流程

上述案例中，有何处不符合规定？请解释原因。

解答：其一，法院接到申请便立即作出裁定是错误的。法院对于申请破产的企业应进行调查与核实，审核其资不抵债的情况是否真实。

其二，法院认为应该将此公司所有剩余财产平均分配给所有债权人是错误的。破产财产不足以清偿同一顺序的清偿要求的，按照比例分配。

8.1.4 企业注册资本的变更登记

企业在发展过程中，可能需要增加注册资本，简称增资。按照《中华人民共和国公司登记管理条例》的规定，公司变更实收资本的，应当提交依法设立的验资机构出具的验资证明。公司增加注册资本的，应当自股款缴足之日起 30 日内申请变更登记。

企业办理增资手续，需要提供下列文件。

- 公司法人代表及股东身份证原件。
- 公司营业执照正本原件。
- 公司税务登记证正本原件。
- 原公司章程。
- 原公司股东会决议。
- 原公司验资报告。
- 新公司章程。
- 新公司股东会决议。
- 公司近期资产负债表及利润表。
- 基本账户开户许可证原件。
- 公章、财务专用章、法人章、股东章、账号章。

提示：《公司变更登记申请书》《公司股东（发起人）出资情况表》《指定代表或者共同委托代理人授权委托书》可以通过“中国企业登记网”下载或者到各工商行政管理机关领取。以上各项未注明提交复印件的，应当提交原件。提交复印件的，应当注明“与原件一致”字样并由公司加盖公章，《指定代表或者共同委托代理人授权委托书》须委托人和被委托代理人本人签字。

8.2　出纳对接的税务业务

按照《税收征收管理法》的规定，纳税人履行纳税义务，及时足额缴纳各项税款，这是纳税人享有国家提供公共产品和公共服务的前提和基础。企业作为重要的纳税大户，相关的税务登记、纳税申报工作对企业本身和社会都有着重要的影响。出纳人员只有具备良好的税务业务知识，才能承担起应有的责任。

8.2.1 开业税务登记

新开立的企业在领取工商执照之后，必须及时办理开业税务登记，保证及时向国家主管税务机关提供反映企业具体经营情况的会计资料，实现税务在企业经营过程中的监督职能。

1. 办理开业登记的时间

- 已领取过工商执照的纳税人，应当自领取营业执照之日起 30 日内，主动依法向主管税务局申报办理登记。
- 按规定不需要领取营业执照的纳税人，应当自有关部门批准之日起 30 日内或者自发生纳税义务之日起 30 日内，主动依法向主管税务局申报办理税务登记。

2. 办理开业登记的地点

- 纳税的企事业单位向所在地主管税务机关申报办理税务登记；在外地有分公司的，分公司同时还应向其所在地主管税务机关申报办理税务登记。
- 有固定经营地点的个体工商户向经营地主管税务机关申报办理税务登记。无固定经营地点的个体工商户，向户籍所在地主管税务机关申报办理税务登记。
- 对未领取营业执照从事承包、租赁经营的纳税人，向经营地主管税务机关申报办理税务登记。

3. 办理开业登记的手续

办理开业登记时，纳税人除提出书面申请外，还应提供下列有关证件、资料。

- 营业执照。
- 企业章程。
- 银行开户许可证明。
- 法人代表的居民身份证或其他可证明身份的证件，如护照、户口簿等。
- 总公司所在地主管税务机关证明。
- 主管税务机关要求提供的其他有关证件、资料。

注意：提交的资料中，如需复印件的，必须在复印件上注明“与原件一致”字样，并加盖企业公章。

4．税务登记表

企业领取税务登记表后，应当按规定内容逐项如实填写，并加盖企业公章，经法人签字后，将税务登记表报送主管税务局。企业在外地设立的分公司，还应按照规定内容如实填报总公司名称、地址、法定代表人、经营范围、财务负责人等信息。

5．领取税务登记证

纳税人报送的税务登记表和提供的相关证件、资料，经主管税务局审核后，报有权国家税务机关批准予以登记的，应当按照规定的期限到主管税务局领取税务登记证正本及其副本，并按规定缴付工本管理费。

8.2.2 变更税务登记

企业变更名称、法定代表人、企业性质、经营场所、经营范围、开户银行及账号等内容的，纳税人应当自工商局办理变更登记之日起 30 日内，持有关证件向主管税务局提出变更登记书面申请报告。所带证件如下。

- 营业执照。
- 变更登记的有关证明文件。
- 原税务登记证（包括税务登记证及其副本、税务登记表等）。
- 其他有关证件。

办理变更登记时，应当向主管税务机关领取《变更税务登记表》，一式三份，逐项如实填写并加盖公章。于领取变更税务登记表之日起 10 日内报送主管税务机关，经审核后，主管税务机关批准予以变更的，应当按照规定的期限到主管税务机关领取填发的税务登记证等有关证件，并按规定缴付工本管理费。

【例 8-8】中正国际股份有限公司因经营需要变更了经营场所，变更后仍属原主管税务机关管辖，所以，在主管税务机关规定的时间内公司未及时办理税务登记变更。

上述案例中，中正国际股份有限公司的做法是否正确？请说明原因。

解答：根据相关规定，企业变更名称、法定代表人、企业性质、经营场所、经营范围、开户银行及账号等内容的，纳税人应当自工商局办理变更登记之日起 30 日内，持有关证件向主管税务局提出变更登记书面申请报告”。即使其仍属原主管税务机关，仍须及时办理税务登记变更。

8.2.3 注销税务登记

企业发生破产、解散、撤销以及其他依法应当终止履行纳税义务的情形，应当在向工商行政管理机关办理注销登记前，持相关证件到主管税务机关提出注销税务登记的申请报告；未办理工商登记的应当自有权机关批准或者宣布终止之日起 15 日内，持有关证件向主管税务机关提出注销税务登记的申请报告。

企业因变动经营场所而改变主管税务机关的，应当在改变经营场所之前，申报办理注销税务登记。同时企业应当在于新经营场所经营开始 15 日内，到新的主管税务机关重新办理税务登记，其程序和手续与开业登记办理相同。

企业办理注销登记之前，首先应当向主管税务机关缴清应纳税款、滞纳金、罚款，缴销原主管税务机关核发的税务登记证及其副本、未使用的发票、发票专用章以及税收缴款书和国家税务机关核发的其他证件。《税法》规定：对于已实行“三证合一，一照一码” 登记模式的企业办理注销登记，须先向国、地税任何一方主管税务机关申报清税，填写《清税申报表》。清税完毕后由受理税务机关根据国、地税清税结果向纳税人统一出具《清税证明》。

企业办理注销税务登记时，应当向主管税务机关领取注销税务登记表，一式三份，并逐项如实填写，加盖企业印章后，于领取注销税务登记表之日起 10 日内报送主管税务机关，经其核准后，报主管税务机关批准予以注销。

【例 8-9】中正国际股份有限公司变更经营场所后，所属主管税务机关同时也相应变更。公司在新经营场所经营后，出纳人员到新经营场所所属的税务机关办理税务登记，因未在原主管税务机关办理注销登记被新税务机关予以拒绝。

上述案例中，中正国际股份有限公司的做法有何不妥？请说明原因。

解答：根据相关规定，企业在新经营场所进行税务登记之前，应先在原主管税务机关办理注销税务登记，同时缴清应缴纳款项。注销完成之后，才可以到新经营场所主管税务机关进行税务登记。

8.2.4 纳税申报

出纳人员在工作中，可能会做一些外勤工作，就是到税务机关报税、交税等，所以，了解纳税申报的一些基本知识，能让出纳人员少走很多弯路，减少出错的概率。

1. 纳税申报的期限

为了及时向企业主管税务机关反映企业的经营情况，企业应在税务机关规定的期限内，到税务机关进行纳税申报。对于常见的几种税种，税务机关规定其纳税申报期限如下。

- 增值税、消费税纳税人以 1 个月或者 1 个季度为 1 个纳税期的，自期满之日起 15 日内申报纳税；以其他日期为 1 个纳税期的，自期满之日起 5 日内预缴税款，于次月 1 日起 15 日内申报纳税并结清上月应纳税款。
- 城市维护建设税以及教育附加费应在增值税、消费税纳税申报的同时进行申报。
- 企业所得税纳税人应当自年度终了之日起 5 个月内，向税务机关报送年度企业所得税纳税申报表，并进行汇算清缴，结清应缴应退税款。
- 企业所得税汇算清缴一般在次年的 1 ~ 5 月。
- 其他税种，税法已明确规定纳税申报期限的，按税法规定期限申报；税法未明确规定纳税申报期限的，按主管税务机关根据具体情况确定的期限申报。
- 企业办理纳税申报的期限最后一日，如遇公休、节假日的可以顺延。
- 纳税人因不可抗力而不能及时办理纳税申报的，可以延期办理。但在不可抗力消除之后，应立即向其主管税务机关申报纳税。
- 延期申报管理：纳税人因有特殊情况，不能按期进行纳税申报的，经县以上税务机关核准，可以延期申报。经核准延期办理纳税申报的，应当在纳税期内按照上期实际缴纳的税额或者税务机关核定的税额预缴税款，并在核准的延期内办理纳税结算。

【例 8-10】中正国际股份有限公司为增值税一般纳税人，其经营范围在2018年初进行了变更，在以前经营范围的基础上增加了“技术服务、技术咨询”，在纳税申报时，都需要交什么税种？

解答：作为增值税一般纳税人，其主要申报的税种包括增值税、城市维护建设税、教育附加费、地方教育附加、企业所得税、个人所得税、印花税、土地使用税、房产税、车船税。“营改增”规定技术服务、技术咨询属于现代服务应税行为，应缴纳增值税。

【例 8-11】中正国际股份有限公司的出纳人员 2018 年 2 月由于生病住院，一直到 3 月下旬才出院，在这期间公司错过了纳税申报时间，出纳人员认为这属于不可抗力造成的，可延期申报纳税，所以未到税务机关进行任何说明，准备下月一起做纳税申报。

上述案例中，出纳人员的做法是否正确？请解释原因。

解答：出纳人员的做法是错误的。由于不可抗力而不能及时办理纳税申报的，纳税申报时间可延期，但是出纳人员的生病，是可克服的因素，而不是不可抗力，因此不可延期；同时出纳人员出院后也未就此情况向税务机关进行出任何说明。针对这种情况，主管税务机关有权根据相关规定对中正国际股份有限公司作出一定惩罚。

2．纳税申报的地点

由于企业经营的具体情况各不相同，在经营过程中可能会有一些不确定因素发生，此时，应根据企业自身情况以及经营等的实际情况，在规定期限内，到税务机关指定的地点进行纳税申报。

- 已在税务机关登记的企业，应在其主管税务机关进行税申报。
- 未在税务机关办理登记手续的企业，应到其所属地主管税务机关进行纳税申报。
- 在外地取得销售收入的企业，应在当地向主管税务机关进行纳税申报，未在当地向主管税务机关进行纳税申报的，应在企业税务登记机关进行纳税申报并补缴税款。
- 境外企业或者个人在境内产生应纳税额的劳务，如无经营机构的，应由其劳务购买者代为扣缴。

【例 8-12】中正国际股份有限公司的销售人员在外地销售一笔产品取得货款 58 000 元，其未在销售地进行纳税申报。请问这笔销售额应在何处进行纳税申报?

解答：根据相关规定，在外地取得销售收入的企业，应在当地向主管税务机关进行纳税申报，未在当地向主管税务机关进行纳税申报的，应在企业税务登记机关进行纳税申报并补缴税款。中正国际股份有限公司这笔销售款项既然未在当地进行纳税申报，那么就应当在其主管税务机关补缴税款。

【例 8-13】中正国际股份有限公司请国外一位维修人员来公司维修设备，并付给维修人员 30 000 元的劳务费，请问这笔劳务费应在何处进行纳税申报?

解答：根据相关规定，境外企业或者个人在境内产生应纳税额的劳务，如无经营机构的，应由其劳务购买者代为扣缴。所以，在中正国际股份有限公司出纳人员给维修人员支付劳务费时，应当按照境内劳务费适用税率代为扣除税款，并向公司主管税务机关进行申报，缴纳税款。

3．纳税申报方式

企业进行纳税申报时，可根据自身实际情况选择不同的方式，纳税申报方式主要有以下几种。

- 直接上门申报。企业在纳税申报期限内到主管税务机关办理纳税申报、代扣代缴、代收代缴税款或委托代征税款报告。
- 邮寄数据申报。企业到主管税务机关办理纳税申报有困难的，经主管税务机关批准，可以采取邮寄申报，以邮出地的邮戳日期为实际申报日期。
- 电子数据申报。企业可通过网络、电话等方式直接进行纳税申报，这种方式减少了很多直接到税务大厅申报时排队的不便。

随着会计电算化的不断深入发展，电子数据申报也成为企业纳税申报的主流方式。但须注意的是，不管哪种申报方式，都要通过主管税务机关的审核批准。

4．纳税申报的手续

企业应当到主管税务机关购领纳税申报表或者代扣代缴、代收代缴税款报告表、委托代征税款报告表，逐项如实填写表内容，并加盖企业公章。

企业办理纳税申报时，应根据不同情况提供下列有关资料和证件。

- 资产负债表和损益表及其说明材料。
- 增值税专用发票领、用、存月报表，增值税销项税额和进项税额明细表。
- 增值税纳税人先征税后返还申请表。
- 与纳税有关的经济合同、协议书、联营企业利润转移单。
- 外出经营活动税收管理证明。
- 主管税务机关规定应当报送的其他证件、资料。

8.2.5 税费的核算

- 增值税。

提示：应纳税额的计算方式（1）一般纳税人：当期应纳税额＝当期销项税额－当期进项税额＝当期销售额 × 税率－当期进项税额；（2）小规模纳税人：当期应纳税额＝当期销售额（不含增值税）× 征收率。一般纳税人销售或者提供、发生适用简易计税方法计税的应税行为（不得抵扣进项税额，一经选择简易计税方法36个月内不得变更）可以选择简易计税方法计税，即当期应纳税额＝当期销售额（不含增值税）× 征收率。

增值税税率表（仅列举了主要的税率以及应税行为）如表8-1所示。

表8-1 增值税税率表

序号	应税行业	2019年
一、销售货物、加工、修理修配劳务：13%		13%
1.	销售或进口货物（除适用9%的货物外）	13%
2.	提供加工、修理、修配劳务	13%
3.	提供有形动产租赁服务	13%
二、销售或进口货物中的低税率：9%		9%
1.	粮食、食用植物油	9%
2.	自来水、暖气、冷气、热水、煤气、石油液化气、天然气、沼气、居民用煤炭制品	9%
3.	图书、报纸、杂志	9%
4.	饲料、化肥、农药、农机、农膜、农业产品	9%
5.	国务院规定的其他货物	9%

续表

序号	应税行业	2019 年
1	小规模纳税人：征收率 3%	3%
2	销售货物、加工、修理修配劳务：13%	13%
3	销售或进口货物中的低税率：9%	9%
4	出口货物：0 税率	0 税率
5	交通运输服务	9%
6	邮政服务	9%
7	建筑服务	9%
8	销售不动产	9%
9	销售无形资产：6%（转让土地使用权 9%）	9% 6%
10	电信服务：6%（基础电信服务 9%）	9% 6%
11	金融服务：6%	6%
12	生活服务：6%	6%
13	现代服务：6%（有形动产租赁服务 13%、不动产租赁服务 9%）	6%

- 消费税。

提示： 税率类型：（1）比例税率；（2）定额税率：啤酒、黄酒、成品油。（3）复合税率：卷烟、白酒。

计税方式如下。从价计征：应纳税额 = 应税消费品的销售额 × 适用税率；从量计征（啤酒、黄酒、成品油适用）：应纳税额 = 应税消费品的销售数量 × 单位税额；复合计征（卷烟、白酒适用）：应纳税额 = 应税消费品的销售额 × 适用税率 + 应税消费品的销售数量 × 单位税额。

- 城市维护建设税。

提示： 应纳税额 =（实纳增值税 + 实纳消费税）× 适用税率

城市维护建设税基本情况如表 8-2 所示。

表 8-2 城市维护建设税基本情况

特点：（1）税款专款专用；（2）属于一种附加税（无特定的课税对象）；（3）根据城镇规模设计税率
纳税人：缴纳增值税和消费税的单位和个人 代缴人：增值税和消费税的代扣代缴、代收代缴义务人同时也是城市维护建设税代扣代缴、代收代缴义务人

续表

税率	纳税人所在地在市区的，税率为7%；纳税人所在地不在市区的，税率为5%。 【注意】 （1）由受托方代扣代缴纳增值税和消费税的单位和个人，其代扣代缴、代收代缴的城市维护建设税按受托方所在地适用税率 （2）流动经营等无固定纳税地点的单位和个人，在经营地缴纳增值税和消费税的，其城市维护建设税按经营地适用税率

- 教育费附加。

教育费附加的基本情况如表8-3所示。

表8-3　教育费附加基本情况

1．应纳教育费附加或地方教育附加＝实际缴纳的增值税和消费税 × 征收率
2．教育费附加征收率为3%，地方教育附加征收率为2%
3．其他相关规定同城市维护建设税

- 个人所得税。

提示：应纳税额 = 应纳税所得额 × 适用税率 − 速算扣除数

个人所得税税率表（工资、薪金所得适用）如表8-4所示。

表8-4　个人所得税税率表

级数	全年应纳税所得额	税率	速算扣除数
1	不超过36 000元的部分	3%	0
2	超过36 000元至144 000元的部分	10%	2 520
3	超过144 000元至300 000元的部分	20%	16 920
4	超过300 000元至420 000元的部分	25%	31 920
5	超过420 000元至660 000元的部分	30%	52 920
6	超过660 000元至960 000元的部分	35%	85 920
7	超过960 000元的部分	45%	181 920

以上税种均为月报，即每月企业都要到主管税务机关申报纳税。

- 企业所得税。

应纳税额 = 应纳税所得额 × 税率；（所得税为季报）

提示：应纳税所得额 = 会计利润 + 纳税调整增加额 − 纳税调整减少额

自 2019 年 1 月 1 日至 2021 年 12 月 31 日，对小型微利企业年应纳税所得额不超过 100 万元的部分，减按 25% 计入应纳税所得额，按 20% 的税率缴纳企业所得税；对年应纳税所得额超过 100 万元但不超过 300 万元的部分，减按 50% 计入应纳税所得额，按 20% 的税率缴纳企业所得税。小型微利企业是指从事国家非限制和禁止行业并符合下列条件的企业：工业企业，年度应纳税所得额不超过 50 万元，从业人数不超过 100 人，资产总额不超过 3 000 万元；其他企业，年度应纳税所得额不超过 50 万元，从业人数不超过 80 人，资产总额不超过 1 000 万元。

- 印花税。

在中华人民共和国境内订立、领受《中华人民共和国印花税暂行条例》所列举凭证的单位和个人，都是印花税的纳税义务人，应当按照规定缴纳印花税。

> **提示：**应纳税额的计算方式有两种：（1）适用比例税率的应税凭证：应纳税额＝计税金额 × 比例税率；（2）适用定额税率的应税凭证：应纳税额＝凭证件数 × 固定税额。

印花税税率表如表 8-5 所示。

表 8-5 印花税税率表

序号	税 目	税率或税额
1	购销合同	0.3‰
2	加工承揽合同	0.5‰
3	建设工程勘察设计合同	0.5‰
4	建筑安装工程承包合同	0.3‰
5	财产租赁合同	1‰
6	货物运输合同	0.5‰
7	仓储保管合同	1‰
8	借款合同	0.05‰
9	财产保险合同	1‰
10	技术合同	0.3‰
11	产权转移书据	0.5‰
12	营业账簿、权利许可证照	每本 5 元

• 城镇土地使用税。

应纳税额 = 应税土地的实际占用面积 × 适用单位税额。适用单位税额根据城市不同而有所差别。

① 大城市 1.5 元至 30 元。

② 中等城市 1.2 元至 24 元。

③ 小城市 0.9 元至 18 元。

④ 县城、建制镇、工矿区 0.6 元至 12 元。

• 车船税。

车船税采用定额税率，具体有两种情况。

①车辆税额，由各地根据当地具体情况确定本地车辆的适用税额。

② 船舶税额，实行全国统一的分类分级税额。

1．增值税的核算

【例 8-14】中正国际股份有限公司 2019 年 6 月 6 日出售一批产品，开具的发票上注明产品价款 200 000 元，增值税 26 000 元，货款已存入银行。据此编制会计分录。

解答：编制会计分录如下。

借：银行存款　　226 000

　　贷：主营业务收入　　200 000

　　　　应交税费——应交增值税（销项税额）　　26 000

【例 8-15】中正国际股份有限公司 2019 年 6 月 13 日销售一批产品收入 500 万元（不含税），同时还从购货方收取包装费 10 万元、运输装卸费 20 万元、包装物押金 20 万元、包装物租金 20 万元，所有款项已存入银行。已知中正国际股份有限公司按 17% 税率计算其销项税额。

根据上述案例，计算其销项税额，并编制相关会计分录。

解答：销售额 =500+（10+20）÷（1+13%）+20÷（1+9%）≈544.9（万元）。

增值税 =[500+（10+20）÷（1+13%）] × 13%+20÷（1+9%）× 9%=70.1（万元）。

编制会计分录如下。

借：银行存款　　6 150 000

　　贷：主营业务收入　　5 000 000

　　　　其他业务收入　　449 000

其他应付款——存入保证金 200 000

应交税费——应交增值税（销项税额） 701 000

【例 8-16】接【例 8-15】，若购货方逾期未退回租用的包装物，则其押金转为中正国际股份有限公司的其他业务收入，同样按 13% 计算销项税额，假设包装物的成本为 8 万元。据此编制会计分录。

解答：销项税额 =20÷（1+13%）×13%≈2.3（万元）。

编制会计分录如下。

借：其他应付款——存入保证金 200 000

贷：其他业务改入 177 000

应交税费——应交增值税（销项税额） 23 000

借：其他业务成本 80 000

贷：周转材料——包装物 80 000

【例 8-17】中正国际股份有限公司 2019 年 6 月 21 日购买原材料价款为 120 000 元，税金 15 600 元；同时支付委托加工物资的劳务支出 50 000 元，税金 6 500 元，款项均已由银行支付。据此编制会计分录。

解答：编制会计分录如下。

购买原材料时：

借：材料采购 120 000

应交税费——应交增值税（进项税额） 15 600

贷：银行存款 140 400

支付劳务支出时：

借：委托加工物资 50 000

应交税费——应交增值税（进项税额） 6 500

贷：银行存款 56 500

【例 8-18】根据【例 8-14】【例 8-15】【例 8-17】计算中正国际股份有限公司 3 月应纳增值税税额。

解答：应纳增值税税额 = 销项税额 − 进项税额 =26 000+701 000+15 600−6 500=704 900（元）

2. 消费税的核算

【例 8-19】中正国际股份有限公司 2018 年 3 月销售汽车应纳消费税为

58 000 元。据此编制相关会计分录。

解答：计提消费税时，会计分录如下。

借：税金及附加　　　　　　　　　　　　　　58 000

　　贷：应交税费——应交消费税　　　　　　　　　58 000

交纳消费税时，会计分录如下。

借：应交税费——应交消费税　　　　　　　　58 000

　　贷：银行存款　　　　　　　　　　　　　　　58 000

3. 城市维护建设税及教育费附加的核算

【例 8-20】根据中正国际股份有限公司 3 月发生的经济业务，计算其城市维护建设税及教育费附加并编制相关会计分录。

解答：城市维护建设税 =（应纳增值税 + 消费税）× 7%；

教育费附加 =（应纳增值税 + 消费税）× 3%

（918 500+58 000）× 7%=68 335（万元）。

（918 500+58 000）× 3%=29 295（万元）。

计提税金时，会计分录如下。

借：税金及附加　　　　　　　　　　　　　　97 630

　　贷：应交税费——应交城市维护建设税　　　　　68 335

　　　　　　　——应交教育费附加　　　　　　　　29 295

交纳税款时，会计分录如下。

借：应交税费——应交城市维护建设税　　　　68 335

　　　　　　——应交教育费附加　　　　　　　29 295

　　贷：银行存款　　　　　　　　　　　　　　　97 630

4. 个人所得税的核算

【例 8-21】中正国际股份有限公司 3 月代扣代缴个人所得税 8 320 元。据此编制相关会计分录。

解答：企业在扣款时，编制会计分录如下。

借：应付职工薪酬　　　　　　　　　　　　　8 320

　　贷：应交税费——应交个人所得税　　　　　　　8 320

交纳税款时，会计分录如下。

借：应交税费——应交个人所得税　　　　　　8 320

贷：银行存款　　　　　　　　　　　　　　　　　　　　8 320

5. 企业所得税的核算

【例 8-22】中正国际股份有限公司 3 月底计提企业所得税共计 3 000 元。据此编制相关会计分录。

解答：企业在计提所得税时，会计分录如下。

借：所得税费用　　　　　　　　　　　　　　　　3 000

　　贷：应交税费——应交企业所得税　　　　　　　　3 000

4 月初企业缴纳企业所得税时，会计分录如下。

借：应交税费——应交企业所得税　　　　　　　　3 000

　　贷：银行存款　　　　　　　　　　　　　　　　　3 000

【例 8-23】中正国际股份有限公司 2018 年主营业务收入 1 520 万元，主营业务成本 840 万元，税金及附加 324.5 万元，销售费用及管理费用 186 万元，财务费用 0.89 万元，投资净收益 159 万元，营业外收入 193 万元，营业外支出 114.8 万元。假设该公司适用 25% 的企业所得税税率，计算其 2018 年企业所得税税额。

解答：企业所得税 = 利润总额 × 税率

其中：利润总额 = 营业利润 + 营业外收支净额

营业利润 = 营业收入 − 营业成本 − 税金及附加 − 销售费用 − 管理费用 − 财务费用 + 投资净收益 + 公允价值变动损益 − 资产减值损失

企业所得税 =（1 520−840−324.5−186−0.89+159+193−114.8）×25%=101.4525（万元）。

【例 8-24】接【例 8-23】，中正国际股份有限公司 2019 年 3 月做上年度汇算清缴，其中 2018 年预缴企业所得税 69.5 万元，计算其汇算清缴时应交企业所得税税额，并编制相关会计分录。

解答：101.4525−69.5=31.9525（万元）

确认应补交的企业所得税时，会计分录如下。

借：以前年度损益调整　　　　　　　　　　　　319 525

　　贷：应交税费——应交企业所得税　　　　　　　319 525

结转以前年度损益调整时，会计分录如下。

借：利润分配——未分配利润　　　　　　　　　319 525

贷：以前年度损益调整 319 525

缴纳企业所得税时，会计分录如下。

借：应交税费——应交企业所得税 319 525

贷：银行存款 319 525

6. 印花税的核算

【例 8-25】中正国际股份有限公司 2018 年 3 月 18 日与甲公司签订技术服务合同一份，合同金额为 15 万元，印花税率为 0.3‰。计算其应纳印花税税额并编制相关会计分录。

解答：印花税 =150 000 × 0.3‰ =45（元）。

编制会计分录如下。

借：税金及附加 45

贷：库存现金 45

7. 应纳城镇土地使用税的核算

【例 8-26】中正国际股份有限公司应税土地的实际占用面积为 600 平方米，其适用单位税额为 25 元，计算其应纳城镇土地使用税。税额并编制相关会计分录。

解答：城镇土地使用税 =600 × 25=15 000（元）

计提城镇土地使用税时，会计分录如下。

借：税金及附加 15 000

贷：应交税费——应交城镇土地使用税 15 000

交纳城镇土地使用税时，会计分录如下。

借：应交税费——应交城镇土地使用税 15 000

贷：银行存款 15 000

8. 房产税的核算

【例 8-27】中正国际股份有限公司的经营场所为自有房产，原值为 1 800 万元，其规定的减除比例为 30%，计算其应纳房产税税额并编制相关会计分录。

解答：1 800 ×（1-30%）× 1.2%=15.12（万元）。

计提房产税时，会计分录如下。

借：税金及附加 151 200

贷：应交税费——应交房产税 151 200

缴纳房产税时，会计分录如下。

借：应交税费——应交房产税　　151 200
　　贷：银行存款　　151 200

9．车船税的核算

【例 8-28】中正国际股份有限公司自有车辆分别为载货汽车 2 辆，共计 60 个吨位，每吨位车船税年税额为 96 元；大型客车 2 辆，每辆年基准税额为 600 元；小型客车 5 辆，每辆年基准税额为 480 元。计算其年缴纳车船税税额并编制相关会计分录。

解答：60×96+2×600+5×480=9 360（元）。

计提车船税时，会计分录如下。

借：税金及附加　　9 360
　　贷：应交税费——应交车船税　　9 360

缴纳车船税时，会计分录如下。

借：应交税费——应交车船税　　9 360
　　贷：银行存款　　9 360

8.2.6 税款征收方式

税务机关根据企业经营的规模、企业财务制度的建立情况以及财务资料的完备程度，来确定企业所适用的税款征收方式。税款征收方式大致分为以下几种。

- 自核自缴。这种方式主要突出企业的纳税自觉性，适用于财务制度相对健全，且能按时自觉缴纳税金的大中型企事业单位。自核自缴税款流程如图 8-5 所示。

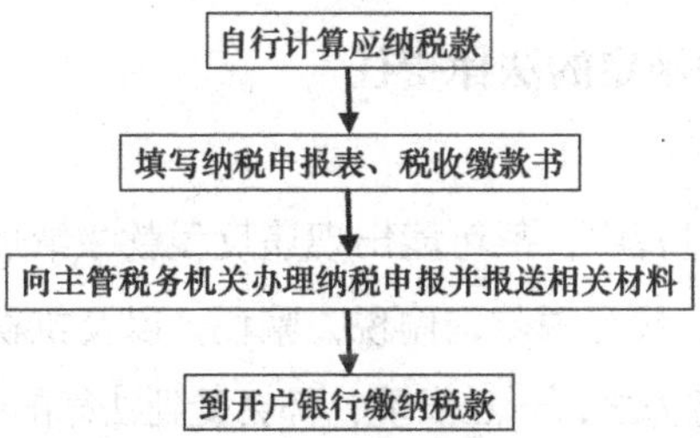

图 8-5　自核自缴税款流程

- 申报核实缴纳。这种方式适用于生产经营正常、财务制度基本健全、财务资料完整的企业。申报核实缴纳税款流程如图 8-6 所示。

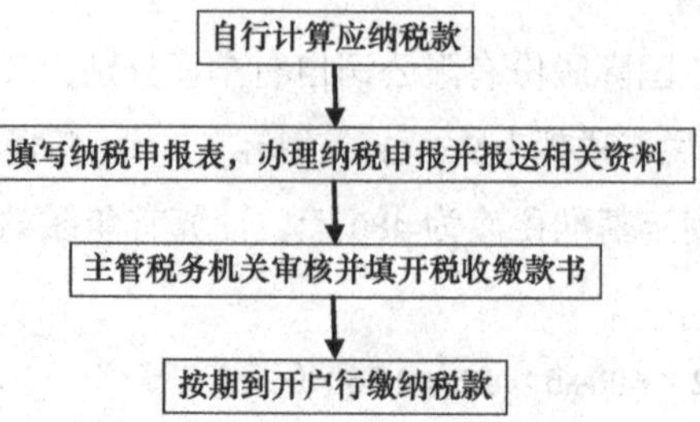

图 8-6　申报核实缴纳税款流程

- 申报查定缴纳。这种方式适用于财务制度不健全、财务资料不完备的企业。申报查定缴纳税款流程如图 8-7 所示。

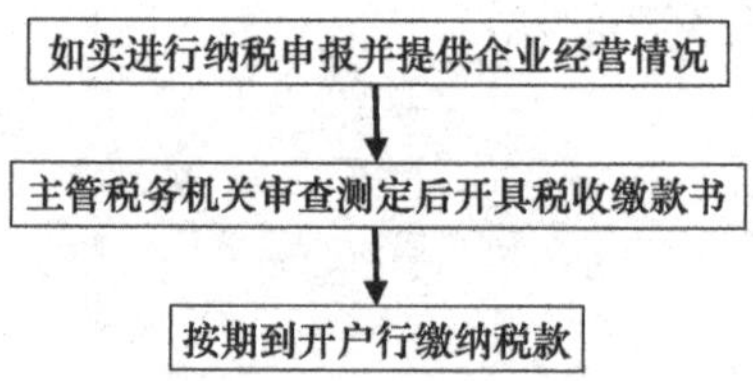

图 8-7　申报查定缴纳税款流程

- 定额申报缴纳。这种方式主要是针对个体工商户。由于个体工商户生产经营规模较小，不能提供准确的纳税资料，所以由其主管税务机关根据其所在地、经营面积、经营状况等核定出一个定额的应纳税款额度。

8.2.7　违反税款缴纳规定的法律责任

企业在生产经营过程中，很可能出现违反税款缴纳规定的情况，其中包括欠税，未按规定扣缴、代征税款，偷税，骗税，以及抗税等行为。以上情况无论企业是无意还是有意为之，一旦出现，都会受到法律的制裁。

1．欠税

企业在纳税期内很可能因为疏忽而忘记申报纳税，或者在缴税过程中少缴纳税款，以及在欠缴税款期间转移以及藏匿其财产，使主管税务机关无法追缴其所欠税款。主管税务机关应按相关规定对相关企业进行处罚。

2．未按规定扣缴、代征税款

扣缴义务人以及代征人未按规定扣缴或者代征税款的，必须按规定及时缴纳相应税款。但是纳税人拒绝代扣、代收以及纳税人拒绝缴纳或者代征人因故不能代征税款的情况下，扣缴义务人以及代征人不必为此担负责任。

3．偷税

偷税是比较常见的违反税款缴纳规定的行为。企业为了尽可能少地缴纳企业所得税，会多做生产成本或少做收入，如买发票做账、做账外账等；也有个人为了少缴纳个人所得税，对于部分应税所得用发票顶替。对于以上情况，税务机关一旦发现，除追缴应缴纳税款外，还会根据相关规定，对相关企业和个人处以一定的罚款。

4．骗税

骗税是指企事业单位或者其他社会机构以及个人对所生产或者经营的商品采取假报出口等欺骗手段，骗取国家出口退税款的行为。税务机关对于以上骗税行为，除追缴应缴纳税款外，还会根据相关规定，对相关企业和个人处以一定的罚款。

5．抗税

抗税是指以暴力、威胁方法拒不缴纳税款的行为。抗税情节轻微，未构成犯罪的，由国家税务机关追缴其拒缴的税款，根据相关规定，处以一定的罚款；构成犯罪的，由司法机关依法追究刑事责任。

【例 8-29】中正国际股份有限公司会计人员在 2018 年 10 月已计提城镇土地使用税，但是因为疏忽，忘记申报，其应纳税额是 15 000 元。2018 年年底出纳人员已在主管税务机关规定的限期内缴纳了所欠税款，税务机关除追缴公司未缴应纳税款外，还对其处以欠缴税款 0.5 倍的罚款，即 8 500 元。

上述案例中税务机关的做法是否正确？请说明原因。

解答：税务机关的做法不正确。中正国际股份有限公司的上述行为构成了欠税行为，但根据相关规定，纳税人、扣缴义务人在规定的期限不缴或者少缴应纳或应解缴的税款，主管国家税务机关应当责令其限期缴纳，逾期仍未缴纳的，国家税务机关除按照相关规定采取强制执行措施追缴其不缴或者少缴的税款外，并处以不缴或者少缴税款五倍以下的罚款。中正国际股份有限公司在限期内已经缴清所欠税款，未逾期，所以不应被罚款。

【例 8-30】中正国际股份有限公司某员工，上调工资后年收入已超过 12 万元，但其一直未向税务机关申报个人所得税，后被税务机关发现其年应缴纳个人所得税为 18 100 元。该员工实际年缴纳个人所得税额为 14 220 元，偷税额为 2 880 元，税务机关对其处以偷税额 0.5 倍的罚款。

上述案例中，主管税务机关的做法是否合理?

解答：主管税务机关的做法是合理的。根据相关规定，偷税数额不满 1 万元或者偷税数额占应纳税额不到 10% 的，由税务机关追缴其偷税款，处以偷税数额 50% 以上 5 倍以下的罚款。所以，税务机关对该员工做出偷税额 50% 的罚款是合理的。

【例 8-31】中正国际股份有限公司总经理为了使企业少缴纳企业所得税，授意出纳人员每月在给员工做工资表时，多报员工工资，平时买一些“真”发票入账，并要求出纳人员在原有基本银行存款账户之外，另外找一个银行再开立一个账户，但不能在税务机关登记。

上述案例中，企业总经理的授意是否违法？请做出具体说明。

解答：中正国际股份有限公司总经理的授意共有 3 处违法。

- 要求出纳人员多做员工工资，是虚假纳税申报行为，属于偷税。
- 要求出纳人员平时买发票入账，是假借不存在的费用或者成本达到偷税的目的。
- 要求出纳人员另开立银行存款账户但不在税务机关登记，以隐藏其大量收入，同样也是偷税行为。

根据相关规定，以上 3 种偷税行为均违反了《税收征收管理法》。针对此种情况，其主管税务机关一般在责令其补缴偷税额的同时，还根据其偷税额度进行一定的行政处罚，偷税额度较高的还要依法追究其刑事责任。

8.3 课后习题

一、单项选择题

1. 企业办理增资手续，需要向工商行政管理部门提供（　　）。

A. 变更登记申请书　　B. 董事会决议书

C. 内部审计部门出具的验资报告　　D. 修改之前的公司章程

2. （　　）后，需要纳税人向主管税务机关提出税务变更登记。

A. 公司更换了中层管理人员　　B. 公司科研项目取得重大进展

C. 公司名称变更　　D. 公司内控制度变更

3. 纳税人因特殊情况，不能按期进行纳税申报，经（　　）核准，可以延期申报。

A. 省部级税务主管部门　　B. 地区税务机关

C. 县级以上税务机关　　D. 工商管理部门

二、多项选择题

1. 税款的征收方式有（　　）。

A. 自核自缴　　B. 申报核实缴纳

C. 申报查定缴纳　　D. 不定额申报纳税

2. 企业合并的表现形式有（　　）。

A. 吸收合并　　B. 协议合并　　C. 投资合并　　D. 新设合并

3. 纳税申报的方式有（　　）。

A. 直接上门申报　　B. 邮寄数据申报

C. 电子数据申报　　D. 电话申报

4. 税法缴纳中违法的情形主要有（　　）。

A. 欠税　　B. 偷税　　C. 抗税　　D. 骗税

【答案与解析】

一、单项选择题

1. D。企业办理增资手续，需要向工商行政管理部门提供下列文件：公司法人代表及股东身份证原件；公司营业执照正本原件；公司税务登记证正本原件；原公司章程；原公司股东会决议；原公司验资报告；新公司章程；新公司股东会决议；公司近期资产负债表及利润表；基本账户开户许可证原件；公章、财务专用章、法人章、股东章、账号章。

2. C。企业变更名称、法定代表人、企业性质、经营场所、经营范围、开户银行及账号等内容的，纳税人应当自工商行政管理部门办理变更登记之日起30日内，持有关证件向主管税务机关提出变更登记书面申请报告。

3. C。纳税人因有特殊情况，不能按期进行纳税申报的，经县级以上税务机关核准，可以延期申报。经核准延期办理纳税申报的，应当在纳税期内按照上期实际缴纳的税额或者税务机关核定的税额预缴税款，并在核准的延期内办理纳税结算。

二、多项选择题

1. ABC。税款的征收方式主要有自核自缴、申报核实缴纳、申报查定缴纳、定额申报缴纳。

2. AD。企业合并的表现形式有吸收合并和新设合并。

3. ABC。

4. ABCD。

第9章

社会保险、工资业务处理

企业为职工缴纳社会保险具有强制性，《中华人民共和国劳动法》第七十二条规定：社会保险基金按照保险类型确定资金来源，逐步实行社会统筹。用人单位和劳动者必须依法参加社会保险，缴纳社会保险费。因此，企业应该统筹规划，按照员工的实际工资缴纳社会保险。出纳人员作为具体执行者，必须具备良好的社会保险业务素质，需要对社会保险业务流程以及相关法规熟稔于心。这样，才能在处理业务的时候，为自己节省时间和精力，同时有效提高整个部门甚至整个企业的办事效率。

9.1 出纳对接的社会保险业务

随着社会保险业务信息化建设的深入开展，企业的社会保险业务变得日益便捷，同时出纳人员所扮演的角色也越来越重要。归根结底，信息化建设只是为企业提供强有力的支撑工具，真正让企业社会保险工作条理化、高效化的关键，在于业务人员。出纳对接的社会保险业务内容繁多、程序复杂，需要出纳人员下大功夫深入学习。以下均以北京市社会保险业务为例介绍相关内容。

9.1.1 企业新参保业务

企业需要在成立之日起 30 日内到社会保险机构办理社会保险开户。首先，企业需要与所在开户银行签订《委托收款付款授权书》，这样就不用每个月亲自前往社会保险机构缴纳相关款项。每月月初，银行会为企业自动代缴企业应缴纳的社会保险费。出纳人员可以在每月 10 日左右，到开户银行回单柜取回银行代扣社会保险费凭单，用于月底做账。

企业办理新参保业务时，应向社会保险机构提供以下资料。

- 与开户银行签订的《委托收款付款授权书》。
- 企业法人营业执照或其他可证明企业营业的证明。
- 银行《开户许可证》。

以上所有资料均需原件及复印件各一份，原件用来审核，复印件由社会保险机构留存，其中复印件均使用 A4 纸，并加盖企业公章。

9.1.2 “增员”业务

企业为员工办理“五险”参保手续，即办理“增员”。社会保险账户是一个独立的账户，增加员工的操作必须在账户中进行，所以出纳人员需要将员工的个人信息增加到社会保险系统以及企业社会保险系统内，程序如下。

登录社会保险机构网站，单击“单位用户登录”按钮，然后选择“证书用户”或者“普通用户”，输入登记编码和登录口令等信息后进入系统。

具体办理增员手续如下。

根据新参保人员的个人信息，填写《个人信息登记表》，最后由新参保人员本人签字。

1．录入人员基本信息（新增人员）

《个人信息登记表》填写完成后，根据表格所反映的信息，在软件中录入新增人员的相关信息。详细流程如下。

（1）依次选择“申报业务管理”“新参保人员登记申报”，输入身份证号码后，单击“确定”按钮，如图 9-1 所示。

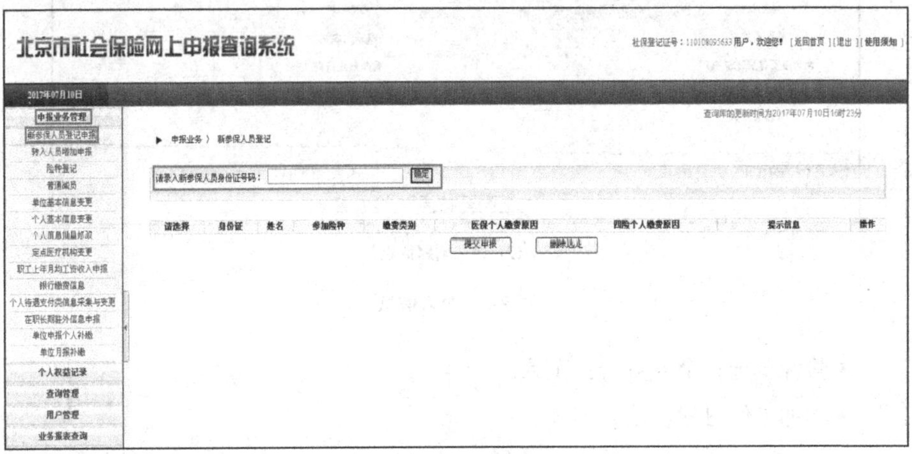

图 9-1　录入身份证信息

（2）填写如图 9-2 所示的个人基本信息（页面信息较多，需要认真填写）。

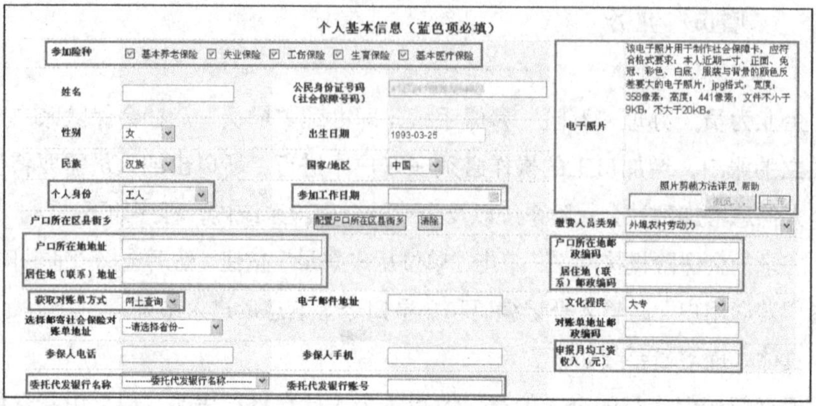

（1）个人基本信息

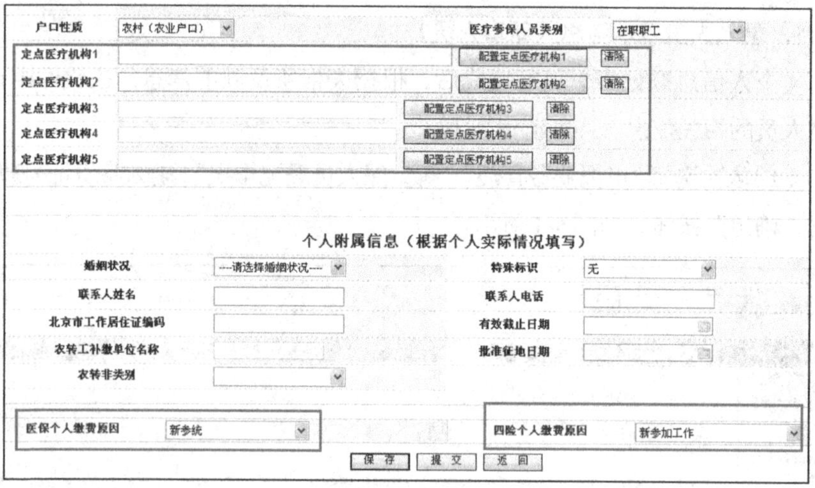

（2）个人附属信息

图 9-2　个人信息

- 险种全选；个人身份：工人。
- 参加工作日期：填表当天。
- 户口所在地地址、居住地（联系）地址：与身份证信息一致。
- 获取对账单方式：网上查询。
- 委托代发银行名称：任意一张银行卡即可。
- 申报月均工资收入：可与公司其他员工一致，在社会保险系统中可查。
- 定点医疗机构：可任选北京市医院。

- 医保个人缴费原因：新参统。
- 四险个人缴费原因：新参加工作。

全部信息填写完成后，单击“提交”按钮。

录入个人信息时应注意以下问题。

- 相关信息填写依据为本人填写的《个人信息登记表》。
- “个人身份”指标必须录入，选择“工人”或者“干部”。
- 输入缴费工资以及身份证号码时，务必使用半角状态下的输入法。
- 新参保的员工，其缴费工资以签订合同的第一个月的工资为基数。
- 个人填写医疗定点医院时，应遵循就近原则，填写的四家医院中，必须有一家基层医疗机构，如社区卫生服务中心等。
- 北京市由于 2009 年 11 月实行“五险合一”政策，在选择参加险种时，四险和医疗保险必须同时选择，不可只选择四险或只选择医疗保险。
- 对于在北京市参保人员，有北京市户口或持有北京市工作居住证的人员可参加生育保险，其他人员一律不能参加北京市生育保险。

2. 录入人员基本信息（转入“增员”）

如果是已经参保的人员转到本企业，则“增员”流程如下。

（1）依次选择“申报业务管理”“转入人员增加申报”，然后单击“普通增员”按钮，如图 9-3 所示。

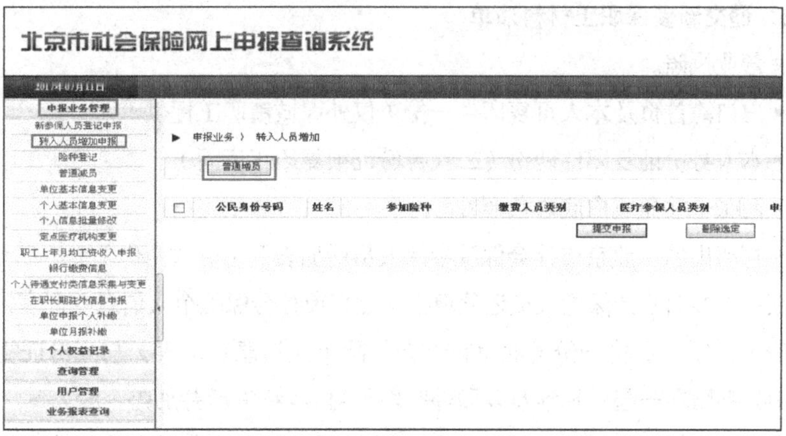

图 9-3 转入增员操作

（2）在如图 9-4 所示的窗口中填写相关信息。增员原因：转入；根据具体情况选择“缴费人员类别”；“申报月工资收入”在系统中可查；险种全选；单击“提交”按钮。

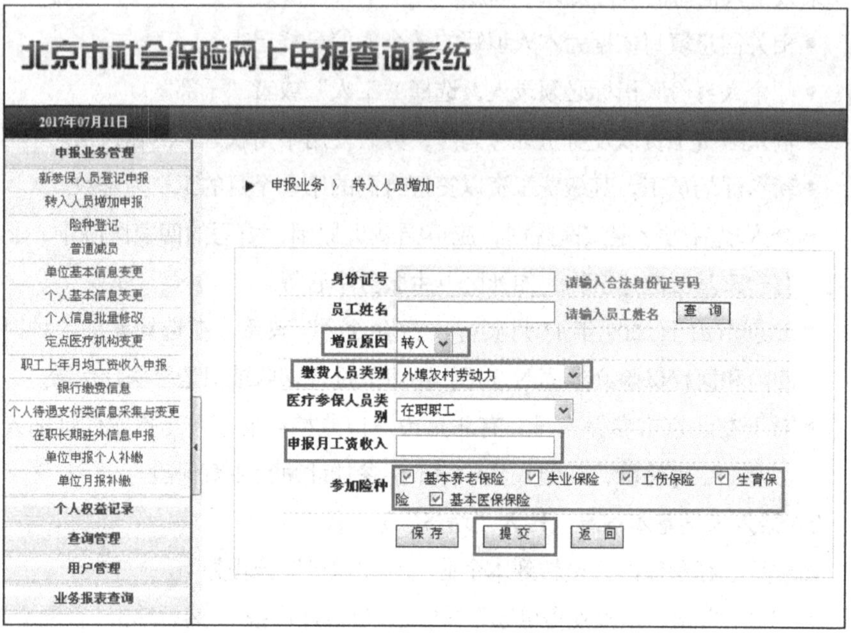

图 9-4　转入增员申报信息

3. 递交新参保职工材料清单

- 营业执照。
- 户口簿首页及本人页复印件一份（仅外埠城镇职工提供）。
- 本人身份证复印件两份（二代身份证须复印正反面）。
- 两张一寸免冠白底彩色照片。
- 打印出的《北京市社会保险参保人员增加表》（一式两份）。

注：未参加社会保险人员还须填报《北京市社会保险个人信息登记表》（一式两份）；须分别将一份《北京市社会保险个人信息登记表》与身份证复印件正面朝外粘贴在一起；凡涉及复印件时均须用 A4 纸复印并加盖企业公章。

集齐以上材料，即可每月 5 ~ 25 日之间提交给社会保险办事机构。经审核批准后，新参保人员即可成功增加。

单位经办人员在办理完成员工参保手续两个月后的 25 日至月底，持营业执照、单位介绍信、领取人身份证原件前往指定领取地点领取新参保人员医保存折；曾经参保又发生过调转单位的员工仍使用原医保存折；单位经办人员在办理完成员工参保手续 3 个月后，可到当地社会保险局或指定网点领取企业参保人员的社会保障卡。

9.1.3 “减员”业务

根据《中华人民共和国社会保险法》的规定，企业必须为员工缴纳社会保险，但同时，同一个人只能缴纳一份社会保险。由于员工离职，原企业必须为离职员工办理社会保险人员减少后，新企业才可以为该员工再办理社会保险增加，继续为员工缴纳社会保险。办理社会保险人员减少，即“减员”，其操作流程如下。

（1）依次选择“申报业务管理”“普通减员”，然后单击“零星减员”按钮，如图 9-5 所示。

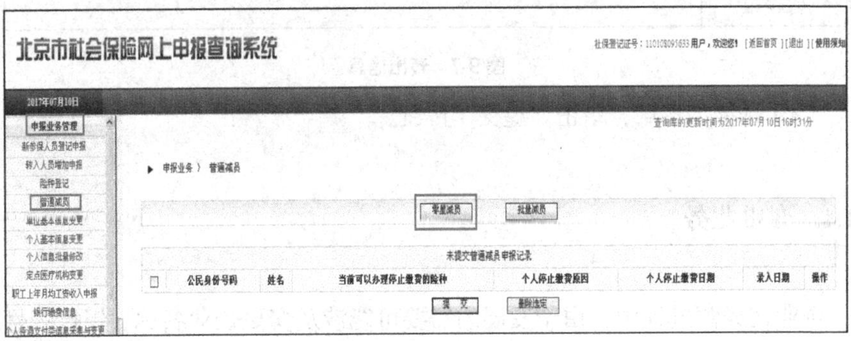

图 9-5 “减员”操作

（2）在如图 9-6 所示的窗口中填写相关信息。

（3）单击“查询”按钮，打开如图 9-7 所示的窗口，在其中填写以下信息。

- 个人停止缴费原因：转出。
- 缴费截至月份：选择确定的日期。
- 险种：全选。

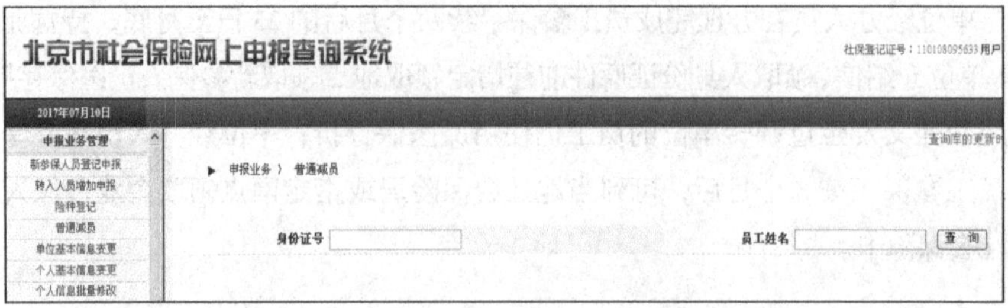

图 9-6 人员信息

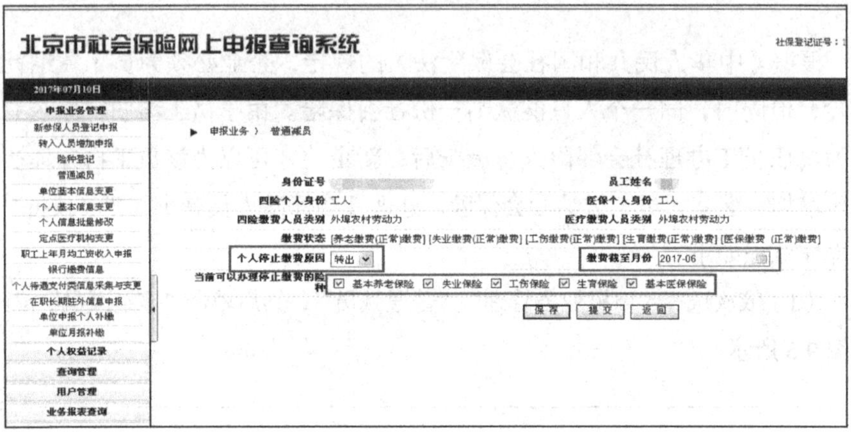

图 9-7 转出信息

（4）选择完毕后，单击“提交”按钮。

9.1.4 变更业务

企业在经营过程中，由于发展的需要可能涉及变更企业名称、银行账号或其他项目。在企业相关项目变更完成后，须到社会保险机构进行相应企业登记资料的变更。

1. 企业名称变更须提供的材料

- 变更企业名称的申请。
- 企业变更后的营业执照副本以及工商局出具的名称变更通知的复印件。
- 变更后的开户许可证原件和复印件；
- 与银行重新签订的《委托收款付款授权书》复印件。

2．企业开户银行变更须提供的材料

企业开户银行发生变更的，须向社会保险机构提供营业执照原件、与银行重新签订的《委托收款付款授权书》复印件；变更后的开户许可证原件和复印件。

3．企业其他项目变更须提供的材料

企业变更其他项目时，须向社会保险机构提供企业营业执照副本复印件。

> **提示：**以上提供的资料中，涉及复印件时均须用 A4 纸复印并加盖企业公章。

除提供以上资料外，企业还须填写《北京市社会保险单位信息变更登记表》（一式两份），并加盖企业公章。集齐以上资料，企业即可向社会保险机构提交，等待审核批准。

9.1.5 员工社会保险费缴费基数核定

社会保险费的缴费基数，是指企业或者职工个人用于计算缴纳社会保险费的工资基数，用此基数乘以规定的费率，就是企业或者个人应该缴纳的社会保险费的金额。各地的社会保险缴费基数与当地的平均工资数据挂钩。由于人们生活水平的不断提高，社会平均工资水平也水涨船高。社会保险费缴费基数与社会平均工资水平成正比关系，所以，北京市每年 3 月底到 4 月底之间都要对社会保险费缴费基数进行核定，以保障员工的利益。

社会保险费是按照员工工资的一定比例缴纳，员工工资又随着企业发展逐步增加。所以，企业为员工缴纳社会保险费的缴费工资基数也应随着员工工资的增加而提高。

按规定，缴费工资基数应为员工实际工资总额，包括基本工资、津贴、奖金、加班加点工资、各种补贴等。新参加工作的员工，则其社会保险费缴费基数为参加工作第一个月的工资额；其他员工社会保险费缴费工资基数应该是上一年度月平均工资。“四险”缴费工资基数最低不能低于北京市月社会平均工资的 40%，医疗保险缴费工资基数最低不能低于北京市月社会平均工资的 60%；“五险”缴费工资基数最高不超过北京市月社会平均工资的 300%。

如某缴费年度北京市月社会平均工资为4 037元，对于在职职工，则“五险”缴费工资基数上限为12 111元，“四险”缴费下限为1 615元，医疗保险缴费下限为2 422元。月收入低于1 615元的，按1 615元计算；高于12 111元的，按12 111元计算；月收入在1 615元至12 111元区间的，缴费基数按本人上一年度实际月平均工资计算。

【例9-1】中正国际股份有限公司的出纳人员在核算员工工资时，对于职工生活困难补助、防暑降温费、住房公积金、补充医疗保险这几项不知该如何处理。请帮助其进行简要分析。

解答：根据相关规章制度，以上几项均不应计入工资总额，在计算缴费基数时应予剔除。

【例9-2】中正国际股份有限公司员工张仁上年度月平均工资为1 800元，赵乐上年度月平均工资为1 450元，王兰上年度月平均工资为3 500元，企业在为他们三人缴纳“五险”时，缴费工资基数分别为多少？

解答：（1）收入在1615元至12111元区间的，缴费基数按本人上一年度实际月平均工资计算。医疗、生育下限为2422元，故张仁的医疗、生育缴费基数为2422元。

（2）五险的缴费基数上限为12 111元，四险的下限为1 615元，医疗的下限为2 422元，赵乐上年平均工资为1 450元，小于下限1 615元。故其养老、失业、工伤缴费基数为1 615元，医疗、生育缴费基数为2 422元

（3）12 111>3 500>2 422>1 615，故王兰五险的缴费基数均为3 500元。

9.1.6 员工社会保险费补缴

企业员工的社会保险缴纳发生中断是实际工作中可能遇到的情况，如员工工作变动、新单位社会保险办理不及时等。这种情况下，企业可以为员工办理社会保险费补缴，将中断未缴纳的费用补齐。由于中断缴费的时间不同，在办理社会保险费补缴时就分为当年补缴和跨年补缴两种情况。

当年补缴即只补缴当时所在年度未缴纳的社会保险费用，其相关流程及提供资料如下。

- 填写《社会保险费补缴申请表》（申请表中说明补缴原因，申请补缴期间是否有医疗费用发生，本人、经办人及单位负责人签字）。
- 该人员申请补缴期间的劳动合同原件及复印件两份。

- 申请补缴期间的原始工资表复印件两份。
- 《基本医疗保险基金补缴情况表》一式两份。
- 《北京市社会保险费补缴明细表》一式两份。
- 《北京市社会保险费补缴汇总表》一式三份。

跨年补缴即除补缴当年未缴社会保险费外，还补缴以前年度未缴纳费用。办理跨年补缴除要提供当年补缴需要的资料外，还须提供以下资料。

- 补缴期间原始工资凭证原件及复印件两份，须同时加盖企业公章和财务专用章。
- 户口本原件、复印件两份。
- 营业执照副本原件及复印件一份。

复印件均用 A4 纸，以上所有资料均加盖企业公章。集齐资料后，上交社会保险机构“五险”征缴窗口等待审核。

办理补缴的时间一般为每月 2 日至 25 日之间；当年补缴审核当时出审核结果，批准补缴，费用与每月月初银行代扣社会保险的费用一起扣除；跨年补缴提交审批后，于 10 个工作日后携审批表及其他相关表格到补缴窗口进行办理。

【例 9-3】中正国际股份有限公司在给员工缴纳社会保险费时，对于试用期内的员工，公司一律不缴纳社会保险费。

上述案例中，公司的做法是否正确？请说明理由。

解答：中正国际股份有限公司的做法是错误的。国家对于员工社会保险的缴纳是强制性的，根据规定，对于员工试用期期间的社会保险费，企业也应该为其按时缴纳。对于拒绝为员工缴纳试用期社会保险费的企业，社会保险机构一旦查出，必然按照相关规定对其进行相应的处罚。

9.1.7 企业整体转出、转入业务

企业在经营过程中，可能会发生注册场所变更。此时，企业应于每月 23 日至 25 日到社会保险机构办理企业整体转入或转出手续。办理整体转出手续时须提供的资料如下。

《注销社会保险缴费登记申请审批表》。

- 最近一次缴纳社会保险单据。

- 营业执照。
- 董事会或股东会决议。
- 法定代表人身份证复印件。
- 指定委托书。
- 经办人身份证原件及复印件。
- 当地社会保险局要求的其他材料。

提示：企业必须在无历史欠费并报销完一切费用的情况下才可办理整体转出。

办理整体转入时须提供的资料如下。

- 由转出地区审核盖章后的《北京市社会保险单位信息变更登记表》一式两份。
- 由转出地区开具的《基本医疗保险关系跨区转移证明》。
- 营业执照副本复印件。
- 与开户银行重新签订的《委托收款付款授权书》复印件一份。

凡涉及复印件时均须用A4纸，并加盖企业公章。提交以上资料并审核成功后，企业即可继续为员工缴纳社会保险费。

9.1.8 企业社会保险注销登记

企业因经营不善或其他原因需要解散、注销时，应一并注销社会保险关系。注销社会保险关系时须提供以下资料。

- 工商行政管理部门出具的注销证明复印件。
- 营业执照。
- “五险”最后一个月的银行托收单复印件。
- 《北京市社会保险单位信息变更登记表》，一式两份。

凡涉及复印件时均须用A4纸，并加盖企业公章。

注销社会保险关系时的办理程序如下。

- 单位应自工商行政管理部门办理注销登记之日起30日内，申请注销社会保险登记；按规定不需要在工商行政管理部门办理登记的单位，应自有关单位批准或宣布终止之日起 30 日内，申请注销社会保险登记；单位被工商行政管理部门吊销营业执照的，应自被吊销之日起 30 日内，申请注销社会保险登记；单位因住所变动或生产、经营地址变动而须迁移社会保险关系的，应自上述变动发生之日起 30 日内，申请注销社会保险登记，并向迁达地社会保险经办机构申请社会保险登记。

- 经办人接收资料后，要当场对资料进行审核，符合条件的应即时办理（因故不能即时受理的，应发给《受理回执》），不符合条件的不予办理。

注意：办理注销时，企业必须无欠费记录。

9.1.9 住房公积金开户流程

住房公积金是指国家机关、国有企业、城镇集体企业、外商投资企业、城镇私营企业及其他城镇企业、事业单位、民办非企业单位、社会团体及其在职职工，对等缴存的长期住房储蓄。单位和个人缴存的住房公积金存入职工个人账户，归职工个人所有。公积金个人账户上的存款按银行复利计算利息，存款可用于住房公积金贷款，其利息低于商业贷款；员工在职时可提取，退休时本息结清返还员工本人。住房公积金是对企业员工另一种形式的福利保障。

1. 单位住房公积金账户开户登记

企业为员工缴纳住房公积金时，首先要在住房公积金管理部门开通企业账户，即单位登记。单位登记应提供的材料如下。

- 企业法人营业执照副本或其他可证明企业在工商机构注册的相关文件。
- 法定代表人或单位负责人身份证复印件。
- 单位经办人的身份证。
- 单位填制的住房公积金管理中心统一印制的《单位登记表》一份，加盖单位公章。

以上提供的信息，如无特殊说明，均须提供原件及复印件。原件由住房公积金管理部门柜台办事人员审核后退回，复印件留存住房公积金管理部门。

单位经办人到住房公积金管理部门办理单位登记时，流程如下。

（1）带齐加盖单位公章的以上相关资料，按就近原则到住房公积金管理部门向柜台人员提交以上材料，等待审核。

（2）审核无误后，住房公积金管理部门柜台人员将《单位登记表》的有关信息录入系统。

（3）操作完成后，系统自动为单位生成单位登记号（单位登记号在系统内始终是唯一的，是单位在住房公积金管理部门办理各项业务的标识）。

（4）住房公积金管理部门柜台人员打印机制《单位登记表》一份，样式如表 9-1 所示。

表 9-1 单位登记表

请正反面打印在同一张 A4 纸上

单位柜台办理住房公积金登记开户申请表（20190515 版）

住房公积金表 202

<table>
<tr><th colspan="9">单位基本情况</th></tr>
<tr><td>单位全称</td><td colspan="8"></td></tr>
<tr><td>统一社会信用代码</td><td colspan="3"></td><td colspan="2">单位设立日期</td><td colspan="3"></td></tr>
<tr><td>单位法人代表姓名</td><td></td><td>证件类型</td><td></td><td colspan="2">证件号</td><td colspan="3"></td></tr>
<tr><td>单位地址</td><td colspan="5"></td><td>邮政编码</td><td colspan="2"></td></tr>
<tr><td>联系电话（手机号）</td><td colspan="3"></td><td colspan="2">单位电子信箱</td><td colspan="3"></td></tr>
<tr><td>单位隶属关系</td><td colspan="2"></td><td>单位经济类型</td><td colspan="2"></td><td>单位所属行业</td><td colspan="2"></td></tr>
<tr><td>经办人一</td><td colspan="2"></td><td>经办人二</td><td colspan="2"></td><td>经办人三</td><td colspan="2"></td></tr>
<tr><td>证件类型</td><td colspan="2"></td><td>证件类型</td><td colspan="2"></td><td>证件类型</td><td colspan="2"></td></tr>
<tr><td>证件号码</td><td colspan="2"></td><td>证件号码</td><td colspan="2"></td><td>证件号码</td><td colspan="2"></td></tr>
<tr><td rowspan="2">联系电话</td><td>座机</td><td></td><td rowspan="2">联系电话</td><td>座机</td><td></td><td rowspan="2">联系电话</td><td>座机</td><td></td></tr>
<tr><td>手机</td><td></td><td>手机</td><td></td><td>手机</td><td></td></tr>
<tr><td>住房公积金经办机构</td><td colspan="2"></td><td colspan="2">住房公积金单位缴存比例</td><td></td><td>住房公积金个人缴存比例</td><td colspan="2"></td></tr>
<tr><td>资金来源</td><td colspan="3"></td><td colspan="2">跨年清册核定月份</td><td colspan="3"></td></tr>
<tr><td>付款单位名称</td><td colspan="3"></td><td colspan="2">付款单位开户银行名称</td><td colspan="3"></td></tr>
<tr><td>付款单位银行账号</td><td colspan="3"></td><td colspan="3">付款银行联行号（12 位）</td><td colspan="2"></td></tr>
<tr><td>委托收款日</td><td colspan="3"></td><td colspan="2">委托收款编号</td><td colspan="3"></td></tr>
<tr><th colspan="9">单位提交材料</th></tr>
<tr><td colspan="9">☐ 载有统一信用代码的单位证件原件
☐ 单位经办人身份证原件
（2017 年 12 月 28 日之后在北京市工商行政管理局完成注册的企业可不再提供企业营业执照原件及法定代表人身份证复印件）</td></tr>
</table>

续表

缴存单位委托经办人办理住房公积金业务授权委托书

我单位______________________________，授权________________（身份证号：________________________），授权________________（身份证号：____________________　　　　）为我单位经办人，代我单位及所属职工办理下列住房公积金相关业务：

□住房公积金登记、开户

□变更单位或职工信息

□住房公积金汇（补）缴

□住房公积金提取、转移

□住房公积金封存、销户

我单位授权　　　　　　　　（身份证号：____________________）使用 CA 证书。

单位盖章（公章）：

法定代表人签字（或盖章）：

经办人签字：

年　月　日

使用同城特约委托收款方式缴存住房公积金告知单

1. 单位同意使用同城特约委托收款方式（以下简称银行托收）缴存住房公积金，包括汇缴、补缴业务。

2. 单位选择每月_日（1 日～28 日）为托收日，并保证银行账户余额足以支付当月应缴额。如果有汇缴人员增减变化、人员补缴等业务，同意在托收日提前一个工作日完成相关信息的申报。

3. 对于当月托收失败的，单位同意采用支票等方式缴存，次月继续采用银行托收方式。

4. 单位应在首次托收日之前与付款单位的开户银行签订《北京市同城特约委托收款付款授权书》。

5. 为确保委托收款到账成功，委托收款单位名称填写“北京住房公积金管理中心”，委托收款单位开户银行名称和账号不填。

审核意见，由审核人员填写

委托收款编号：

初审意见	复审意见
经审核，符合条件的，在□内打“√”，否则打“×”： □符合登记开户条件 □不符合登记开户条件（请注明原因）： 初审人员名章或签字： 初审时间：　　年　月　日	经审核，符合条件的，在□内打“√”，否则打“×”： □符合登记开户条件 □不符合登记开户条件（请注明原因）： 复审人员名章或签字： 复审时间：　　年　月　日

* 填写此表要求字迹清晰、工整、不得涂改。

（5）《单位登记表》经单位经办人核对无误后，住房公积金管理部门柜台人员盖章退单位经办人，并将单位登记号手工标注在单位填制的《单位登记表》右上角处。

（6）单位预留印鉴在管理部门。预留印鉴是企业以后办理住房公积金业务的重要标识。印鉴卡样式如表 9-2 所示。

表 9-2　北京住房公积金管理中心管理部 印鉴卡

单位登记号：

单位名称	
所在区县	
主管部门	
电话：	年　月　日启用
印鉴使用说明：	
印模：	

单位主管：　　　　复核：　　　　填制：

2. 单位汇缴住房公积金

汇缴住房公积金指企业在住房公积金管理部门开通账户之后，需要为员工办理缴纳住房公积金的业务。

汇缴住房公积金应提供的材料如下。

- 单位填写住房公积金管理部门统一印制的《住房公积金汇缴书》。
- 汇缴人员有变化时，单位填写住房公积金管理部门统一印制的《住房公积金汇缴变更清册》，一式两份，加盖单位印章，一份单位留存，另一份报住房公积金管理部门。
- 通过银行汇款方式汇缴住房公积金的单位填写《单位汇款缴存住房公积金备案表》。

填写好以上资料之后，按照以下程序进行住房公积金汇缴。

- 企业可以通过银行托收的方式，办理住房公积金的汇缴业务。
- 企业与住房公积金管理部门签署由住房公积金管理部门统一印制的《委托银行收款缴交住房公积金协议》。
- 企业与开户银行签订《委托收款付款授权书》。

- 协议签订后，住房公积金管理部门在系统中为单位办理委托收款登记。
- 住房公积金管理部门会计处每月按约定的时间，通过系统汇总委托收款信息，办理银行托收。
- 住房公积金管理部门查询收款成功信息后，办理住房公积金汇缴分配，将汇缴金额计入个人账户。
- 对于托收未成功的单位，住房公积金管理部门将通知单位收款失败，有关单位需重新办理托收手续。

3．住房公积金的提取

住房公积金的提取必须符合一定的条件。符合以下情形之一的可以提取职工住房公积金账户内的存储余额。

- 购买、建造、翻建、大修具有所有权的自住住房的。
- 离休、退休的。
- 完全丧失劳动能力并且与所在单位终止劳动关系的。
- 出境定居的。
- 偿还购房贷款本息的。
- 房租超出家庭工资收入的规定比例的。

住房公积金账户余额的提取的相关业务一般会由出纳人员办理，办理时，出纳人员应提交的资料如下。

- 单位应按照《北京住房公积金提取管理办法》第四章关于提取证明材料的规定，提供职工个人的相关提取材料的原件及复印件。
- 职工用于偿还自住住房贷款本息的提取，还应补充提供购房合同复印件，用于判断房屋性质。
- 填写住房公积金管理部门统一印制的《提取申请书》《住房公积金提取清册》。

个人公积金账户存款余额的提取程序如图 9-8 所示。

4．个人住房公积金账户的转移

员工由于更换工作单位，住房公积金也会随之转移，以保证其权益的连续性。住房公积金的转移程序如下。

- 职工在新调入单位的归集部门开立住房公积金账户，并提供开户证明。

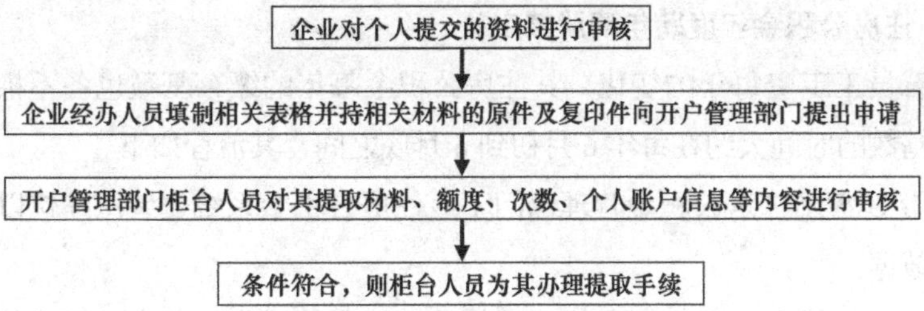

图 9-8　住房公积金个人存款余额提取程序

- 由调出单位根据职工住房公积金分户的账面余额，填制一式四联的《住房公积金转移通知书》，送交归集部门办理转移手续。
- 在新调入单位做增加时，须提供调入员工的身份证号码，并填制相关表格。

自 2017 年 7 月 1 日起，住房公积金异地转移接续业务已全部可以通过“全国住房公积金异地转移接续平台”办理，逐步实现“账随人走，钱随账走”。同时，大力推进异地贷款服务，以满足缴存职工跨地区购买住房的资金使用需求。

5．住房公积金月缴存额的确定

住房公积金年度缴存比例为 12%，即企业和员工各按照员工工资的 12% 来缴存。住房公积金缴存额计算基数上限为上年度北京市月社会平均工资的 300%。如北京市某年度全市职工月平均工资为 4 201.25 元，则住房公积金月缴存额上限的计算公式为：个人缴存部分 =4 201.25 × 300% × 12%=1 512.45（元）；单位缴存部分 =4 201.25 × 300% × 12%=1 512.45（元），某年度员工住房公积金月缴存额上限则为 3 026 元。原则上不允许住房公积金缴存额突破缴存额上限。住房公积金缴存额计算基数下限为北京市最低工资标准 2 120 元，则住房公积金月缴存额下限的计算公式为：个人缴存部分 =2 120 × 12%=254.4（元）；单位缴存部分 =2 120 × 12%=254.4（元），某年度员工住房公积金月缴存额下限则为 230 元。

【例 9-4】中正国际股份有限公司员工卫平上年度月平均工资为 800 元，赵新上年度月平均工资为 2 000 元，贾兰上年度月平均工资为 13 000 元，企业在为他们三人缴纳住房公积金时，月缴存额分别为多少?

解答：根据住房公积金缴纳规定，三人月缴存额分别如下。

卫平个人与单位月缴存额均为：2 120 × 12%=254.4（元）。

赵新个人与单位月缴存额均为：2 000 × 12%=240（元）。

贾兰个人与单位月缴存额均为：4 201.25 × 300% × 12%=1 512.45（元）。

6．住房公积金年度跨年清册核定

随着员工工资每年的变化，其住房公积金每年的缴存基数也各不相同，核定缴存基数的时间大约在每年 6 月初到 6 月底之间，其流程如下。

- 带 U 盘到住房公积金管理部门下载住房公积金系统安装压缩包以及单位数据。
- 安装从住房公积金管理部门下载的系统安装程序。双击桌面上的“住房公积金系统单位版”快捷方式，无须密码，直接单击“确定”按钮进入系统，如图 9-9 所示。

图 9-9　住房公积金管理系统登录窗口

- 在住房公积金管理系统操作窗口主菜单中，选择“初始化”/“单位信息录入”命令，弹出“单位信息录入”对话框，如图 9-10 所示。然后单击“修改”按钮，根据企业实际情况填写系统窗口中的相关信息，单击“保存”按钮，退出该对话框，如图 9-10 所示。
- 在住房公积金管理系统操作窗口主菜单中，选择“初始化”/“个人信息录入”命令，弹出“个人信息录入”对话框，如图 9-11 所示。单击“选择导入文件”按钮，弹出文件所存盘符及路径，选择下载的单位数据压缩包，单击“打开”按钮。

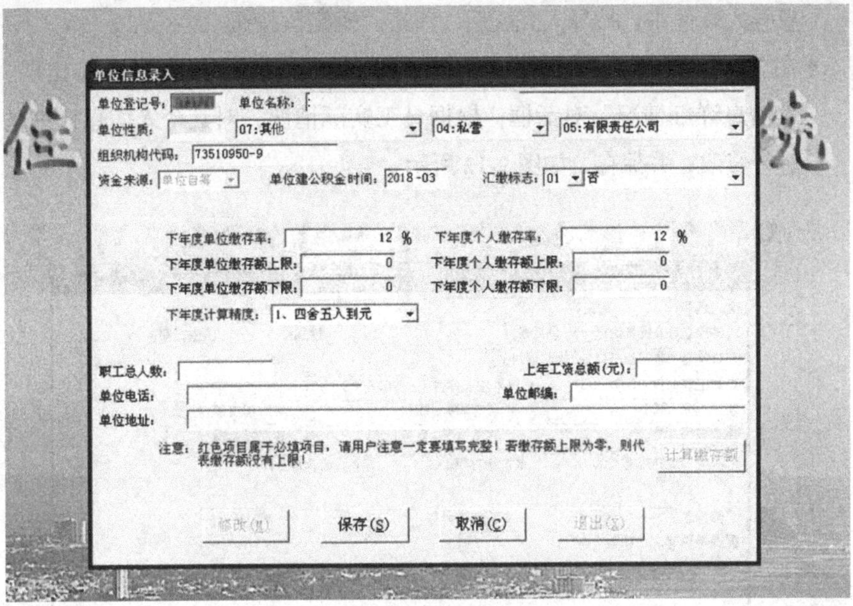

图 9-10　单位信息录入

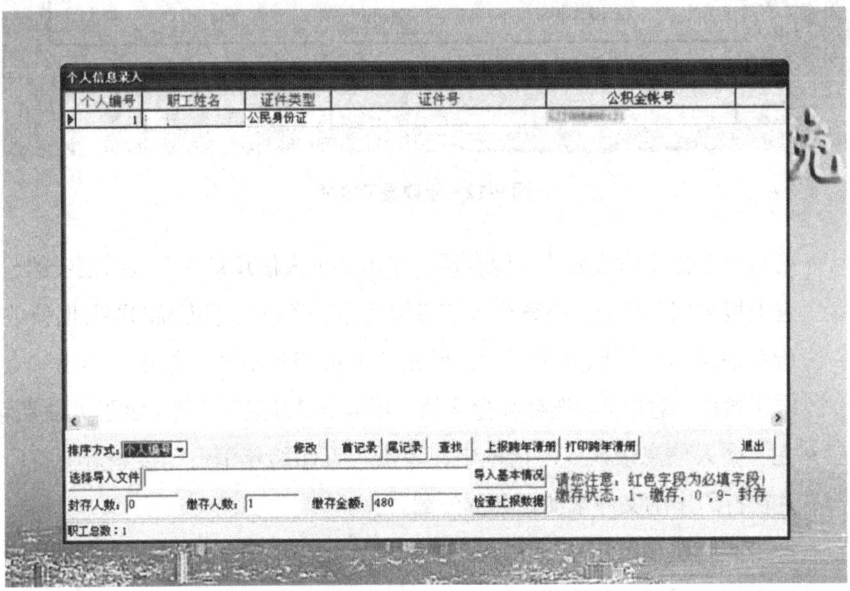

图 9-11　个人信息录入

• 在“个人信息录入”对话框中，单击“导入基本情况”按钮，将员工信息导入软件中。待导入完成后，单击“确定”按钮。

- 在“个人信息录入”对话框中，选择员工姓名，单击“修改”按钮，出现“个人信息详细情况”对话框；根据员工实际情况，对其个人信息详细情况进行修改，并保存，如图 9-12 所示。

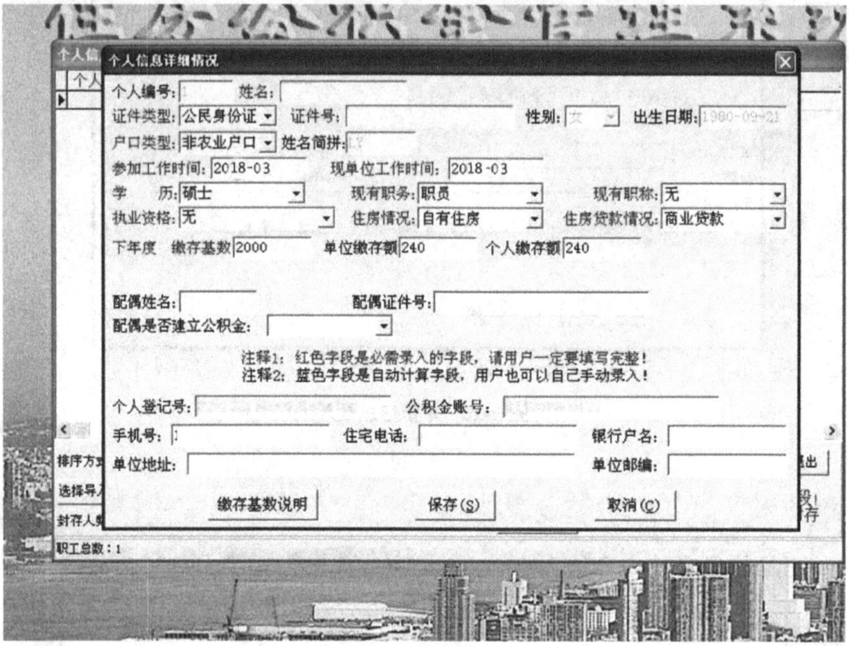

图 9-12　修改员工信息

- 所有员工信息修改完成并保存后，单击“个人信息录入”对话框中的“检查上报数据”按钮，检查个人信息填写是否正确，不正确的要及时修改。所有信息填写正确并保存后，单击“上报跨年清册”按钮，弹出“上报电子数据”对话框，选择存盘路径，并单击“确定”按钮，如图 9-13 所示。
- 在“个人信息录入”对话框中，单击“打印跨年清册”按钮进行打印，并在打印出的文件上加盖单位公章。
- 携带存有员工跨年清册电子版数据的 U 盘和纸质的跨年清册，到住房公积金管理部门上报数据。

至此，住房公积金年度跨年清册核定便完成了。

注：每名员工信息必须逐一录入，缴存基数无变化的员工，也须重新录入。

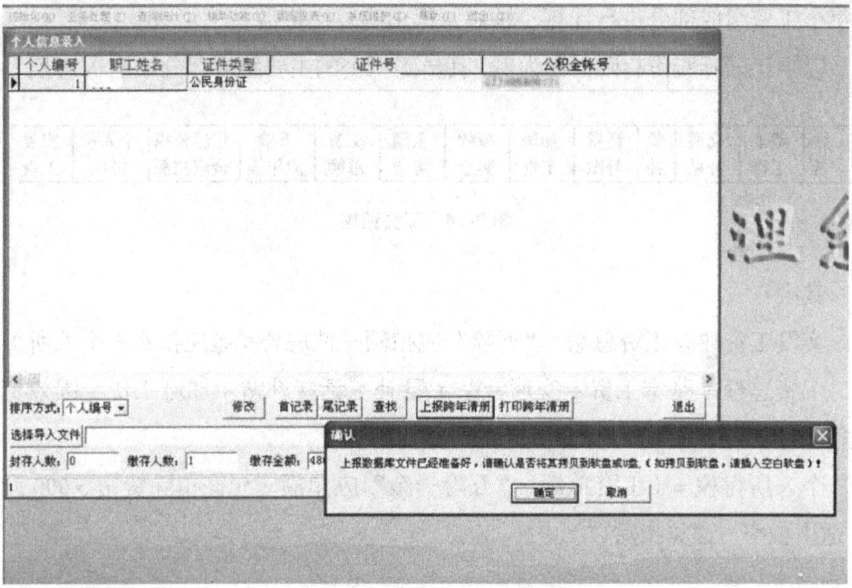

图 9-13 保存报盘数据

9.2 出纳对接的工资业务

一般而言，工资业务由多方共同参与完成，人事做工资，会计核工资，出纳发工资。在有些单位，出纳甚至贯穿整个工资业务过程，从核算工资、制作工资表、审核工资表，到最后发放工资。在此过程中，稍不注意就会出现算错工资、发错工资的情况，很可能给员工、给企业、给自己带来一些不必要的麻烦。所以，作为一名合格的出纳人员，必须熟悉并掌握工资业务的办理流程，谨慎地处理工资业务。

9.2.1 核算工资

影响员工工资的因素有很多，主要有地域差异、企业性质区别、行业区别、岗位区别、资历长短以及个人能力高低不同等因素。由于以上种种因素的影响，员工的工资组成部分便不尽相同。出纳人员核算工资时，主要是针对各个员工的每个工资组成部分进行计算、核对，得出实发工资数。

以中正国际股份有限公司为例，其员工工资的主要组成部分如图 9-14 所示。

序号	姓名	基本工资	交通补贴	餐补	话费补贴	加班工资	绩效奖金	全勤奖金	工资总额	五险应扣额	住房公积金应扣额	个人所得税	实发工资	签名

图 9-14　工资结构

其中：

实发工资数 = 工资总额 –“五险”应扣额 – 住房公积金应扣额 – 个人所得税

工资总额 = 基本工资 + 交通补贴 + 餐补 + 话费补贴 + 加班工资 + 绩效资金 + 全勤奖金

个人所得税 =（工资总额 –“五险一金”应扣额 – 允许扣除费用 5 000 元）× 适用税率 – 速算扣除数

注意：如果有津贴，工资总额中还应包括津贴；“五险”应扣额为企业代为缴纳的个人应缴款部分；住房公积金应扣额为企业代为缴纳的个人应缴款部分。

出纳人员应该按照相关单据，如员工考勤记录表、银行代扣“五险一金”凭单、话费发票等认真核算员工工资，对于工资中的任何一个组成部分，均要确保准确无误。

9.2.2　编制工资表

出纳人员根据核算出的相关数据，进行汇总，并据此编制工资表。工资表一般一式三份，一份作为结算凭证即记账联，在月底时交给会计入账；一份企业自己留存，以备税务部门检查；一份是给每个员工裁成工资条，和工资一并发给员工。

【例 9-5】请根据中正国际股份有限公司员工的相关考勤记录、银行代扣代缴的相关凭单以及员工提供的话费发票于 2018 年 3 月 31 日编制员工工资表。

解答：部分员工工资表如表 9-3 所示。

表 9-3　部分员工工资表

单位：中正国际股份有限公司　　2018-3-31

序号	姓名	基本工资	交通补贴	餐补	话费补贴	加班工资	绩效奖金	请假扣除工资额	全勤奖金	工资总额	五险应扣额	住房公积金应扣额	个人所得税	实发工资	签名
1	张三	3 500.00	300.00	160.00	100.00	0.00	500.00	0.00	0.00	4 560.00	276.50	276.00	0	4 007.5	
2	王小小	2 000.00	200.00	220.00	50.00	0.00	0.00	0.00	200.00	2 670.00	215.50	240.00	0	2 214.5	
3	魏征	6 000.00	400.00	100.00	200.00	600.00	500.00	0.00	0.00	7 800.00	452.50	600.00	84	6 663.5	
4	李明	8 000.00	400.00	120.00	200.00	400.00	500.00	0.00	0.00	9 620.00	637.50	720.00	138.6	8 123.9	
5	李四	2 000.00	100.00	150.00	50.00	300.00	0.00	0.00	0.00	2 600.00	215.50	240.00	0	2 144.5	

9.2.3 取现

出纳人员将工资表编制完成以后，根据表中实发工资合计金额，按规定填制好现金支票。但出于安全考虑，现金支票的密码应尽量在到达银行后取现时再行填写。这样，在取现之前，一旦现金支票丢失，因支票上尚未填写密码，持有此张支票的人也不能使用它取现。

同样，为了安全起见，支票和其对应的密码应尽量由不同的人保管，如出纳人员保管空白支票，财务主管保管支票密码，避免因支票及其密码同时丢失而被他人利用。

提示：当提取大额现金时，应至少两人同行，保证款项的安全。

9.2.4 发放工资

现金提取完成后，出纳人员应按照工资表中的实发工资数额依次发放工资。员工在拿到工资之后应当面点清钞票金额，并与工资表中的实发工资数额进行核对，避免因工资发放错误出现纠纷；员工领取工资后应亲自签名，证明工资已经领取。

9.2.5 发放工资的相关会计分录

发放工资时，每个环节都应有会计分录，确保企业现金日记账、银行存款日记账的正确性。

【例 9-6】中正国际股份有限公司 2018 年 3 月底发放工资，行政管理人员工资共计 113 000 元，车间管理人员工资共计 42 600 元，车间生产工人工资共计 43 000 元。扣除企业代员工缴纳的社会保险共计 17 975 元，扣除企业代员工缴纳的住房公积金共计 20 760 元，扣除员工个人所得税共计 16 590 元，企业为员工缴纳社会保险 53 925 元。根据以上数据，编制相关会计分录。

解答：计提工资时，编制会计分录如下。

借：管理费用 113 000

制造费用 42 600

生产成本 43 000

贷：应付职工薪酬 198 600

发放工资时，编制会计分录如下。

借：应付职工薪酬 198 600

贷：应交税费——应交个人所得税 16 590

其他应付款——社会保险费用（注：个人） 17 975

其他应付款——个人住房公积金（注：个人） 20 760

银行存款 143 275

缴纳社会保险费时，编制会计分录如下。

借：管理费用——社会保险费用（注：单位） 53 925

其他应付款——社会保险费用（注：个人） 17 975

贷：银行存款 71 900

缴纳住房公积金时，编制会计分录如下。

借：管理费用——住房公积金（注：单位） 20 760

其他应付款——住房公积金（注：个人） 20 760

贷：银行存款 41 520

缴纳个人所得税时，编制会计分录如下。

借：应交税费——应交个人所得税 16 590

贷：银行存款 16 590

9.3 工资核算的电算化处理

会计电算化是指把计算机和现代数据处理技术应用到会计工作中，是用计算机代替人工记账、算账和报账，以及部分代替人脑完成对会计信息的分析、预测、决策的过程。会计电算化目的是提高企业财会管理水平和经济效益，从而实现会计工作的现代化。工资业务流程烦琐，计算量庞大，需要出纳人员耗费大量的时间和精力，而通过对会计电算化软件的运用，能够极大地减轻工作量，有效提升工作的准确率。所以，掌握工资核算的电算化处理是出纳人员必须具备的一项职业技能。

9.3.1 工资表的建立

下面就以中正国际股份有限公司 2018 年 3 月 31 日部分员工工资表为例，具体说明出纳人员在 Excel 表格中经常用到的操作。

（1）在计算机桌面上单击鼠标右键，在弹出的快捷菜单中选择“新建”/“Microsoft Excel 工作表”命令，即可建立一个新的 Excel 表格，双击其图标，进入 Excel 窗口，如图 9-15 所示。

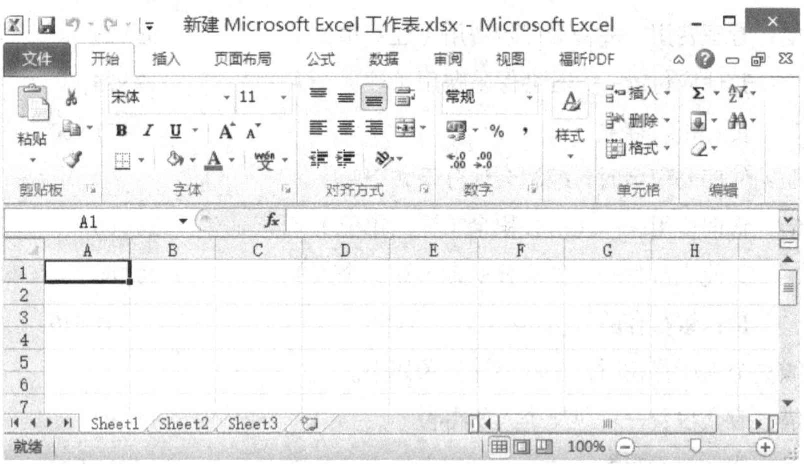

图 9-15　Excel 窗口

提示： 图 9-15 中，工具栏下方标记的 A、B、C、D……分别用于标明表格中的各列，表格左边缘的数字则标明各行，“列标”与“行号”用于确定一个单元格的位置，如 A1 表示 A 列中的第一行单元格，C3 表示 C 列中的第三行单元格。

（2）使用键盘上的左、右、上、下方向键可以将光标移至各单元格上，选中当前单元格，即可在单元格中输入信息。单击 A1 单元格，在 A1 单元格中输入“序号”；单击 B1 单元格，在 B1 单元格中输入“姓名”；重复前面的操作，依次在右边各单元格输入“基本工资”“交通补贴”“餐补”等，如图 9-16 所示。

	A	B	C	D	E	F	G	H	I	J	K	L	M	N	O
1	序号	姓名	基本工资	交通补贴	餐补	话费补贴	加班工资	绩效奖金	请假扣除工资额	全勤奖金	工资总额	五险应扣额	住房公积金应扣额	个人所得税	实发工资
2															
3															
4															
5															
6															

图 9-16 工资组成部分的输入

提示：输入过程中，可能会出现字符太长，被右边单元格直接覆盖的情况，如 G 列，“加班工资”的后两个字被后一例内容覆盖。此时可将光标移至列标“G”的右边框处，光标变为十字形时可单击鼠标左键拖动十字光标，调整列宽。

（3）在 A2 单元格中输入数字“1”，在 A3 单元格中输入数字“2”，单击 A2 单元格，按住鼠标左键不放，拖动至 A3 单元格，此时可看见 A3 单元格的右下角有一个十字光标，拖动十字光标至 A6 单元格，“序号”列显示如图 9-17 所示。

	A	B	C	D	E	F	G	H	I	J	K	L	M	N	O
1	序号	姓名	基本工资	交通补贴	餐补	话费补贴	加班工资	绩效奖金	请假扣除工资额	全勤奖金	工资总额	五险应扣额	住房公积金应扣额	个人所得税	实发工资
2	1														
3	2														
4	3														
5	4														
6	5														

图 9-17 填充工资表中“序号”列

（4）单击 C 列，按住鼠标左键不放，拖动至 O 列，单击鼠标右键，在弹出的快捷菜单中选择“设置单元格格式”命令，弹出“设置单元格格式”对话框。在“数字”选项卡下的“分类”列表框中选择“货币”选项；在右侧的面板中，设置“小数位数”为“2”，“货币符号”为“无”，如图 9-18 所示；然后单击“确定”按钮。

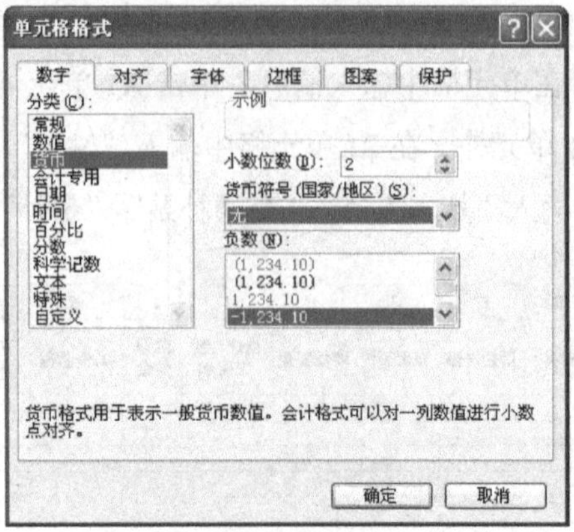

图 9-18　设置单元格格式

（5）在 B 列至 J 列，依次依据员工的相关信息以及相关凭单反映出的数据填入各项信息，并使其居中显示，如图 9-19 所示。

	A	B	C	D	E	F	G	H	I	J	K	L	M	N	O
1	序号	姓名	基本工资	交通补贴	餐补	话费补贴	加班工资	绩效奖金	请假扣除工资额	全勤奖金	工资总额	五险应扣额	住房公积金应扣额	个人所得税	实发工资
2	1	张三	3 500.00	300.00	160.00	100.00	0.00	500.00	0.00	0.00					
3	2	王小小	2 000.00	200.00	220.00	50.00	0.00	0.00	0.00	200.00					
4	3	魏征	6 000.00	400.00	100.00	200.00	600.00	500.00	0.00	0.00					
5	4	李明	8 000.00	400.00	120.00	200.00	400.00	500.00	0.00	0.00					
6	5	李四	2 000.00	100.00	150.00	50.00	300.00	0.00	0.00	0.00					

图 9-19　员工信息填写

（6）单击 K2 单元格，输入“=C2+D2+E2+F2+G2+H2−I2+J2”，按“Enter”键，则 K2 单元格自动计算并显示该员工的工资总额。如图 9-20 所示。

	A	B	C	D	E	F	G	H	I	J	K	L	M	N	O
1	序号	姓名	基本工资	交通补贴	餐补	话费补贴	加班工资	绩效奖金	请假扣除工资额	全勤奖金	工资总额	五险应扣额	住房公积金应扣额	个人所得税	实发工资
2	1	张三	3 500.00	300.00	160.00	100.00	0.00	500.00	0.00	0.00	4 560.00				
3	2	王小小	2 000.00	200.00	220.00	50.00	0.00	0.00	0.00	200.00					
4	3	魏征	6 000.00	400.00	100.00	200.00	600.00	500.00	0.00	0.00					
5	4	李明	8 000.00	400.00	120.00	200.00	400.00	500.00	0.00	0.00					
6	5	李四	2 000.00	100.00	150.00	50.00	300.00	0.00	0.00	0.00					

图 9-20　工资总额的计算

（7）单击 K2 单元格，将鼠标移至此单元格右下角，会有十字光标出现，此时按住鼠标左键不放，拖动至 K6 单元格，则将 K2 单元格所用的公式直接复制到 K3 至 K6 单元格中，以上员工的工资总额均被自动计算出来，并显示在 K 列，如图 9-21 所示。

	A	B	C	D	E	F	G	H	I	J	K	L	M	N	O
1	序号	姓名	基本工资	交通补贴	餐补	话费补贴	加班工资	绩效奖金	请假扣除工资额	全勤奖金	工资总额	五险应扣额	住房公积金应扣额	个人所得税	实发工资
2	1	张三	3 500.00	300.00	160.00	100.00	0.00	500.00	0.00	0.00	4 560.00				
3	2	王小小	2 000.00	200.00	220.00	50.00	0.00	0.00	0.00	200.00	2 670.00				
4	3	魏征	6 000.00	400.00	100.00	200.00	600.00	500.00	0.00	0.00	7 800.00				
5	4	李明	8 000.00	400.00	120.00	200.00	400.00	500.00	0.00	0.00	9 620.00				
6	5	李四	2 000.00	100.00	150.00	50.00	300.00	0.00	0.00	0.00	2 600.00				

图 9-21 所有员工工资总额的计算

（8）在 L 列、M 列、N 列分别填写员工应扣的社会保险、住房公积金以及个人所得税数额，如图 9-22 所示。

	A	B	C	D	E	F	G	H	I	J	K	L	M	N	O
1	序号	姓名	基本工资	交通补贴	餐补	话费补贴	加班工资	绩效奖金	请假扣除工资额	全勤奖金	工资总额	五险应扣额	住房公积金应扣额	个人所得税	实发工资
2	1	张三	3 500.00	300.00	160.00	100.00	0.00	500.00	0.00	0.00	4 560.00	276.50	276.00	0	
3	2	王小小	2 000.00	200.00	220.00	50.00	0.00	0.00	0.00	200.00	2 670.00	215.50	240.00	0	
4	3	魏征	6 000.00	400.00	100.00	200.00	600.00	500.00	0.00	0.00	7 800.00	452.50	600.00	84	
5	4	李明	8 000.00	400.00	120.00	200.00	400.00	500.00	0.00	0.00	9 620.00	637.50	720.00	138.6	
6	5	李四	2 000.00	100.00	150.00	50.00	300.00	0.00	0.00	0.00	2 600.00	215.50	240.00	0	

图 9-22 填写员工应扣数额

（9）在 O2 单元格内输入“=K2-L2-M2-N2”，按“Enter”键，则实发工资数额被计算出并显示在 O2 单元格内，如图 9-23 所示。

	A	B	C	D	E	F	G	H	I	J	K	L	M	N	O
1	序号	姓名	基本工资	交通补贴	餐补	话费补贴	加班工资	绩效奖金	请假扣除工资额	全勤奖金	工资总额	五险应扣额	住房公积金应扣额	个人所得税	实发工资
2	1	张三	3 500.00	300.00	160.00	100.00	0.00	500.00	0.00	0.00	4 560.00	276.50	276.00	0	4 007.5
3	2	王小小	2 000.00	200.00	220.00	50.00	0.00	0.00	0.00	200.00	2 670.00	215.50	240.00	0	
4	3	魏征	6 000.00	400.00	100.00	200.00	600.00	500.00	0.00	0.00	7 800.00	452.50	600.00	84	
5	4	李明	8 000.00	400.00	120.00	200.00	400.00	500.00	0.00	0.00	9 620.00	637.50	720.00	138.6	
6	5	李四	2 000.00	100.00	150.00	50.00	300.00	0.00	0.00	0.00	2 600.00	215.50	240.00	0	

图 9-23 计算实发工资数额

（10）单击 O2 单元格，将鼠标移至此单元格右下角，会有十字光标出现，此时按住鼠标左键不放，拖动至 O6 单元格，则将 O2 单元格所用的公式直接复制到了 O3 至 O6 单元格中，以上员工的实发工资均被自动计算出来，并显示在 O 列，如图 9-24 所示。

	A	B	C	D	E	F	G	H	I	J	K	L	M	N	O
1	序号	姓名	基本工资	交通补贴	餐补	话费补贴	加班工资	绩效奖金	请假扣除工资额	全勤奖金	工资总额	五险应扣额	住房公积金应扣额	个人所得税	实发工资
2	1	张三	3 500.00	300.00	160.00	100.00	0.00	500.00	0.00	0.00	4 560.00	276.50	276.00	0	4 007.5
3	2	王小小	2 000.00	200.00	220.00	50.00	0.00	0.00	0.00	200.00	2 670.00	215.50	240.00	0	2 214.5
4	3	魏征	6 000.00	400.00	100.00	200.00	600.00	500.00	0.00	0.00	7 800.00	452.50	600.00	84	6 663.5
5	4	李明	8 000.00	400.00	120.00	200.00	400.00	500.00	0.00	0.00	9 620.00	637.50	720.00	138.6	8 123.9
6	5	李四	2 000.00	100.00	150.00	50.00	300.00	0.00	0.00	0.00	2 600.00	215.50	240.00	0	2 144.5

图 9-24　计算所有员工的实发工资

（11）单击 A1 单元格，按住鼠标左键不放，拖动至 O6 单元格，则所有员工的相关信息均被选中。单击鼠标右键，在弹出的快捷菜单中选择“设置单元格格式”命令，弹出“设置单元格格式”对话框。单击“对齐”标签，打开“对齐”选项卡，设置“水平对齐”和“垂直对齐”均为“居中”，如图 9-25 所示。单击“边框”标签，打开“边框”选项卡，依次单击“外边框”和“内部”按钮，如图 9-26 所示，然后单击“确定”按钮，表格排版如图 9-27 所示。

（12）单击行标 1，单击鼠标右键，在弹出的会计菜单中选择“插入”命令，插入了一个空行，显示结果如图 9-28 所示。

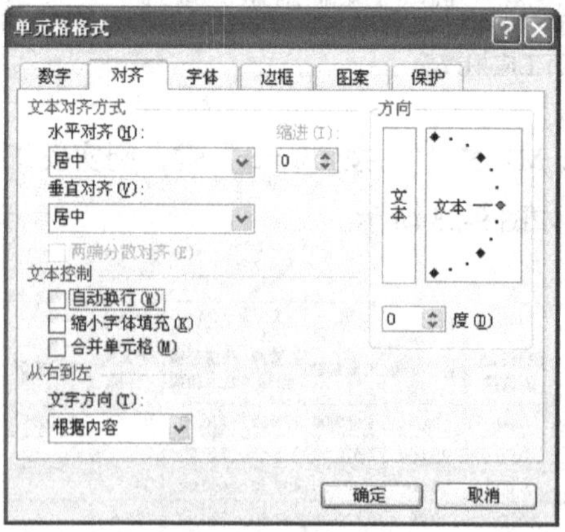

图 9-25　设置对齐方式

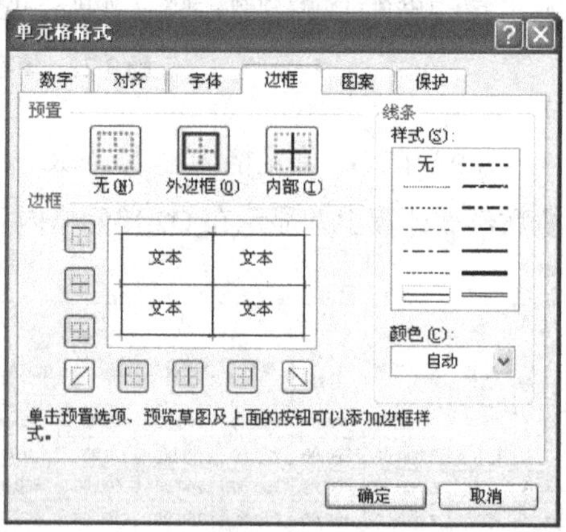

图 9-26　设置边框

（13）单击行标 1，单击鼠标右键，选择“行高”命令，设置“行高”为“20”，单击“确定”按钮；或者拖动行标 1 下方边框处的十字光标，将行高调到合适高度。在 A1 单元格输入“2018 年 3 月 31 日”，单击 A1 单元格，按住鼠标左键不放，拖动至 O1 单元格，单击鼠标右键，在弹出的快捷菜单中选择“设置单元格格式”命令，弹出设置“单元格格式”对话框。单击“对齐”标签，打开“对齐”选项卡，单击选中“合并单元格”复选按钮，设置“水平对齐”和“垂直对齐”均为“居中”，单击“确定”按钮，如图 9-29 所示。

	A	B	C	D	E	F	G	H	I	J	K	L	M	N	O
1	序号	姓名	基本工资	交通补贴	餐补	话费补贴	加班工资	绩效奖金	请假扣除工资额	全勤奖金	工资总额	五险应扣额	住房公积金应扣额	个人所得税	实发工资
2	1	张三	3 500.00	300.00	160.00	100.00	0.00	500.00	0.00	0.00	4 560.00	276.50	276.00	0	4 007.5
3	2	王小小	2 000.00	200.00	220.00	50.00	0.00	0.00	0.00	200.00	2 670.00	215.50	240.00	0	2 214.5
4	3	魏征	6 000.00	400.00	100.00	200.00	600.00	500.00	0.00	0.00	7 800.00	452.50	600.00	84	6 663.5
5	4	李明	8 000.00	400.00	120.00	200.00	400.00	500.00	0.00	0.00	9 620.00	637.50	720.00	138.6	8 123.9
6	5	李四	2 000.00	100.00	150.00	50.00	300.00	0.00	0.00	0.00	2 600.00	215.50	240.00	0	2 144.5

图 9-27　单元格内数据居中显示

	A	B	C	D	E	F	G	H	I	J	K	L	M	N	O
1	序号	姓名	基本工资	交通补贴	餐补	话费补贴	加班工资	绩效奖金	请假扣除工资额	全勤奖金	工资总额	五险应扣额	住房公积金应扣额	个人所得税	实发工资
2	1	张三	3 500.00	300.00	160.00	100.00	0.00	500.00	0.00	0.00	4 560.00	276.50	276.00	0	4 007.5
3	2	王小小	2 000.00	200.00	220.00	50.00	0.00	0.00	0.00	200.00	2 670.00	215.50	240.00	0	2 214.5
4	3	魏征	6 000.00	400.00	100.00	200.00	600.00	500.00	0.00	0.00	7 800.00	452.50	600.00	84	6 663.5
5	4	李明	8 000.00	400.00	120.00	200.00	400.00	500.00	0.00	0.00	9 620.00	637.50	720.00	138.6	8 123.9
6	5	李四	2 000.00	100.00	150.00	50.00	300.00	0.00	0.00	0.00	2 600.00	215.50	240.00	0	2 144.5

图 9-28　插入行

2018 年 3 月 3 日

	A	B	C	D	E	F	G	H	I	J	K	L	M	N	O
1	序号	姓名	基本工资	交通补贴	餐补	话费补贴	加班工资	绩效奖金	请假扣除工资额	全勤奖金	工资总额	五险应扣额	住房公积金应扣额	个人所得税	实发工资
2	1	张三	3 500.00	300.00	160.00	100.00	0.00	500.00	0.00	0.00	4 560.00	276.50	276.00	0	4 007.5
3	2	王小小	2 000.00	200.00	220.00	50.00	0.00	0.00	0.00	200.00	2 670.00	215.50	240.00	0	2 214.5
4	3	魏征	6 000.00	400.00	100.00	200.00	600.00	500.00	0.00	0.00	7 800.00	452.50	600.00	84	6 663.5
5	4	李明	8 000.00	400.00	120.00	200.00	400.00	500.00	0.00	0.00	9 620.00	637.50	720.00	138.6	8 123.9
6	5	李四	2 000.00	100.00	150.00	50.00	300.00	0.00	0.00	0.00	2 600.00	215.50	240.00	0	2 144.5

图 9-29　设置发放工资日期并居中显示

（14）单击行标 1，单击鼠标右键，在弹出的快捷菜单中选择“插入”命令，插入一个空行。单击行标 1，单击鼠标右键，在弹出的快捷菜单中选择“行高”命令，设置“行高”为“30”，单击“确定”按钮，如图 9-30 所示。

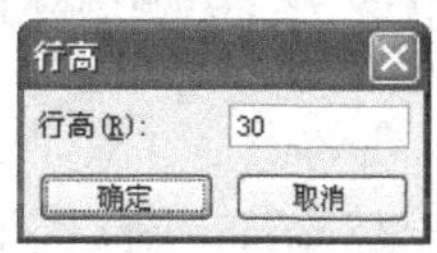

图 9-30　设置行高

（15）在 A1 单元格输入“工资表”，单击 A1 单元格，按住鼠标左键不放，拖动至 O1 单元格，单击鼠标右键，在弹出的快捷菜单中选择“设置单元格格式”命令，弹出“设置单元格格式”对话框。在“对齐”选项卡中，单击选中“合并单元格”复选按钮，单击“确定”按钮。

（16）单击“工资表”所在单元格，选择表格工具栏中的居中图标；或者单击“工资表”所在单元格，单击鼠标右键，在弹出的快捷菜单中选择“设置单元格格式”命令，弹出“单元格格式”对话框。在“对齐”选项卡中，设置“水平对齐”和“垂直对齐”均为“居中”，单击“确定”按钮，则字符“工资表”显示为居中，如图 9-31 所示。

	工资表														
	2018年3月31日														
	A	B	C	D	E	F	G	H	I	J	K	L	M	N	O
1	序号	姓名	基本工资	交通补贴	餐补	话费补贴	加班工资	绩效奖金	请假扣除工资额	全勤奖金	工资总额	五险应扣额	住房公积金应扣额	个人所得税	实发工资
2	1	张三	3 500.00	300.00	160.00	100.00	0.00	500.00	0.00	0.00	4 560.00	276.50	276.00	0	4 007.5
3	2	王小小	2 000.00	200.00	220.00	50.00	0.00	0.00	0.00	200.00	2 670.00	215.50	240.00	0	2 214.5
4	3	魏征	6 000.00	400.00	100.00	200.00	600.00	500.00	0.00	0.00	7 800.00	452.50	600.00	84	6 663.5
5	4	李明	8 000.00	400.00	120.00	200.00	400.00	500.00	0.00	0.00	9 620.00	637.50	720.00	138.6	8 123.9
6	5	李四	2 000.00	100.00	150.00	50.00	300.00	0.00	0.00	0.00	2 600.00	215.50	240.00	0	2 144.5

图 9-31 输入并设置“工资表”为居中显示

（17）单击“工资表”所在单元格，单击鼠标右键，在弹出的快捷菜单中选择“设置单元格格式”命令，弹出“设置单元格格式”对话框。单击“字体”标签，打开“字体”选项卡，设置“字号”为“20”，单击“确定”按钮，则工资表最后显示如图 9-32 所示。

	工资表														
	2018年3月31日														
	A	B	C	D	E	F	G	H	I	J	K	L	M	N	O
1	序号	姓名	基本工资	交通补贴	餐补	话费补贴	加班工资	绩效奖金	请假扣除工资额	全勤奖金	工资总额	五险应扣额	住房公积金应扣额	个人所得税	实发工资
2	1	张三	3 500.00	300.00	160.00	100.00	0.00	500.00	0.00	0.00	4 560.00	276.50	276.00	0	4 007.5
3	2	王小小	2 000.00	200.00	220.00	50.00	0.00	0.00	0.00	200.00	2 670.00	215.50	240.00	0	2 214.5
4	3	魏征	6 000.00	400.00	100.00	200.00	600.00	500.00	0.00	0.00	7 800.00	452.50	600.00	84	6 663.5
5	4	李明	8 000.00	400.00	120.00	200.00	400.00	500.00	0.00	0.00	9 620.00	637.50	720.00	138.6	8 123.9
6	5	李四	2 000.00	100.00	150.00	50.00	300.00	0.00	0.00	0.00	2 600.00	215.50	240.00	0	2 44.5

图 9-32 工资表

至此，整个工资表的编制以及填写工作就完成了，出纳人员可据此为员工发放工资，员工可据此查看自己当月工资的具体构成。此工资表同时还可在月底作为结算凭证入账。

9.3.2 工资表图表的制作

同样以中正国际股份有限公司 2018 年 3 月 31 日的部分员工工资表为例，介绍工资表图表的制作方法。部分员工工资表如表 9-4 所示。

表 9-4 部分员工工资表

单位：中正国际股份有限公司　　2018 年 3 月 31 日　　单位：元

序号	姓名	基本工资	工资总额	实发工资
1	张三	3 500.00	4 560.00	4 007.5
2	王小小	2 000.00	2 670.00	2 214.5
3	魏征	6 000.00	7 800.00	6 663.5
4	李明	8 000.00	9 620.00	8 123.5
5	李四	2 000.00	2 600.00	2 144.5

制作员工工资表图表的步骤如下。

（1）选中 B4:B8 单元格区域，按住“Ctrl”键不放，选中 E4:E8 单元格区域，如图 9-33 所示。

	A	B	C	D	E
1	表9-3 部分员工工资表				
2	单位：中正国际股份有限公司　　2018年3月31日				
3	序号	姓名	基本工资	工资总额	实发工资
4	1	张三	3 500.00	3 500.00	4 007.5
5	2	王小小	2 000.00	2 000.00	2 214.5
6	3	魏征	6 000.00	6 000.00	6 663.5
7	4	李明	8 000.00	8 000.00	8 123.5
8	5	李四	2 000.00	2 000.00	2 144.5

图 9-33 选中员工姓名及实发工资

（2）单击工具箱中的“图表向导”按钮，弹出“图表向导 -4 步骤之 1- 图表类型”对话框。在“图表类型”列表框中选择一种类型后（如柱形图），从“子图形类型”列表框中指定图形的形式，然后单击“下一步”按钮，弹出“图表向导 -4 步骤之 2- 图表源数据”对话框。

（3）单击“下一步”按钮，弹出“图表向导 -4 步骤之 3- 图表选项”对话框，在“图表标题”文本框中输入“部分员工工资图表”，如图 9-34 所示。

（4）单击“下一步”按钮，在出现的对话框中单击“完成”按钮，部分员工工资图表即制作完成，其结果如图 9-35 所示。

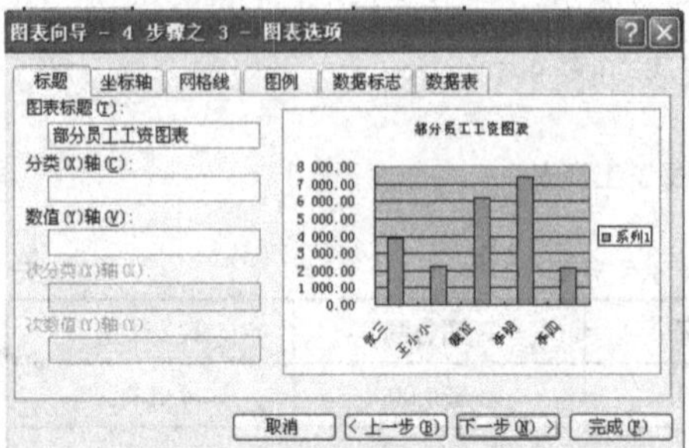

图 9-34　输入“部分员工工资图表”

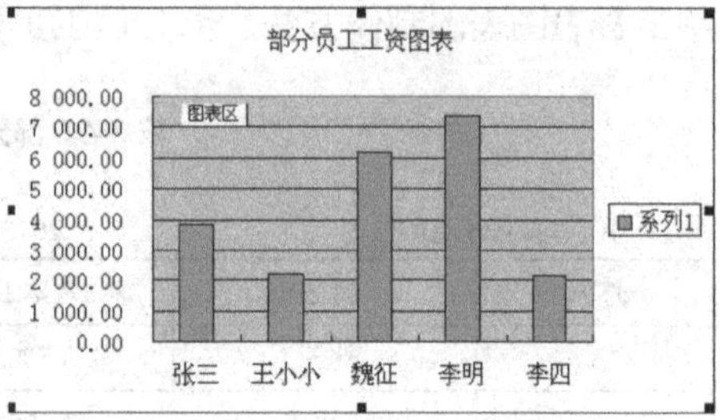

图 9-35　部分员工工资图表

9.3.3　工资表的排序

以中正国际股份有限公司 2018 年 3 月 31 日的部分员工工资表为例，介绍工资表的排序方法。

（1）选中 A1：E6 单元格区域，如图 9-36 所示。

（2）在“数据”选项卡下单击“排序”按钮，弹出“排序”对话框，如图 9-37 所示。

	A	B	C	D	E
1	序号	姓名	基本工资	工资总额	实发工资
2	1	张三	3 500.00	4 560.00	4 007.5
3	2	王小小	2 000.00	2 670.00	2 214.5
4	3	魏征	6 000.00	7 800.00	6 663.5
5	4	李明	8 000.00	9 620.00	8 123.5
6	5	李四	2 000.00	2 600.00	2 144.5

图 9-36　选中整个工资表

图 9-37　排序对话框

（3）在“主要关键字”下拉列表框中选择“实发工资”，选择“降序”，单击“确定”按钮，则表格中的内容按实发工资从高到低的顺序排列，如图 9-38 所示。

	A	B	C	D	E
1	序号	姓名	基本工资	工资总额	实发工资
2	4	李明	8 000.00	9 620.00	8 123.9
3	3	魏征	6 000.00	7 800.00	6 663.5
4	1	张三	3 500.00	4 560.00	4 007.5
5	2	王小小	2 000.00	2 670.00	2 214.5
6	5	李四	2 000.00	2 600.00	2 144.5

图 9-38 按降序排列的部分员工工资表

9.4 课后习题

一、单项选择题

1. 企业在经营过程中，发生（　　），需要到社会保险机构办理企业整体转入或转出。

A. 单位内部人事调动　　B. 单位人员离职

C. 单位销售部门派驻到外地　　D. 单位的注册场所改变

2. 下列关于工资业务描述正确的是（　　）。

A. 现金支票的密码尽量在到达银行后取现时再行填写

B. 支票和其对应的密码应尽量由同一人保管

C. 工资发放业务，不需要做会计分录

D. 员工的工资领取后不用本人签字

3. 下列关于员工住房公积金账户的转移，符合规范的是（　　）。

A. 调出单位未能提供《住房公积金转移通知书》

B. 在新调入单位未能办理增加手续

C. 员工未及时在新单位提供开户证明

D. 账随人走，钱随账走

4. 下面符合住房公积金提取条件的是（　　）。

A. 房租在家庭收入规定比例范围内

B. 离、退休

C. 有劳动能力并且与所在单位继续劳动关系

D. 有住房且无房贷压力

5. 下列关于员工社会保险补缴的描述正确的是（　　）。

A. 员工工作变动不会导致社会保险缴纳中断

B. 单位办理社会保险不及时不会导致社会保险缴纳中断

C. 社会保险的补缴主要有当年补缴、跨年补缴

D. 跨年补缴只需要补缴当年的费用

二、多项选择题

1. 社会保险缴费工资基数应为员工实际工资总额，包括（　　）。

A. 基本工资　　B. 津贴

C. 奖金　　D. 加班加点工资

2. 企业办理新参保业务时，应向社会保险中心提供（　　）。

A. 企业统一社会信用代码证副本　　B. 银行开户许可证

C. 法人身份证原件　　D. 公司董事长的介绍信

3. 下面关于住房公积金的描述正确的有（　　）。

A. 存入职工个人账户　　B. 归职工个人所有

C. 贷款利息低于商业贷款利息　　D. 员工在职时可提取

4. 出纳人员制作的工资表主要一式三份，主要作用有（　　）。

A. 以备税务部门检查　　B. 出纳个人私下收藏

C. 月底时交给会计入账　　D. 为每个员工裁成工资条

5. 下列哪些内容是工资的扣减项目（　　）。

A. “五险”应扣额　　B. 住房公积金应扣额

C. 个人所得税　　D. 加班补贴

6. 下列哪些是出纳人员在核算工资的时候需要参考的凭证（　　）。

A. 员工考勤记录表

B. 银行代扣“五险一金”凭单

C. 驻外办事员工领用差旅费所填写的差旅费单

D. 话费发票

【答案与解析】

一、单项选择题

1. D。企业在经营过程中，发生注册场所变更时，应于每月 23 日至 25 日到社会保险机构办理企业整体转入或转出。

2. A。出于安全考虑，现金支票的密码尽量在到达银行后取现时再行填写。这样，在取现之前，一旦现金支票丢失，因支票上尚未填写密码，持有此张支票的人也不能使用。

3. D。自 2017 年 7 月 1 日起，住房公积金异地转移接续业务已全部可以通过“全国住房公积金异地转移接续平台”办理，逐步实现实现“账随人走，钱随账走”。

4. B。员工离退休后可以提取住房公积金。

5. C。由于中断缴费的时间不同，在办理社会保险费补缴时分为当年补缴和跨年补缴。

二、多项选择题

1. ABCD。社会保险缴费工资基数应为员工实际工资总额，包括基本工资、津贴、奖金、加班加点工资、各种补贴。

2. ABC。银行开户许可证企业统一社会信用代码证副本；企业法人营业执照或其他可证明企业执业证件；与开户银行签订的《委托收款付款授权书》。

3. ABCD。

4. ACD。工资表一般一式三份，一份作为结算凭证即记账联，在月底时交给会计入账；一份企业自己存根，以备税务部门检查；一份是给每个员工裁成工资条，和工资一并发给员工。

5. ABC。“五险”应扣额、住房公积金应扣额和个人所得税为工资的扣减项目。

6. ABD。出纳人员应该按照相关单据，如员工考勤记录表、银行代扣“五险一金”凭单、话费发票等认真核算员工工资，对于工资中的任何一个组成部分，均要确保准确无误。

第 10 章

财务报表的编制

财务报表是以会计准则为规范编制的，向所有者、债权人、政府及其他有关各方及社会公众等外部反映会计主体财务状况、经营成果和现金流量的会计报表。其中，最为重要和基础的报表主要有三个，分别是资产负债表、利润表以及现金流量表。作为一名高水平的合格出纳人员，不仅要了解日常工作中接触到的“证”“账”，还要充分了解“表”的基本内容，这对优化出纳人员日常的工作流程，提高企业的会计工作水平有着重要作用。

10.1 资产负债表

出纳人员作为企业的一份子，处于会计核算的前沿，需要及时关注企业的财务状况，那么学会阅读和填列资产负债表就成了一项关键技能。

10.1.1 资产负债表的形式

资产负债表是反映企业在某一特定日期（如月末、季末、年末）全部资产、负债和所有者权益情况的会计报表，是企业经营活动的静态体现，根据“资产 = 负债 + 所有者权益”这一平衡公式，依照一定的分类标准和一定的次序，将某一特定日期的资产、负债、所有者权益的具体项目予以适当排列编制而成。资产负债表主要有以下特点和作用。

- 它表明权益在某一特定日期所拥有或控制的经济资源、所承担的现实义务和所有者对净资产的要求权。
- 它是一张揭示企业在一定时点财务状况的静态报表。资产负债表利用会计平衡原则，将符合会计原则的资产、负债、所有者权益科目分为“资产”和“负债及所有者权益”两部分。
- 它不仅可以帮助企业内部把握经营方向，也可以让所有阅读者在最短时间内了解企业的经营状况。

资产负债表的格式如表 10-1 所示。

表 10-1　资产负债表

资产负债表（适用执行企业会计制度的企业）

会企01表　　单位：元

纳税人识别号			纳税人名称				
资产负债日：	—		报表所属期	—	至	—	
资　　产	行次	年初数	期末数	负债和所有者权益（或股东权益）	行次	年初数	期末数
流动资产：				流动负债：			
货币资金	1	0.00	0.00	短期借款	68	0.00	0.00
短期投资	2	0.00	0.00	应付票据	69	0.00	0.00
应收票据	3	0.00	0.00	应付账款	70	0.00	0.00
应收股利	4	0.00	0.00	预收账款	71	0.00	0.00
应收利息	5	0.00	0.00	应付工资	72	0.00	0.00
应收账款	6	0.00	0.00	应付福利费	73	0.00	0.00
其他应收款	7	0.00	0.00	应付股利	74	0.00	0.00
预付账款	8	0.00	0.00	应交税金	75	0.00	0.00
应收补贴款	9	0.00	0.00	其他应交款	80	0.00	0.00
存货	10	0.00	0.00	其他应付款	81	0.00	0.00
待摊费用	11	0.00	0.00	预提费用	82	0.00	0.00
一年内到期的长期债权投资	21	0.00	0.00	预计负债	83	0.00	0.00
其他流动资产	24	0.00	0.00	一年内到期的长期负债	86	0.00	0.00
流动资产合计	31	0.00	0.00	其他流动负债	90	0.00	0.00
长期股权投资	32	0.00	0.00	流动负债合计	100	0.00	0.00
长期债权投资	34	0.00	0.00	长期负债：			
长期投资合计	38	0.00	0.00	长期借款	101	0.00	0.00
固定资产：				应付债券	102	0.00	0.00
固定资产原价	39	0.00	0.00	长期应付款	103	0.00	0.00
减：累计折旧	40	0.00	0.00	专项应付款	106	0.00	0.00
固定资产净值	41	0.00	0.00	其他长期负债	108	0.00	0.00
减：固定资产减值准备	42	0.00	0.00	长期负债合计	110	0.00	0.00
固定资产净额	43	0.00	0.00	递延税项：			
工程物资	44	0.00	0.00	递延税款贷项	111	0.00	0.00
在建工程	45	0.00	0.00	负债合计	114	0.00	0.00
固定资产清理	46	0.00	0.00				
固定资产合计	50	0.00	0.00	所有者权益（或股东权益）：			
无形资产及其他资产：				实收资本（或股本）	115	0.00	0.00
无形资产	51	0.00	0.00	减：已归还投资	116	0.00	0.00
长期待摊费用	52	0.00	0.00	实收资本（或股本）净额	117	0.00	0.00
其他长期资产	53	0.00	0.00	资本公积	118	0.00	0.00
无形资产及其他资产合计	60	0.00	0.00	盈余公积	119	0.00	0.00
				其中：法定公益金	120	0.00	0.00
递延税项：				未分配利润	121	0.00	0.00
工程物资	44	0.00	0.00	递延税款贷项	111	0.00	0.00
在建工程	45	0.00	0.00	负债合计	114	0.00	0.00
固定资产清理	46	0.00	0.00				
固定资产合计	50	0.00	0.00	所有者权益（或股东权益）：			
无形资产及其他资产：				实收资本（或股本）	115	0.00	0.00
无形资产	51	0.00	0.00	减：已归还投资	116	0.00	0.00
长期待摊费用	52	0.00	0.00	实收资本（或股本）净额	117	0.00	0.00
其他长期资产	53	0.00	0.00	资本公积	118	0.00	0.00
无形资产及其他资产合计	60	0.00	0.00	盈余公积	119	0.00	0.00
				其中：法定公益金	120	0.00	0.00
递延税项：				未分配利润	121	0.00	0.00
递延税款借项	61	0.00	0.00	所有者权益（或股东权益）合计	122	0.00	0.00
资产合计	67	0.00	0.00	负债和所有者权益（或股东权益）总计	135	0.00	0.00

10.1.2 填表实战

资产负债表各科目均须填列"年初余额"和"期末余额"两栏。其中，"年初余额"栏内各项数字，应根据上年末资产负债表的"期末余额"栏内所列数字填列。"期末余额"栏主要有以下几种填列方法。

（1）根据总账科目余额填列，如"短期借款""应付职工薪酬"等项目，根据"短期借款""应付职工薪酬"等各总账科目的余额直接填列；有些项目则须根据几个总账科目的期末余额计算填列，如"货币资金"项目，须根据"库存现金""银行存款""其他货币资金"三个总账科目的期末余额的合计数填列。

【例 10-1】中正国际股份有限公司 2018 年 4 月 30 日结账后的"库存现金"科目余额为 5 000 元，"银行存款"科目余额为 1 600 000 元，"其他货币资金"科目余额为 300 000 元。计算该企业 2018 年 4 月 30 日资产负债表中"货币资金"项目金额。

解答：该企业 2018 年 4 月 30 日资产负债表中"货币资金"项目金额 =5 000+1 600 000+300 000=1 905 000（元）。本例中，企业应当按照"库存现金""银行存款""其他货币资金"三个总账科目余额加总后的金额填列资产负债表"货币资金"项目。

【例 10-2】中正国际股份有限公司 2018 年 4 月 1 日向银行借入一年期借款 320 000 元，向其他金融机构借款 230 000 元，无其他短期借款业务发生。计算该企业 2018 年 4 月 30 日资产负债表中"短期借款"项目金额。

解答：该企业 2018 年 4 月 30 日资产负债表中"短期借款"项目金额 =320 000+230 000=550 000（元）。本例中，企业直接以"短期借款"总账科目余额填列资产负债表"短期借款"项目。

【例 10-3】中正国际股份有限公司 2018 年 4 月 3 日应付甲企业商业票据 32000 元，应付乙企业商业票据 56000 元，应付丙企业商业票据 680000 元，尚未支付。计算该企业 2018 年 4 月 30 日资产负债表中"应付票据"项目金额。

解答：该企业在 2018 年 4 月 30 日资产负债表中"应付票据"项目金额为：32000+56000+680000=768000（元）。本例中，企业直接以"应付票据"总账科目余额填列在资产负债表中。

【例 10-4】中正国际股份有限公司 2018 年 4 月 30 日应付员工工资 300 000 元，

应计提福利费 42 000 元，无其他应付职工薪酬项目。计算该企业 2018 年 4 月 30 日资产负债表中“应付职工薪酬”项目金额。

解答：该企业 2018 年 4 月 30 日资产负债表中“应付职工薪酬”项目金额 =300 000+42 000=342 000（元）。本例中，员工工资和福利费都属于职工薪酬的范围，应当以各种应付未付职工薪酬加总后的金额，即“应付职工薪酬”总账科目余额填列资产负债表“应付职工薪酬”项目。

（2）根据明细账科目余额计算填列。如“应付账款”项目，需要根据“应付账款”和“预付账款”两个科目所属的相关明细科目的期末贷方余额计算填列；“应收账款”项目，需要根据“应收账款”和“预付账款”两个科目所属的相关明细科目的期末借方余额计算填列。

【例 10-5】中正国际股份有限公司 2018 年 4 月底结账后有关科目所属明细科目借贷方余额如表 10-2 所示（单位：元）。

表 10-2　科目余额表

单位：元

科目名称	明细科目借方余额合计	明细科目贷方余额合计
应收账款	100000	20000
预付账款	60000	5000
应付账款	70000	12000
预收账款	10000	85000

解答：该企业 2018 年 4 月 30 日资产负债表中相关项目的金额如下。

- “应收账款”项目金额为：100 000+10 000=110 000（元）。
- “预付账款”项目金额为：60 000+70 000=130 000（元）。
- “应付账款”项目金额为：12 000+5 000=17 000（元）。
- “预收账款”项目金额为：85 000+20 000=105 000（元）。

（3）根据总账科目和明细账科目余额分析计算填列。如“长期借款”项目，需要根据“长期借款”总账科目余额扣除“长期借款”科目所属的明细科目中将在一年内到期且企业不能自主地将清偿义务展期的长期借款后的金额计算填列。

【例 10-6】中正国际股份有限公司 2018 年 4 月长期借款情况如表 10-3 所示。

表 10-3 长期借款表

借款起始日期	借款期限	金额（元）
2017.4.1	3	120 000
2016.5.7	5	100 000
2015.1.10	4	200 000

解答：中正国际股份有限公司 2018 年 4 月 30 日资产负债表中“长期借款”项目金额 =120 000+100 000=220 000（元）。

注：“长期借款”总账科目余额 120 000+100 000+200 000=420 000（元），减去一年内到期的长期借款 200 000 元，作为资产负债表中“长期借款”项目的金额。

（4）根据有关科目余额减去其备抵科目余额后的净额填列。如“固定资产”项目，应根据“固定资产”科目的期末余额减去“累计折旧”“固定资产减值准备”科目余额后的净额填列。

【例 10-7】中正国际股份有限公司 2018 年 4 月 30 日结账后，“固定资产”科目余额为 670 000 元，“累计折旧”科目余额为 257 000 元，“固定资产减值准备”科目余额为 76 000 元。计算该公司 2018 年 4 月 30 日资产负债表中“固定资产”项目金额。

解答：中正国际股份有限公司 2018 年 4 月 30 日资产负债表中“固定资产”项目金额 =670 000−257 000−76 000=337 000（元）。

【例 10-8】中正国际股份有限公司 2018 年 4 月 30 日结账后“应收账款”科目所属各明细科目的期末借方余额合计 110 000 元，贷方余额合计 20 000 元，对应收账款计提的坏账准备为 13 000 元，假定“预收账款”科目所属明细科目无借方余额。计算该公司 2018 年 4 月 30 日资产负债表中“应收账款”项目金额。

解答：中正国际股份有限公司 2018 年 4 月 30 日资产负债表中“应收账款”项目金额为：110000−13000=97000（元）。

【例 10-9】中正国际股份有限公司 2018 年 4 月交付安装的设备价值为 360 000 元，未完建筑安装工程已经耗用材料 70 000 元，工资费用支出 115 000 元，“在建工程减值准备”科目余额为 37 000 元，安装工作尚未完成。计算该公司 2018 年 4 月 30 日资产负债表中“在建工程”项目金额。

解答：中正国际股份有限公司 2018 年 4 月 30 日资产负债表中“在建工程”

项目金额 =360 000+70 000+115 000−37 000=508 000（元）。

【例 10-10】中正国际股份有限公司 2018 年 4 月 30 日结账后，“无形资产”科目余额为 730 000 元，“累计摊销”科目余额为 69 000 元，“无形资产减值准备”科目余额为 56 000 元。计算该公司 2018 年 4 月 30 日资产负债表中“无形资产”项目金额。

解答：中正国际股份有限公司 2018 年 4 月 30 日资产负债表中“无形资产”项目金额 =730 000−69 000−56 000=605 000（元）。

10.2　利润表

出纳日常业务中涉及的各项收入、成本、费用，一定程度上会反映在利润表中。养成长期关注企业利润表的习惯，有助于出纳人员发现日常工作中存在的问题，并加以改善。

10.2.1　利润表的形式

利润表是反映企业一定会计期间（如月度、季度、半年度或年度）生产经营成果的会计报表。企业一定会计期间的经营成果既可能表现为盈利，也可能表现为亏损，因此，利润表也被称为损益表。利润表有以下特点和作用。

- 它全面揭示了企业在某一特定时期实现的各种收入、发生的各种费用、成本或支出，以及企业实现的利润或发生的亏损情况。
- 利润表是根据“收入 − 费用 = 利润”的基本关系编制的，其具体内容取决于收入、费用、利润等会计要素及其内容，利润表项目是收入、费用和利润要素内容的具体体现。
- 它是一种反映企业经营资金动态表现的报表，主要提供有关企业经营成果方面的信息，属于动态会计报表。

利润表的格式如表 10-4 所示。

表 10-4 利润表

纳税人识别号：　　报税日期：--　　会企02表

纳税人名称：　　报表所属期：-- 至 --　　单位：元

项目	行次	本月数	本年累计数
一、主营业务收入	1	0.00	0.00
减：主营业务成本	4	0.00	0.00
主营业务税金及附加	5	0.00	0.00
二、主营业务利润（亏损以"-"号填列）	10	0.00	0.00
加：其他业务利润（亏损以"-"号填列）	11	0.00	0.00
减：营业费用	14	0.00	0.00
管理费用	15	0.00	0.00
财务费用	16	0.00	0.00
三、营业利润（亏损以"-"号填列）	18	0.00	0.00
加：投资收益（损失以"-"填列）	19	0.00	0.00
补贴收入	22	0.00	0.00
营业外收入	23	0.00	0.00
减：营业外支出	25	0.00	0.00
四、利润总额（亏损总额以"-"号填列）	27	0.00	0.00
减：所得税	28	0.00	0.00
五、净利润（净亏损以"-"号填列）	30	0.00	0.00

补充资料：

项目	本年累计数	上年实际数
1. 出售、处置部门或被投资单位所得收益	0.00	0.00
2. 自然灾害发生的损失	0.00	0.00
3. 会计政策变更增加(或减少)利润总额	0.00	0.00
4. 会计估计变更增加(或减少)利润总额	0.00	0.00
5. 债务重组损失	0.00	0.00
6. 其他	0.00	0.00

10.2.2 填表实战

企业应当根据损益类科目和所有者权益类有关科目的发生额填列利润表"本期金额"栏，具体包括如下情况。

"营业收入""营业成本""税金及附加""销售费用""管理费用""财务费用""资产减值损失""公允价值变动收益""投资收益""营业外收入""营业外支出""所得税费用"等项目，应根据有关损益类科目的发生额分析填列。

【例 10-11】中正国际股份有限公司 2018 年 4 月"主营业务收入"科目的贷方发生额为 1 650 000 元，"其他业务收入"科目的贷方发生额为 2 000 000 元。计算该公司 2018 年 4 月利润表营业收入项目金额。

解答：中正国际股份有限公司 2018 年 4 月利润表中“营业收入”项目金额 =1 650 000+2 000 000=3 650 000（元）。

【例 10-12】中正国际股份有限公司 2018 年 4 月“主营业务成本”科目的借方发生额为 300000 元；“其他业务成本”科目借方发生额为 80 000 元。计算该公司 2018 年 4 月利润表中“营业成本”项目金额。

解答：中正国际股份有限公司 2018 年 4 月利润表中“营业成本”项目金额 =300 000+80 000=380 000（元）。

【例 10-13】中正国际股份有限公司 2018 年 4 月“主营业务收入”科目发生额为 1 650 000 元，“主营业务成本”科目发生额为 300 000 元，“其他业务收入”科目发生额为 2 000 000 元，“其他业务成本”科目发生额为 80 000 元，“税金及附加”科目发生额为 360 000 元，“销售费用”科目发生额为 60 000 元，“管理费用”科目发生额为 50 000 元，“财务费用”科目发生额为 170 000 元，“营业外收入”科目发生额为 100 000 元，“营业外支出”科目发生额为 140 000 元。计算该公司 2018 年 4 月的净利润。

解答：营业利润 = 营业收入 -（营业成本、税金及附加、销售费用、管理费用、财务费用、资产减值损失）+ [公允价值变动收益（损失以“-”号填列）、投资收益（损失以“-”号填列）]

利润总额（亏损以“-”号填列）= 营业利润 + 营业外收入 - 营业外支出

净利润（亏损以“-”号填列）= 利润总额 - 所得税

中正国际股份有限公司 2018 年 4 月营业利润 =1 650 000+2 000 000-300 000-80 000-360 000-60 000-50 000-170 000=2 630 000（元）。

中正国际股份有限公司 2018 年 4 月利润总额 =2 630 000+100 000-140 000=2 590 000（元）。

中正国际股份有限公司 2018 年 4 月净利润 =2 590 000 ×（1-25%）=1 942 500（元）。

10.3 现金流量表

出纳人员主要负责企业现金、银行存款以及有价证券等资产的保管和业务处理，其工作质量关乎企业现金流的健康状况。学习阅读和填列现金流量表，对完善出纳人员的知识结构，提升其日常工作的质量有着积极作用。

10.3.1 现金流量表的形式

现金流量表，主要是要反映资产负债表中各个项目对现金流量的影响，并根据其用途划分为经营、投资及融资三个活动。现金流量表可用于分析企业在短期内有没有足够现金去应付开销。现金流量表有以下作用。

- 弥补了资产负债表信息量的不足。
- 便于从现金流量的角度对企业进行考核。
- 帮助了解企业筹措现金、生成现金的能力。

现金流量表的格式如表 10-5 所示。

表 10-5 现金流量表

现金流量表（适用执行企业会计制度的企业）					
				会企03表	单位：元
纳税人识别号		纳税人名称			
报送日期	--	报表所属期	--	至	--
项　目	行次	金额			
一、经营活动产生的现金流量：					
销售商品、提供劳务收到的现金	1	0.00			
收到的税费返还	3	0.00			
收到的其他与经营活动有关的现金	8	0.00			
现金流入小计	9	0.00			
购买商品、接受劳务支付的现金	10	0.00			
支付给职工以及为职工支付的现金	12	0.00			
支付的各项税费	13	0.00			
支付的其他与经营活动有关的现金	18	0.00			
现金流出小计	20	0.00			
经营活动产生的现金流量净额	21	0.00			
二、投资活动产生的现金流量：					
收回投资所收到的现金	22	0.00			
取得投资收益所收到的现金	23	0.00			
处置固定资产、无形资产和其他长期资产所收回的现金净额	25	0.00			
收到的其他与投资活动有关的现金	28	0.00			

续表

项　　目	行次	金额
现金流入小计	29	0.00
购建固定资产、无形资产和其他长期资产所支付的现金	30	0.00
投资所支付的现金	31	0.00
支付的其他与投资活动有关的现金	35	0.00
现金流出小计	36	0.00
投资活动产生的现金流量净额	37	0.00
三、筹资活动产生的现金流量：		
吸收投资所收到的现金	38	0.00
借款所收到的现金	40	0.00
收到的其他与筹资活动有关的现金	43	0.00
现金流入小计	44	0.00
偿还债务所支付的现金	45	0.00
分配股利、利润或偿付利息所支付的现金	46	0.00
支付的其他与筹资活动有关的现金	52	0.00
现金流出小计	53	0.00
筹资活动产生的现金流量净额	54	0.00
四、汇率变动对现金的影响	55	0.00
五、现金及现金等价物净增加额	56	0.00
补充资料：		
项　　目	行次	金额
1．将净利润调节为经营活动现金流量：		
净利润	57	0.00
加：计提的资产减值准备	58	0.00
固定资产折旧	59	0.00
无形资产摊销	60	0.00
长期待摊费用摊销	61	0.00
待摊费用减少(减：增加)	64	0.00
预提费用增加(减：减少)	65	0.00
处置固定资产、无形资产和其他长期资产的损失(减：收益)	66	0.00
固定资产报废损失	67	0.00
财务费用	68	0.00
投资损失(减：收益)	69	0.00
递延税款贷项(减：借项)	70	0.00
存货的减少(减：增加)	71	0.00
经营性应收项目的减少(减：增加)	72	0.00
经营性应付项目的增加(减：减少)	73	0.00
其他	74	0.00
经营活动产生的现金流量净额	75	0.00
2．不涉及现金收支的投资和筹资活动：		
债务转为资本	76	0.00

续表

项　目	行次	金额
一年内到期的可转换公司债券	77	0.00
融资租入固定资产	78	0.00
3．现金及现金等价物净增加情况：		
现金的期末余额	79	0.00
减：现金的期初余额	80	0.00
加：现金等价物的期末余额	81	0.00
减：现金等价物的期初余额	82	0.00
现金及现金等价物净增加额	83	0.00

10.3.2 填表实战

现金流量表以现金及现金等价物为基础编制，划分为经营活动、投资活动和筹资活动的现金流量，按照收付实现制原则编制。下面仅列举了几个与出纳密切相关的项目填列方式。

1.“销售商品、提供劳务收到的现金”项目

注：销售商品、提供劳务收到的现金 = 营业收入 + 增值税销项税额 +（应收票据年初余额 − 应收票据期末余额）+（应收账款年初余额 − 应收账款期末余额）+（预收款项期末余额 − 预收款项年初余额）− 当期计提的坏账准备 ± 其他调整事项

【例 10-14】中正国际股份有限公司 2018 年年初“应收账款”余额为 100 万元，年末余额为 20 万元，当年“营业收入”发生额为 120 万元，假定公司未发生其他业务，不考虑增值税。那么中正国际股份有限公司 2018 年现金流量表中“销售商品、提供劳务收到的现金”项目应该填列的数额是多少？

解答：销售商品、提供劳务收到的现金 = 营业收入 +（应收账款年初余额 − 应收账款期末余额）=120+（100−20）=200（万元）。

2.“购买商品、接受劳务支付的现金”项目

注：购买商品、接受劳务支付的现金 = 营业成本 + 增值税进项税额 +（存货期末余额 − 存货年初余额）+（应付账款年初余额 − 应付账款期末余额）+（应付票据年初余额 − 应付票据期末余额）+（预付款项期末余额 − 预付款项年初余额）− 当期列入生产成本、制造费用的职工薪酬 − 当期列入生产成本、制造费用的折旧费

【例 10-15】中正国际股份有限公司 2018 年年初“应付账款”余额为 100 万元，年末余额为 70 万元，当年“营业成本”发生额为 120 万元，假定公司未发生其他业务,不考虑增值税。那么中正国际股份有限公司 2018 年现金流量表中“购买商品、接受劳务支付的现金”项目的金额该如何填列?

解答：购买商品、接受劳务支付的现金＝营业成本＋（应付账款年初余额－应付账款期末余额）=120+（100−70）=150（万元）。

3.“支付给职工以及为职工支付的现金”项目

注：支付给职工以及为职工支付的现金＝（应付职工薪酬年初余额＋生产成本、制造费用、管理费用中的职工薪酬－应付职工薪酬期末余额）－［应付职工薪酬（在建工程）年初余额－应付职工薪酬（在建工程）期末余额］

【例 10-16】中正国际股份有限公司“应付职工薪酬”年初余额为 2 000 万元，本年记入“生产成本、制造费用、管理费用”中的职工薪酬为 2 300 万元，“应付职工薪酬”期末余额为 1800 万元。那么中正国际股份有限公司 2018 年现金流量表中“支付给职工以及为职工支付的现金”项目的金额该如何填列?

解答：支付给职工以及为职工支付的现金＝应付职工薪酬年初余额＋生产成本、制造费用、管理费用中的职工薪酬－应付职工薪酬期末余额 =2 000+2 300−1 800=2 500（万元）。

10.4 课后习题

一、单项选择题

1. 下列各项中能够引起现金流量净额发生变动的是（　　）。

A. 以存货抵偿债务

B. 以银行存款支付采购款

C. 将现金存为银行活期存款

D. 以银行存款购买 2 个月内到期的债券投资

2. 下列关于资产负债表的描述正确的是（　　）。

A. 企业经营活动的动态体现　　B. 一定期间的经营成果

C. 揭示企业在一定时间点的财务状况　　D. 主要反映收入成本费用具体项目

3. 下列关于利润表描述正确的是（　　）。

A. 反映一定时点的财务状况

B. 又称损益表

C. 是静态财务报表

D. 依据“资产 = 负债 + 所有者权益”编制

4. 下列关于现金流量表的描述正确的是（　　）。

A. 分为经营、投资、运营三个活动

B. 解释企业在一定期间内经营成果

C. 无法获取企业短期偿债能力

D. 无法了解企业短期支付能力

二、多项选择题

1. 现金流量表的特点有（　　）。

A. 弥补了资产负债表信息量的不足

B. 便于从现金流量的角度对企业进行考核

C. 帮助了解企业筹措现金的能力

D. 帮助了解企业生成现金的能力

2. 下列关于资产负债表描述正确的有（　　）。

A. 全面揭示了企业的盈利能力　　B. 揭示了企业的运营能力

C. 反映了企业一定时点的财务状况　　D. 属于静态财务报表

3. 下列关于利润表的描述正确的有（　　）。

A. 表明权益在某一特定日期所拥有或控制的经济资源

B. 揭示企业在一定时点的财务状况

C. 揭示了企业实现的利润或发生的亏损

D. 能帮助企业了解自己的盈利能力

【答案与解析】

一、单项选择题

1. B。现金流量表表达的是在一固定期间（通常是每月或每季）内，一家机构的现金（包含银行存款）的增减变动情形，分为经营、投资、融资三个活动。

2. B。选项 A 不涉及现金流量净额变动；选项 C 银行活期存款属于现金，不涉及现金流量净额的变动；选项 D，2 个月内到期的债券投资属于现金等价物，不涉及现金流量净额的变动。

3. C。表示企业在一定日期（通常为各会计期末）的财务状况（即资产、负债和业主权益的状况）的主要会计报表，故选 C

4. B。利润表是反映企业一定会计期间（如月度、季度、半年度或年度）生产经营成果的动态会计报表。

二、多项选择题

1. ABCD。现金流量表具有以下作用：弥补了资产负债表信息量的不足；便于从现金流量的角度对企业进行考核；帮助了解企业筹措现金、生成现金的能力。

2. CD。资产负债表是反映企业在某一特定日期（如月末、季末、年末）全部资产、负债和所有者权益情况的会计报表，是企业经营活动的静态体现，以“资产 = 负债 + 所有者权益”这一平衡公式为依据。

3. CD。AB 两项说明了资产负债表的特征。